流程工业智能制造丛书

钢铁生产能源与物流控制

姚 林 王军生 赵 珺 李 旭 著

科学出版社
北 京

内 容 简 介

本书着重针对钢铁生产能源与物流问题，介绍面向智能制造的钢铁工业系统工程理论与方法的研究现状，包括相关系理论与技术框架。全书共 5 章，主要内容包括：面向智能制造的钢铁工业信息系统架构和技术框架；多级协同管控的钢铁智慧能源；多流多尺度协同调度的钢铁智慧物流；生产-物质流-能量流协同管控的钢铁智能制造系统；钢铁智能制造系统的未来。

本书可供钢铁生产自动化、信息化、智能化领域的管理人员、研究人员、工程技术人员阅读，也可作为相关专业院校研究生参考书。

图书在版编目（CIP）数据

钢铁生产能源与物流控制/姚林等著．—北京：科学出版社，2021.3
(流程工业智能制造丛书)
ISBN 978-7-03-068339-7

Ⅰ．①钢… Ⅱ．①姚… Ⅲ．①钢铁企业—生产管理—能源管理—研究 ②钢铁企业—物流管理—研究 Ⅳ．①F407.31

中国版本图书馆 CIP 数据核字(2021)第 044986 号

责任编辑：牛宇锋 / 责任校对：王萌萌
责任印制：吴兆东 / 封面设计：有道文化

科学出版社 出版
北京东黄城根北街 16 号
邮政编码：100717
http://www.sciencep.com

北京厚诚则铭印刷科技有限公司 印刷
科学出版社发行 各地新华书店经销

*

2021 年 3 月第 一 版　开本：720×1000　1/16
2023 年 4 月第二次印刷　印张：12
字数：230 000
定价：98.00 元
（如有印装质量问题，我社负责调换）

"流程工业智能制造丛书"编委会

主　编：姚　林
编　委：彭开香　赵　珺　王军生　张　岩
　　　　孙　杰　李　旭　李胜利　彭　艳
　　　　周存龙　吕　政

前　言

本书着重针对钢铁生产能源问题和物流问题，介绍面向智能制造的钢铁工业系统工程理论与方法的研究现状，包括相关系统理论与技术框架。全书内容围绕大数据、云平台、群体智能、自主学习、知识发现、人机协同、数字孪生等新一代人工智能技术和虚拟制造技术，从钢铁生产能源和物流两个方面，重塑钢铁工业的技术体系、生产模式和产业形态，为钢铁工业实现以新一代智能制造为核心的"工业 4.0"提供理论支撑。

全书共 5 章。第 1 章介绍面向智能制造的钢铁工业信息系统架构和技术框架，包括智能制造的发展趋势、钢铁工业自动化-信息化-智能化系统架构、连续-离散混合流程的自动化-信息化以及钢铁工业过程的人-信息-物理系统。第 2 章介绍多级协同管控的钢铁智慧能源，包括煤气智能化管控、电力智能化管控、蒸汽智能化管控、水智能化管控以及全流程生产协同的多能量流管控。第 3 章介绍多流多尺度协同调度的钢铁智慧物流，包括铁前物流智能化管控、炼钢连铸智能化管控、轧制区域智能化管控以及供应链物流智能化管控。第 4 章介绍生产-物质流-能量流协同管控的钢铁智能制造系统，首先描述钢铁生产的本构性特征，然后介绍生产-物质流-能量流的协同管控和全流程动态-协同-连续-优化的智能制造系统。第 5 章讨论钢铁智能制造系统的未来，包括知识的生产与管理、全流程优化的大规模定制化生产以及远程运维与信息安全。

本书涉及研究内容得到了国家重点研发计划项目"扁平材全流程智能化制备关键技术"(2017YFB0304100)和国家自然科学基金重点项目"基于大规模数据驱动的轧钢过程故障诊断及自愈控制"(51634002)的资助，在此表示感谢！

限于作者水平，书中难免有疏漏之处，请各位同行批评指正。

目 录

前言
第1章 面向智能制造的钢铁工业信息系统架构和技术框架 1
  1.1 智能制造的发展趋势 2
    1.1.1 国内智能制造的发展趋势 2
    1.1.2 国外智能制造的发展趋势 4
  1.2 钢铁工业自动化-信息化-智能化系统架构 10
  1.3 连续-离散混合流程的自动化-信息化 12
    1.3.1 连续-离散混合流程的特点 12
    1.3.2 连续-离散混合流程的自动化-信息化技术 14
  1.4 钢铁工业过程的人-信息-物理系统 17
  1.5 本书概况 20
第2章 多级协同管控的钢铁智慧能源 21
  2.1 煤气智能化管控 21
    2.1.1 产/消/存多时间尺度预测 21
    2.1.2 模糊智能煤气调度优化 35
    2.1.3 长期调度与联合调度 40
  2.2 电力智能化管控 50
    2.2.1 潮流计算与负荷预测 50
    2.2.2 电力系统可靠性分析 54
    2.2.3 考虑多目标的电力智能优化 57
  2.3 蒸汽智能化管控 59
    2.3.1 蒸汽系统的机理-数据协同建模 59
    2.3.2 基于数学规划的蒸汽系统管控优化 60
  2.4 水智能化管控 61
    2.4.1 水务物联网系统搭建 61
    2.4.2 水务智能监测与管控 62
  2.5 全流程生产协同的多能量流管控 63
    2.5.1 生产-能源协同关系的自动提取与建模 63
    2.5.2 多能量流协同管控 64
第3章 多流多尺度协同调度的钢铁智慧物流 67
  3.1 铁前物流智能化管控 67
    3.1.1 基于5G的物料跟踪 67
    3.1.2 多尺度多目标物料统筹优化管控 72

3.2 炼钢连铸智能化管控 ·· 73
   3.2.1 炼钢连铸数字孪生系统 ·· 73
   3.2.2 生产-物流协同优化管控 ······································· 79
3.3 轧制区域智能化管控 ·· 85
   3.3.1 柔性工序应变机制与智能管控 ································· 85
   3.3.2 无人行车优化建模 ·· 93
   3.3.3 智能仓储管理 ·· 98
3.4 供应链物流智能化管控 ·· 104
   3.4.1 生产-物流-资金流协同优化建模 ······························ 104
   3.4.2 统一化标准的物流云端管控 ·································· 109

第4章 生产-物质流-能量流协同管控的钢铁智能制造系统 ············· 112
4.1 钢铁生产的本构性特征 ·· 112
   4.1.1 钢铁制造流程的物理本质和机理 ······························ 112
   4.1.2 钢铁生产的动态-协同-连续运行特征 ·························· 115
4.2 生产-物质流-能量流的协同管控 ···································· 117
   4.2.1 生产过程与物质流、能量流的双向驱动 ······················· 117
   4.2.2 多智能体协同优化技术 ······································ 123
   4.2.3 现代钢铁企业协同化管控趋势 ································ 128
4.3 全流程动态-协同-连续-优化的智能制造系统 ······················ 133
   4.3.1 钢铁生产的耗散过程和耗散特征 ······························ 133
   4.3.2 基于信息物理系统的集成优化 ································ 136

第5章 钢铁智能制造系统的未来 ·· 141
5.1 知识的生产与管理 ·· 141
   5.1.1 隐性工艺知识挖掘 ··· 141
   5.1.2 钢铁制造知识的结构化管理 ·································· 145
5.2 全流程优化的大规模定制化生产 ···································· 149
   5.2.1 智能化订单管理和快速计划排产 ······························ 149
   5.2.2 生产智能管控与全流程追溯系统 ······························ 153
   5.2.3 面向产品、能效、资源的结构和程序优化 ····················· 157
5.3 远程运维与信息安全 ·· 158
   5.3.1 基于工业互联网的远程运维模式创新 ························· 158
   5.3.2 工业信息安全技术与挑战 ···································· 161
   5.3.3 基于边缘计算的智能制造及信息安全 ························· 167

参考文献 ·· 181

第1章 面向智能制造的钢铁工业信息系统架构和技术框架

钢铁工业长期以来都是世界各国国民经济的基础产业，我国亦不例外。随着全球化进程不断推进、我国经济总量不断攀升，钢铁企业迎来了更加市场化、更加开放的经济环境，同时也面对着国际市场带来的诸多挑战。外围环境的变化和钢铁企业内部的粗放型管理，曾一度使得钢铁企业陷入困境。在20世纪末电子计算机和信息技术迅猛发展的背景下，我国钢铁企业开始普遍意识到管理信息化的重要性，因此大力发展工业信息系统，以求改善内外部环境、优化业务流程、提升竞争能力，逐渐从生产自动化转向信息化和工业化的"两化融合"模式。部分企业如宝钢、鞍钢等已取得了初步成效。

尽管许多钢铁企业已经尝到了信息系统带来的高效率、低成本、快速响应等甜头，然而与生产系统的耦合仍处于较低水平，在系统化程度方面仍有待提高。例如，考虑煤气这一重要二次能源与钢铁生产各工序的紧密联系，其信息化系统建设除要在能源管网侧考虑周全，还应与制造执行系统(manufacturing execution system, MES)密切关联，从而更好地支撑相关物质流、能量流的统计分析、预测调度等工作。因此，从工业实际角度来看，应基于系统工程相关理论、方法与关键技术，对钢铁工业能源、物质进行合理管控与优化[1]。

此外，当今世界新一轮工业革命如火如荼、方兴未艾，为制造业带来诸多机遇和挑战。随着硬件计算能力、软件算法和集成应用系统等多领域的快速进步与不断成熟，人工智能及其相关技术正在引领新一轮科技和产业变革，数字化、网络化、智能化成为时下工业革命蓬勃发展的驱动力。在上述背景下，智能制造(intelligent manufacturing, IM)理念应运而生，并迅速纳入美国、日本、欧洲等发达国家和地区的工业发展规划中。我国在2015年的政府工作报告中指出：要实施"中国制造2025"，加快由制造大国转向制造强国。中国工程院院士周济分析指出："中国制造2025"的核心是创新驱动发展，主线是工业化和信息化"两化融合"，而主攻方向便是智能制造，即制造业的数字化、网络化和信息化。由此可见，在智能制造背景下，钢铁工业信息系统在总体架构、技术融合和产品研发等方面均与以往有所不同。

本章主要给出全书写作背景、研究意义与钢铁工业实际特征、科学或技术问题的难点等。其中，1.1 节将分国内、国外两部分介绍智能制造的发展趋势；1.2 节引出钢铁工业自动化-信息化-智能化系统架构，并说明各环节相应作用；1.3 节将叙述钢铁工业的连续-离散混合流程的特点，及其对自动化-信息化技术的影响；1.4 节给出钢铁工业过程的人-信息-物理系统(human-cyber-physical systems, HCPS)框架。

1.1 智能制造的发展趋势

智能制造是基于新一代信息通信技术与先进制造技术深度融合,贯穿于设计、生产、管理、服务等制造活动的各个环节,具有自感知、自学习、自决策、自执行、自适应等功能的新型生产方式[2]。

近年来,我国的经济发展已由高速增长转入高质量发展阶段,工业高度发展时期已过。尽管制造业增加值在全国 GDP(国内生产总值)中的比重呈下滑趋势,但以制造业为代表的实体经济才是中国经济高质量发展的核心支撑力量。而在国际上,智能制造通常是指一种由智能机器人和人类专家共同组成的人机一体智能系统,其技术包括自动化、信息化和智能化三个层次。本节将分别从国内和国外两个视角介绍智能制造的发展趋势。

1.1.1 国内智能制造的发展趋势

《中国制造 2025》明确指明,智能制造已成为我国现代先进制造业新的发展方向。全球各国都开始意识到先进技术对制造业的重要作用,德国提出的"工业 4.0"战略,将利用信息物理系统提升制造业水平。近几年我国由制造走向智造的步伐加快,未来制造将结合人工智能、物联网、大数据等技术,进一步改变产品配置、生产计划和实时决策,从而优化盈利能力,降低环境影响。另一方面,智能制造将使用更多尖端的技术,例如,物联网将工厂里所有人、产品和设备连接起来,使得人类和机器能够协同工作,从而创建更高效、更具成本效益的业务流程[3]。

1) 生产流程智慧能源管控

新一代人工智能技术实现战略性突破,为智慧企业建设奠定了技术基础。考虑到工业升级转型面临的形势是行业产能过剩,低品位矿和以煤为主的能源结构导致环境巨大的压力,同质化、低成本竞争无法满足客户个性化、多样化需求,因此,需进行结构调整、淘汰落后产能,实现绿色、低碳、循环发展,发展智能制造满足客户多样化的定制需求[4]。

智能化生产运行需要从以下六个方面进行：一是建立实时感知、数字化的工业互联网系统；二是开发复杂条件下的特殊图像处理技术；三是建立融合生产大数据与工艺机理的高精度复合模型或仿真中心；四是以"界面"技术为突破口建立全流程一体化调控体系；五是建立高温等恶劣条件下的智能化、无人化执行系统；六是建立工艺设备智能化运维体系。

智慧工厂建设现有装备设计必须考虑智能化所要求的自感知、自学习、自决策、自执行和自适应，研究装备的智能化升级，提高各类反应器、炉窑和冷热加工等单体设备的自组织程度。工厂设备智能化设计，引入建筑信息模型(building information model, BIM)，通过三维设计、流程网络与设备智能化设计软件进行厂房设计，尤其是煤气、水、电、其他气体、网络、通信等管线的设计，充分集成智能化装备、智能化产线、新材料和新工艺的应用对制造工艺带来的优化。同时，还应当基于绿色制造和循环经济的理念，通过工艺改进节能降耗，减少污染物排放。

我国智慧制造的总体目标是建设世界领先的"绿色""智慧""创新""精品""降本"的未来工厂，成为全球制造业引领者。未来工厂的智能制造总体目标将遵循"流程最优、信息最快、智慧最佳、效率最高、成本最低"的智慧制造方针，以全行业最高水平的智慧制造架构，打造领先同行一代的智慧制造标杆。而流程制造业发展重点研发任务，旨在从全产业链、创新链视野审视我国与国际流程制造业的差距，基于绿色化与智能化集成研发的总体思路，重点围绕制造流程结构优化、新一代生态产品技术提升、制造-服务智能化平台建立、新型商业模式建立与运营四大关键路径。流程制造业发展的预期成果是创立绿色化与智能化理论体系和评价体系；实现消除过剩产能的目标，形成具有自主知识产权的流程及产品绿色化与智能化生产制造技术群；实现高端装备制造用关键产品国产化；创建制造流程绿色化与智能化构建和运行所需的系列规范和标准；建立基于工业物联网的绿色化和智能化的制造与服务平台，开辟产业新型商业模式，形成流程制造业新业态。

2) 智能生产与智能服务

在智能制造的关键技术当中，智能产品与智能服务可以帮助企业带来商业模式的创新。智能产品通常包括机械、电气和嵌入式软件，具有记忆、感知、计算和传输功能。典型的智能产品包括智能手机、智能可穿戴设备、无人机、智能汽车、智能家电、智能售货机等，包括很多智能硬件产品。智能装备也是一种智能产品。企业应该思考如何在产品上加入智能化的单元，提升产品的附加值。

智能产线领域的企业高度依赖自动化生产线，如钢铁、化工、制药、食品饮料、烟草、芯片制造、电子组装、汽车整车和零部件制造等，实现自动化的加工、装配和检测，一些机械标准件生产也应用了自动化生产线，如轴承。但是，装备制造企业目前还是以离散制造为主。很多企业的技术改造重点，就是建立自动化生产线、装配线和检测线。自动化生产线可以分为刚性自动化生产线和柔性自动化生产线，柔性自动化生产线一般会建立缓冲。为了提高生产效率，工业机器人、吊挂系统在自动化生产线上的应用越来越广泛。

智能管理制造企业核心的运营管理系统还包括人力资产管理系统、客户关系管理系统、企业资产管理系统、能源管理系统、供应商关系管理系统、企业门户、业务流程管理系统等，国内企业也把办公自动化作为一个核心信息系统。为了统一管理企业的核心主数据，近年来主数据管理也在大型企业开始部署应用。实现智能管理和智能决策，最重要的条件是基础数据准确和主要信息系统无缝集成。

此外，智能服务基于传感器和物联网，可以感知产品的状态，从而进行预防性维修维护，及时帮助客户更换备品备件，甚至可以通过了解产品运行状态，帮助客户带来商业机会；还可以采集产品运营的大数据，辅助企业进行市场营销的决策。而且，企业通过开发面向客户服务的 APP(应用程序)，可以针对企业购买的产品提供有针对性的服务，从而锁定用户，开展服务营销。

随着新技术、新模式、新业态不断涌现，物流业与互联网深度融合，智能物流逐步成为推动物流业发展的新动力。制造企业内部的采购、生产、销售流程都伴随着物料的流动，因此，越来越多的制造企业在重视生产自动化的同时，也越来越重视物流自动化，自动化立体仓库、无人引导小车、智能吊挂系统得到了广泛的应用；而在制造企业和物流企业的物流中心，智能分拣系统、堆垛机器人、自动辊道系统的应用日趋普及。仓储管理系统(warehouse management system, WMS)和运输管理系统(transport management system, TMS)也受到制造企业和物流企业的普遍关注。

钢铁行业智能物流应紧密结合钢铁行业特点，以打造高效的全产业链生态圈为核心，以标准为引领，做好物流仓储及运输体系建设，加强产融结合；还应搭建行业大平台，发挥整体作用，有效运用第五代移动通信技术(5G)、物联网、大数据、云计算等先进信息技术，充分挖掘数字价值，推动钢铁及上下游行业和企业降本增效，实现绿色钢铁和智慧钢铁。工业互联网对中国制造业的影响正在升级，智能物流不仅将为"互联网+先进制造业"提供现代物流支撑，通过供应链体系的优化助推"互联网+先进制造业"发展，也能在相互促进中实现产业体系的协同提升[5]。

1.1.2 国外智能制造的发展趋势

当前，新科技革命和产业变革正在兴起，全球工业技术体系、发展模式和竞争格局迎来重大变革。发达国家纷纷出台以先进制造业为核心的"再工业化"国家战略：德国"工业 4.0"计划的提出旨在通过智能制造提振制造业竞争力；美国大力推动以工业互联网为特征的智能制造战略布局;欧盟在"欧洲2020战略"中提出重点发展以智能制造技术为核心的先进制造;日本、韩国等制造强国也提出相应的发展智能制造的战略措施。可见,智能制造已经成为发达国家制造业发展的重要方向,成为各国发展先进制造业的制高点。

虽然在全球范围内智能制造的发展导向是相似的,但是主要工业化国家发展智能制造的实现路径却各不相同。从战略演进和政策实践看,主要工业化国家发展智能制造的基本思路是:立足本国的产业基础与传统优势,以解决本国产业升级中面临的突出问题为导向,着力寻找制造业与新一代互联网技术的结合点。一些国家在发展本国智能制造的同时,还积极将本国的智能制造解决方案向其他国家输出,力图在全球制造业智能化大潮中谋求一席之地。

1) 德国"工业4.0"计划

国际金融危机之后,德国在2010年率先欧洲其他发达国家经济得以回升,其制造业出口贡献了国家经济增长的2/3,是德国经济恢复的重要力量。2010年,德国发布《高技术战略2020》,着眼于未来科技和全球竞争,并将"工业4.0"战略作为十大未来项目之一。2013年,德国联邦教研部与联邦经济技术部联手正式发布了《保障德国制造业的未来:关于实施"工业4.0"战略的建议》,并得到了德国工程院、弗劳恩霍夫协会、西门子公司等德国学术界和产业界的响应和推动,从而上升为国家级战略。"工业4.0"计划主要就是以网络实体系统和物联网为基础,其主要目的是通过建立具有适应性、资源效率的智能工厂,从而提升整个制造业的智能化水平。"工业4.0"计划对于德国的经济发展具有重大的意义。

"工业4.0"计划主要可以分为三个主题。第一主题是智能化的工厂,相应科研工作的重点就是整个生产系统和生产过程在实现智能化的同时,还能够使得各项产品生产加工设施呈现网络化分布。德国西门子工业集团总裁鲁斯沃博士曾在中国工程院与国资委举办的学术报告会上介绍,"工业4.0"概念即是以智能制造为主导的第四次工业革命,或革命性的生产方法。而智能工厂将是构成未来工业体系的一个关键特征。在智能工厂里,人、机器和资源如同在一个社交网络里自然地相互沟通协作;生产出来的智能产品能够理解自己被制造的细节以及将如何被使用,能够回答"哪组参数要被用来处理我""我应该被传送到哪里"等问题。在智能工厂里,智能辅助系统将从执行例行任务中解放出来,使他们能够专注于创新、增值的活动;灵活的工作组织能够帮助工人把生活和工作更好地结合,个体顾客的需求将得到满足。

第二主题是智能生产,主要涉及的内容就是在企业生产物流管理、人机互动和在工业生产过程中的应用。智能生产可以使企业运行更加安全可靠,生产效率也会得到显著的提升。智能生产所包含的就是使用智能装备、传感器、过程控制系统(process control system, PCS)、智能物流、制造执行系统、信息物理系统组成的人机一体化系统；按照工艺设计要求，实现整个生产制造过程的智能化生产、有限能力排产、物料自动配送、状态跟踪、优化控制、智能调度、设备运行状态监控、质量追溯和管理、车间绩效等；对生产、设备、质量的异常做出正确的判断和处置；实现制造执行与运营管理、研发设计、智能装备的集成；实现设计制造一体化，管控一体化。

第三主题是智能物流，主要依托互联网、物联网、物流网来整合物流资源，从而提高物流效率，更高速地完成生产。智能物流是利用集成智能化技术，使物流系统能模仿人的智能，具有思维、感知、学习、推理判断和自行解决物流中某些问题的能力。基于智能物流系统的四个智能机理是信息智能获取技术、智能传递技术、智能处理技术、智能运用技术。智能物流的未来发展将会体现出五个特点：智能化、一体化、层次化、柔性化、社会化，即在物流作业过程中的大量运筹与决策的智能化；以物流管理为核心，实现物流过程中运输、存储、包装、装卸等环节的一体化和智能物流系统的层次化；智能物流的发展会更加突出"以顾客为中心"的理念，根据客户需求变化来灵活调节生产工艺；智能物流的发展将会促进区域经济的发展和世界资源优化配置，实现社会化。

在工业 4.0 阶段，新型的智能工厂基于信息物理系统并借助社交网络，可实现自然的人机互动，这将重塑传统制造工厂模式下人与生产设备之间操控与被动反应的机械关系。为达此目的，需要在制造装备、原材料、零部件及生产设施上广泛植入智能终端，借助物联网不仅可实现终端之间的实时互动、自动信息交换、自动触发行动，而且可实施独立控制，对生产进行个性化管理。人还可以通过远程控制系统，对生产系统加以调控，使从业人员的工作与家庭生活之间的关系更为协调，构建嵌入式制造"智能生产"系统。在构建工业生产的各种要素中，除了传统的土地、劳动、资本、企业家等要素之外，数据将成为一种重要的甚至是影响全局的生产要素。依托信息物理系统，智能工厂生产出可实时生成数据的"智能产品"，形成大数据系统。大数据经过实时分析与归总后，形成"智能数据"，经过可视化和互动式加工，向智能工厂反馈产品和工艺流程的实时优化方案，从而形成"智能工厂-智能产品-智能数据"闭环，驱动生产系统走向智能化[6]。而这一切的实现，依赖于云技术等互联网基础设施的建设和应用。智能工厂和智能产品构成嵌入式制造系统，该系统的特点是：企业间的业务流程构成横向价值链，企业内部的运营流程构成纵向价值网络，终端到终端技术实现横向和纵向的整合。在智能工厂的基础上，通过物联网和服务联网，将智能交通、智能物流、智能建筑、智能产品和智能电网等相互连接，以新型工业化实现经济社会系统的全面智能化。

2) 美国工业互联网战略

自金融危机以来，美国为重振本国制造业，密集出台了多项政策文件，对未来的制造业发展进行了重新规划，体现了美国抢占新一轮技术革命领导权，通过发展智能制造重塑国家竞争优势的战略意图。智能制造能够在一定程度上弥补美国劳动力成本高的劣势，从而促进高端制造业的回归。2009 年以来，美国先后发布了《重振美国制造业框架》《制造业促进法案》《先进制造业伙伴计划》，明确要降低制造业成本，促进就业，实现美国能源独立，并把美国打造为企业总部基地。而要实现这一目标，就必须以智能制造改造传统制造业，并大力发展智能电网、清洁能源、先进汽车、航空和太空技术、生物和纳米技术、新一代机器人、先进材料等新兴领域。美国发展制造业的最大约束是高劳动力成本，通过发展智能制造，能够大幅减少制造业的用工需求，使制造业劳动力成本支出维持在一个合理的比例内，从而使得美国的科技优势能够在本国转化为产业优势。

"工业互联网"的概念最早由美国通用电气公司于 2012 年提出，随后联合另外四家信息技术(IT)巨头(电话电报公司、思科公司、英特尔公司、国际商用机器公司)于 2014 年初组建了工业互联网联盟，以期打破技术壁垒，促进物理世界和数字世界的融合。工业互联网联盟的愿景是使各个制造业厂商的设备之间实现数据共享。工业互联网联盟成立的目的在于通过制定通用的工业互联网标准，利用互联网激活传统的生产制造过程，从而促进物理世界和信息世界的融合。

工业互联网主要涉及的是基于机器、设备、集群以及网络而构建的广阔的物理世界，可在更深层次上与连接能力、大数据、数字分析进行密切结合，其主旨在于对一系列关键的工业领域掀起工业互联网的革命，进而促进其成功实现转型升级。工业互联网战略的核心内容主要体现在信息供应网络方面，而其技术模型主要涉及互联网技术、大数据、云计算及宽带网络等，依靠对制造领域的不同环节植入迥异化的传感器，进而不断进行实时感知和数据收集，然后借助于数据陆续对工业环节进行准确化的有效控制，最终实现效率提高的目的。工业互联网革命的浪潮最早可以追溯到 20 世纪 70 年代全球信息技术革命的快速发展，因此其可被看成是第三次工业创新浪潮。无论是工业革命，还是互联网革命，均会对社会形成革命性的影响。一方面，诸多的机器、设备、机组及工作站伴随工业革命陆续产生。另一方面，计算、信息及通信系统在网络革命的影响下获得快速发展。

美国的工业互联网注重要素集成，尤其注重把最近互联网的成果进行整合。工业互联网主要涵盖工业智能机器、高级分析、工作人员三大领域：智能机器要素是将机器、设备、网络等借助于传感器、控制器、软件应用程序进行有效连接，陆续推动"信息"这一重要生产要素的高效整合；高级分析要素是对机器及大型系统的运作方式进行整体把握，进而促使数据为技术集成做充分准备；工作人员要素主要是在不同工作场所构建工作人员的实时连接，进而有效构建较为智能的设计、操作、维护、高质量的服务与安全保障。工业互联网能在很大程度上获得不断提高，进而为分析流程开辟崭新的维度。

3) 日本"工业价值链"

为了落实"互联工业"战略，日本经产省支持日本机械工程学会等成立了工业价值链促进会(Industrial Value Chain Initiative, IVI)，由日本法政大学西冈靖之教授任秘书长。IVI 目前共有 738 名成员，涵盖了三菱、东芝、富士通、日立、丰田等日本制造业骨干企业。IVI 的目标是解决不同制造业企业之间的"互联制造"问题，让不同的企业通过基于"宽松标准"的接口实现互联互通，打造"互联工厂"的生态格局。

"互联工业"战略提出，在未来的制造环境中，制造企业需要与客户、消费者、供应商等价值链上利益相关者之间实现互联互通，即构建互联工业体系。但从现实的角度看，由于企业对关乎其核心竞争力的内容会严格保密，很难直接实现高度的互联互通。鉴于此，日本十分务实地提出了"宽松标准"的概念，建立企业间易于互联互通的宽松接口，在实现企业间互联互通的同时保证各家企业的竞争优势不受影响，以当下可行的方法推动互联工业的发展。"互联工厂"是指通过连接电子数据，消除企业之间开展业务协作时的超负荷、不均衡和浪费等情况，通过自动化和灵活运用人的能力来创建智能价值链。

2016 年 12 月，IVI 基于日本制造业的基础提出了工业价值链参考架构(industrial value chain reference architecture, IVRA)，定义其基本单元为智能制造单元(smart manufacturing unit, SMU)，即一个企业、车间或产线，SMU 必须有人管理，并具备自主决策的能力。2018 年 3 月，IVI 发布了《日本互联工业价值链战略实施框架》，提出新一代工业价值链参考架构 IVRA-Next。与 IVRA 相比，IVRA-Next 提出了智能制造单元的自我进化模型，包括发现问题、共享问题、确立课题和解决问题四个环节；其次将平台定义为"不同工作和系统之间互用数据的机制"，是工业价值链参考架构的网络部分；再次提出互联工业的运行框架，包括保护数据主权、基于区块链的数据交换证明、基于宽松标准的数据词典管理等。

与德国"工业 4.0"参考架构不同，日本在"互联工业"中提到了"数字化三胞胎"的概念，即信息世界、物理世界及人的世界，将人作为制造系统的重要组成部分。同时，IVRA-Next 也高度重视人的价值。例如，IVRA-Next 将其基本单元——智能制造单元定义为必须是有人管理、能根据需要调整内部结构、具有自主决策能力的机构。同时，智能制造单元的资产维度包括人员、工厂、产品和工艺(知识)四种资产，并且认为在生产现场的工作人员，以及生产工艺、方法、专有技术等知识都是十分宝贵的资产。

4) 欧盟"智能制造系统"和"未来工厂"

在第三次工业革命的浪潮中，为应对能源、环境与可持续发展的挑战，更快、更好地为用户提供高质量产品和高水平服务，并且为在与新兴经济体的竞争中占据先机，欧盟一直高度关注智能制造的发展，并且设立了"智能制造系统""未来工厂"等多个发展计划，持续投入资金进行相关研究。

1995 年，欧盟作为创始成员联合启动了"智能制造系统"计划以及为期十年的项目研究。截至 2005 年，欧盟共有 482 家企业和组织参与其中，并且主持了其中 37 个项目，占项目总数的 54%。2010 年，欧盟牵头启动了一项名为"智能制造系统 2020"(IMS2020)的路线图项目，项目提出了"IMS2020"愿景，以及 5 个关键领域主题。与此同时，于 2007 年开始的欧盟第七个"框架计划"(FP7)提出利用智能制造实现制造模式的新革命，并且利用 FP7 项目为 IMS 计划提供资金支持。目前，FP7 中的"信息与通信技术"主题(投资 91.2 亿欧元)和"纳米科学、纳米技术、材料与新生产技术"主题(投资 35.05 亿欧元)下都有对 IMS 计划提供支持的项目。

2010 年，欧盟启动"欧洲 2020 战略"，旨在实现智能化的经济增长，在知识和创新的基础上发展经济，重点发展信息、节能、新能源和以智能为代表的先进制造业。同年，欧盟第八个"框架计划"，即"地平线 2020"启动，继续对智能制造的研究与应用进行支持。其中，最典型的项目是投资 11.5 亿欧元的"未来工厂"计划，包括 151 个项目，部分项目通过 IMS 计划进行国际合作。此外，嵌入式系统作为基础也受到重视，著名的计划包括"嵌入式计算系统"计划及其与"纳米电子技术"计划在 2014 年 7 月合并后的"电子组件和系统"计划。

2015 年 3 月，欧洲宣布了"单一数字市场"战略的优先行动领域，并将发展智能工业作为其中之一。该战略关注三大关键领域：提高数字商品和服务的易用性，培育繁荣数字网络和服务的环境，打造具备长期增长潜力的欧洲数字经济和数字社会。在"打造欧洲数字经济和数字社会"这一关键领域中，欧盟提出了智能工厂、标准、大数据、云计算和数字化技能 5 个优先行动领域，这实际上将欧盟"未来工厂"战略计划和"工业 4.0"等国家战略相统一。在欧盟对智能制造的推动上，德国始终扮演着最积极的角色，其提出的"工业 4.0"已经势不可挡，几乎成为欧洲未来智能制造总体发展构想的代名词。此外，英国也开始思索如何在未来打造更具竞争力的制造业，其标志性成果就是一系列"制造的未来"研究报告。

欧盟是发展智能制造最积极的地区，以德国、法国、英国、意大利、瑞典为代表，欧盟国家智能制造的工业基础雄厚，核心技术和部件基本能够自给自足；欧盟提出的智能制造的概念比其他国家要宽泛，"未来工厂"则更多地聚焦到了智能制造技术及其逐层级的应用上来；欧盟是最早开始支持智能制造的地区之一，现在欧盟框架计划还在投入大量资金进行相关研究，参与的企业近千家；工业企业发展智能化制造的意愿较高，并且以德国为首已经在部分领域实现了突破。用一句话概括就是，欧盟具有全面而积极地发展以智能为特色的未来制造的决心，同时有着高就绪度的生态系统。

1.2 钢铁工业自动化-信息化-智能化系统架构

钢铁工业作为国民经济的重要基础产业，支撑着国民经济和下游用钢行业的快速发展。随着钢铁工业的快速发展，一些问题也日益突显。2016年，国家经济转型的力度进一步加大，从化解过剩产能到供给侧结构性改革，钢铁工业存在着大量的同质化产品供应严重过剩，能够激发需求的有效供给仍然不足，钢铁产业亟待技术进步并解决产业结构升级等问题。要实现可持续协调发展，必须在信息化和工业化深度融合的基础上，通过物联网、云计算、移动互联网、大数据等技术的应用，加快实现自动化、信息化、智能化制造进程，构建具有高价值、高品质、低资源消耗、低污染的新型生产管理模式，这是钢铁行业提高自身竞争力的战略选择。作为中国实施制造强国战略的第一个十年行动纲领，《中国制造2025》明确指出，推进信息化和工业化的深度融合，是9项战略重点之一。依靠信息化技术和智能化技术，实现企业大规模定制、精准供应链管理、全生命周期管理、电子商务，重塑产业的价值链体系。钢铁企业应紧抓新一代信息技术发展应用的历史机遇，培育市场竞争新优势。

近年来，我国钢铁行业自动化水平得到显著提高，有的企业已达到国内领先水平，有的企业甚至达到了国际先进水平，相关产品具有自主知识产权并在行业内得到了推广应用。事实上，这样的成果是在全球化、市场国际化的大环境下实现的，企业不采用新技术发展自动化，就难以提高生产效率和产品质量，就难以在激烈的市场竞争中占有一席之地。20世纪90年代，在信息技术、控制技术迅猛发展和广泛应用的推动下，钢铁向高精度、连续化、自动化、高效化快速发展。信息技术、控制技术使检测和执行设备取代了传统的人工操作，工艺参数的检测方法和检测仪表得到了高速发展；在现代钢铁生产过程控制中，计算机技术的应用已深入各个领域，仿真技术在钢铁工业中日益广泛应用，不仅用于培训和新工艺、新控制方法的研究，而且易于模拟生产设备调试，指导生产和参与生产；可视化技术和监控系统为无人化工厂提供了条件，从现场总线到车间网、工厂网、企业网的综合网络系统构成了企业的信息高速公路。这些都为实现智能化制造奠定了基础。因为在制造环节，只有在自动化的基础上才有条件去谈信息化和智能化，智能化是自动化的高级阶段，智能系统是驱动自动化系统的更高级的系统。传统自动化一般是在规范的环境下做重复性的工作。当外部环境或工作任务发生变化时，需要对系统重新进行人工干预、设定甚至改造。而在信息化和智能化环境下，当外部环境和工作内容发生改变时，系统可智能地设定自动化系统的工作方式。

  钢铁行业进行信息化建设，可以扩大企业的发展空间，提升竞争能力。钢铁企业的业务涉及的文档、数据、图纸的数量极为庞大。存储这些文档、数据、图纸需要企业信息化技术的支持，以降低操作这些文档的人工成本。企业信息化建设的目标是"增强企业的核心竞争力"。生产链、供应链的全球化日益紧迫，企业需要利用信息管理对钢铁生产建设进行指导的迫切性增强。而且，在信息化建设中，应该从全球的市场出发。企业的信息化管理应进行全局的、统筹的战略规划，明确目标并统一标准，摒弃传统钢铁企业的多派系权力保护，进行网络化信息资源的共享。在信息化战略规划修订时，应该确保信息化战略规划和企业战略目标的一致，遵循科学方法论的指导。要将信息化建设领导者与IT应用方案、企业业务需求之间逻辑进行统一。将信息化工程按照管理专家进行主导，站在信息化战略和组织战略目标互动基础上，考虑信息技术如何形成企业核心竞争力，避免风险，创造新的业务和市场，运用通俗的语言和管理层进行沟通，结合企业的经营环境、经营目的进行通盘考虑、总体建设。信息化建设项目有高风险和高失败率，需要企业在信息化建设决策之前，进行充分的技术经济论证，综合论证项目技术上的先进性和可行性，财务上的实施可能性，经济上的合理性和有效性。信息资源的合理应用一直是企业信息化的薄弱环节，信息资源的开发和利用是企业信息化建设的核心任务，是企业信息化取得实效的关键。信息资源的开发和利用是衡量企业信息化水平的一个重要标志，将信息资源开发和利用放在核心地位是企业推进信息化的一大特点。统一管理信息平台软件可以为企业带来巨大的效益，同时，这也对能够成为企业统一管理信息平台的软件提出了更高的要求，要满足钢铁企业快速做大做强的需求，管理信息平台软件需要：能够体现先进的管理思想，具备全面、集成且符合钢铁行业特殊需求的应用功能，支持灵活、快速的实施以及提供支持系统发展的平台技术。企业管理信息平台软件必须内含先进的管理思想和功能，才能适应钢铁企业现在以及将来的发展需要。

  智能化制造是我国迈向钢铁制造强国的主攻方向。通过运用生产设备的自动化、集成化、智能化改造替代人工操作，以设备提升改造实现节能减排，提高资源利用效率和优质产品率；通过实现无人化作业执行、在线检测、高性能闭环控制，可提高控制精度，提升产线质量水平[7]。智能工厂也将实现对工厂的实时优化控制。通过实时的数据采集、全程协同的智能排产、质量全流程的智能管控、关键设备状态可视化及预测维修、能源环境精准管控、物流协同优化，实现工厂管控集中化和扁平化；通过数据集成和共享，生产、物流、设备、能源等资源形成自主综合、联动平衡和优化调度，实现协同高效的柔性制造，提高产品质量、降低能耗与成本。另外，通过互联网与采购、销售、研发、服务的深度融合，可打通产业链信息通道，整合产业资源，创新服务模式，实现从需求识别、产品研发到服务的全生命周期协同优化，精准对接供需两端，助力供给侧结构性改革。

从某种意义上讲，工业自动化-信息化-智能化系统是管理和控制的融合、自动化系统和信息系统的融合。从控制论的角度看，传统的自动化、信息化和智能化，都是"感知、决策和执行"的统一。但是，自动化往往针对实时性强的小系统，决策是自动的；信息化往往针对实时性弱的大系统，决策者是人；而智能化往往是针对实时性强的大系统，决策是人机的融合。换个角度讲，也就是许多原来由人负责的管理和决策问题实现了自动化、半自动化。

此外，在推进智能化的过程中，往往还涉及组织流程的重构、商业模式的创新，甚至还需要对物理设备和生产流程进行系统性的优化。从这种意义上讲，自动化往往是相对单纯的技术问题，而智能化的关键却可能是管理问题甚至战略决策问题。

1.3 连续-离散混合流程的自动化-信息化

1.3.1 连续-离散混合流程的特点

钢铁工业是典型流程工业的代表，除了具备一般流程工业的批量生产、上下游工序联系紧密、生产线相对固定等特征外，还呈现出显著的连续-半连续-离散过程混合的特点。在实际的工业生产中，根据生产特点，可将工业生产过程分为离散型、流程型和混合流程型[8]。

离散型生产具有产品可数、加工过程非连续的特点。其生产过程主要改变物料的物理特性，其物料的变化是以整数为特征的。根据加工系统的复杂度，可分为单机、多台并行机、流水车间型生产和作业车间生产。

流程型生产又分为连续型生产和间歇型生产。间歇型生产又称批量型生产。连续型生产的产品是连续不断地经过加工设备，一批产品通常不可分开。批量型生产与连续型生产有很多相同之处，区别仅在于生产的产品是否可分离。批量型生产的产品通常可一个个分开，它是离散制造高度标准化后，为批量生产而形成的一种方式。

混合流程型生产是多种生产方式共存的，因此它的生产特点不同于单纯的离散型生产方式或单纯的流程型生产方式。以已有的研究成果为基础，混合流程型生产方式具有以下明显的特点：

(1) 多种生产方式并存。即离散型生产过程与连续型生产过程并存，生产分阶段进行，不同的生产阶段可能遵循不同的生产方式，需要同时考虑各个阶段之间的多种相关约束。

(2) 组批及选择批。混合型加工是以批为单位进行的，该类加工企业在组织加工时的特征之一是根据订货合同(订货种类、订货量、交货日期)、设备能力、设备维修计划等进行批量组织，并决定各批进入加工的先后顺序及大概时间。

(3) 加工计划的调整。因为混合型加工过程中生产的连续性低，缓冲余地小，且加工环境多变，此外，常需实时地进行计划的动态调整，所以该类型加工的调度计划要具有相当的柔性。

(4) 子过程之间的衔接。混合型加工中的生产的连续性决定了该类加工的生产计划不仅要解决独立子过程的优化排产问题，而且要解决好各子过程之间的协调和衔接加工准备时间的考虑：因为在混合型加工中，加工任务转换时的加工准备时间(如夹具安装时间、设备调整时间等)都偏长，所以在该类加工的加工计划中必须考虑与加工顺序有关的加工准备时间。

(5) 调度的复杂性。现实的生产调度问题本身就是一个 NP 困难问题，由于混合型加工需要面对不同的产品订单(具有不同的工艺路线约束)，设备的逻辑拓扑结构需要动态调整，以组成分段的连续自动化生产线，生产过程的非线性、随机性、不确定性导致该类问题的约束条件更为复杂，求解更加困难。

根据三种类型生产模式的控制对象表现出的不同特征，对它们进行描述时需要采用不同的数学模型。在连续型生产企业中，底层物料的变化在形态和数量上都是大范围连续的，用机理分析或系统辨识方法对其动态过程进行分析，最终都可以用微分/差分方程来建模。离散型生产中物料的变化是以整数为特征的，需用离散事件来表示底层动态特性。然而，大部分企业生产是介于连续型生产和离散型生产之间，其典型特征是生产分阶段进行，设备按阶段使用，在不同的生产阶段遵循不同的生产方式。

在混合流程型生产中，从底层生产设备的工作机理来看，连续时间动态(连续型生产设备)和离散事件动态(离散型生产设备)并存，为了描述系统状态和控制生产对象，既要用连续状态变量来描述连续生产阶段底层物料或操作过程的连续变化，又要用离散变量来描述离散生产阶段所产生的离散事件。另外，从生产方案和工艺路线的切换等生产调度的机理来看，调度状态随着生产过程中发生的事件和外部输入的改变间断地、动态地发生改变，属于离散事件动态过程。控制生产对象，既需要用连续状态变量来描述连续生产阶段底层物料或操作过程的连续变化，又要用离散变量来描述离散生产阶段所产生的离散事件。另外，从生产方案和工艺路线的切换等生产调度的机理来看属于离散事件动态过程，即调度状态随着生产过程中发生的事件和外部输入的改变间断地、动态地发生改变。

目前，国内外在混合流程企业生产计划与调度建模方面主要采用的方法有Petri网建模、大系统协调理论、非线性规划模型、启发式组合法、利用知识模型与数学模型相结合的方法建立混合流程生产过程多段控制结构的广义模型、单层次和多层次法[9]。单层次法一般采用数学规划的研究方法，同时考虑整体的生产计划和详细的调度，先将计划时间划分为无限数目的时间段，然后在各时间段上适当地安排产品的生产，同时确定资源需求、库存水平、各时间段产品的生产次序等。多层次法一般将问题分解为高层(长期或中期)计划子问题和低层(短期)排序/调度子问题。高层子问题确定产品的批量、资源需求、库存水平等；低层子问题为了满足产品的产出时间要求，则要在排出详细时间表的同时还要决定在每台设备上产品的生产次序，并使某些性能指标达到最优。低层用时间动态驱动(描述系统的物理状态)，高层以事件动态驱动(描述系统操作模型的变化)。综上所述，关于混合流程型生产调度优化问题的研究内容较少，已有的研究都是从理论上探讨目标函数为最大最小后验概率的建模方法。

1.3.2 连续-离散混合流程的自动化-信息化技术

混合流程工业是一个非常巨大的产业，在产业结构中占据重要的地位，是国民经济发展中极为重要的基础支柱产业，是制造业的重要组成部分。混合流程工业综合自动化系统是将先进的工艺装备技术、现代管理技术和以先进控制与优化技术为代表的信息技术相结合，将企业的生产过程控制、优化、运行、计划与管理作为一个整体进行控制与管理，提供整体解决方案，以实现企业的优化运行、优化控制与优化管理，从而成为提高企业竞争力的核心高技术[10]。

我国大部分流程工业均存在能耗高、成本高、劳动生产率低、资源利用率低的特点，能耗普遍比国外先进水平高出约 30%，劳动生产率只及国外的 20%~30%，生产成本普遍高出国外 1~2 倍。美国约 60%的石化企业应用了先进控制技术(我国不到 20%)，在线优化的过程生产增加收益的典型值为装置产值的 3%~5%(我国不到 1%)。又如有色金属行业，我国 10 种常用有色金属年产量为 650 多万吨，居世界第 2 位，但总体过程自动化技术和装备水平与国外先进水平相比还有较大的差距，使得我国有色金属行业采选业资源利用率仅为 35%，而发达国家为 60%以上；我国硫利用率(环境污染)为 50%，发达国家为 95%以上。

据美国 ARC 公司调查，应用流程工业综合自动化技术可获得显著的经济效益，如产品质量提高 19.2%，劳动生产率提高 13.5%，产量提高 11.5%。这正是混合流程工业综合自动化技术的重要潜在市场。

随着新工艺、新流程和新技术的不断涌现，混合流程工业逐步向连续、紧凑和高效化的方向发展。一方面，流程工业的整体水平的提升得益于设备大型化、自动化和信息化技术的应用；资源、能源利用和环境保护、清洁生产向可持续的循环经济方向发展，已在国际上得到相当的重视。另一方面，大型混合流程工业与装备的生产和正常运转需要自动化控制技术、检测技术、电气传动技术和计算机技术等的有机结合。自动化控制技术、检测技术、电气传动技术和计算机技术构成了大型混合流程工业装备自动化的共性技术平台。

国外一些公司在大型混合流程自动化系统与成套装备技术研究和工程应用方面具有较为完善的研发、实验环境和手段，每年在新产品、新技术的开发方面投入相当比例的研发经费。他们的技术和产品占据我国自动化高端产品市场的90%以上，处于相对垄断的地位。这些公司主要有西门子、ABB、通用电气等几大电气公司。而国内自动化系统与装备技术的研究多分散在各行业。国网南京自动化研究院在电力系统及其自动化方面有较强实力。株洲电力机车研究所(变流技术国家工程研究中心)在电力机车及其自动化方面有较强实力。浙大中控、和利时等公司的产品在核电、电力、化工、炼油和石化等行业都有所应用。作为国内唯一从事大型混合流程自动化系统与成套装备技术研究和工程应用的科研院所，冶金自动化研究设计院具备大型混合流程工业的自动化系统及装备技术和工程应用的共性技术平台，集科研开发、产品设计、工程应用为一体，在复杂自动化系统工程技术、大功率电力电子与电气传动技术、智能仪表及检测技术和企业信息化与优化技术方面为国内领先，正在大力建设混合流程工业自动化系统及装备技术国家重点实验室。根据我国混合流程工业发展的长期目标，瞄准过程控制、电气传动、检测仪表、企业信息化所面对的技术挑战，现有的工业自动化研究方向大致包括工业自动化装备及复杂系统控制应用技术、新一代交流调速技术和高性能控制技术、新一代工业仪表和智能测控技术。

经过多年的积累与实践，混合流程工业自动化系统及装备技术国家重点实验室的很多成果已经打破了国外的技术垄断，如大功率高性能交流变频调速装置、冶炼智能控制系统、轧钢过程控制模型等，各项技术指标达到了国际先进水平，且价格仅为国外进口的一半或更低。在研究成果的支撑下，该实验室正不断向钢铁行业输出。首钢曹妃甸项目中，轧钢的过程自动化就采用了现有的一些研究成果，各种技术都达到了国际先进水平。实验室计划在现有基础上，加大投入力度，建设国际一流的计算机流程仿真环境，为流程完善和优化提供开放的支撑条件；整合原有多个开发平台和模拟环境，初步形成自动化系统技术、电力电子与电气传动技术、智能仪表及检测技术三个自成体系的开发平台，并形成研究开发、模拟测试环境；构建一个集基础自动化、过程自动化、企业信息系统的三级自动化网络环境，为流程工业自动化系统及装备提供验证环境。

计算机技术和网络技术的迅速发展为混合流程工业发展带来了新的挑战：在流程工业控制中出现了多学科间的相互渗透与交叉，过程控制的自动化孤岛模式逐渐被信号处理技术、计算机技术、通信技术及计算机网络与自动控制技术的结合所突破，因此产生了集控制、优化、调度、管理、经营于一体的综合自动化新模式。

20世纪90年代，随着计算机技术的日新月异，计算机集成制造系统(computer intergrated manufacturing system, CIMS)的研究已成为自动化领域的一个前沿课题。国外大型流程企业，特别是石油化工企业均重视信息集成技术的应用，纷纷以极大的热情和精力，构架工厂级、公司级甚至超公司级的信息集成系统。1995年，美国、日本、西欧各国已有100多家炼油、化工企业在实施CIMS计划，推动了流程工业综合自动化技术在实际生产中的应用，如日本三井石油化学工业公司、美国德曹达公司、中国高尔公司等化工企业都相继建立了综合自动化系统。

意大利阿吉普石油公司提出了以数据模型为核心的工厂信息集成系统的方案，信息采集从低层到高层，从供应链的源头到产品的客户。他以面向数据的模型为核心系统，连接实时数据库和关系数据库，对生产过程进行过程监视、控制和诊断、环境监测、单元整合、模拟和优化，在管理决策层进行物料平衡、生产计划、调度、排产、企业资源计划(enterprise resource planning, ERP)、离线在线模拟与优化等。目前国外实施综合自动化技术的大型流程工业企业已占很大比例。

另外，国外已有许多传统的自动化仪器仪表厂家逐步向综合自动化整体解决方案供应商转化，如Honeywell、ABB、Rockwell等公司。Rockwell公司提出E-Manufacturing解决方案。ABB公司提出基于MES的综合自动化解决方案，开发相应的工业IT。AspenTech和Honeywell这两家大公司都已不再局限于过程自动化系统与软件领域，而是在其中下层自动化软硬件优势的基础上分别提出了面向企业整体的解决方案，如AspenTech公司推出的Aspen Engineering Suite、Aspen Manufacturing Suite和Aspen Supply Chain Suite套件，以及提出了智能化工厂的概念Planligence；Honeywell的子公司HiSpec Solutions推出面向石油与天然气、制浆造纸、化工、炼油工业的Unified Manufacturing Solutions for Business Optimization套件。过程优化是工业过程自动化的核心技术之一，通过生产装置的安全平稳运行和优化操作使生产按计划实施。为了实现这一目标，首先需获取正确反映生产装置状态的原始生产数据，利用数据校正技术，分析、综合出产品质量、装置能力及状况、能源消耗、故障报警等信息，实现质量监控、故障诊断和安全管理，同时利用流程模拟技术模拟生产装置状况，进行生产作业计划的优化调度，以最少的能耗、最高的安全性或最大的产品效益，确定各个生产装置的负荷并通过静态实时优化向先进控制层提供最优操作条件。因此，这些大公司已逐步形成了对流程企业综合自动化软件和系统产品的垄断之势，软件及服务价格动辄在几十万到几百万美元，并已开始大规模地向我国国内市场推销。

非常重要的一点是国外大公司及研究机构已针对综合自动化技术与系统提出了两个重要的概念：一是提出解决方案，二是发展工业信息技术(工业IT)。这为发展我国的综合自动化技术及相应的软硬件产业提供了很好的思路。

我国经过多年的研究和攻关，在流程工业综合自动化领域已积累了大量的科研成果，特别是在"九五"计划期间，产生了大批具有产业化前景的高技术成果和产品，如集散控制系统、现场总线技术、先进控制软件、实时优化软件、过程管理与优化软件、企业管理和生产调度系统软件等，已缩短了与国际先进水平的差距，部分成果达到国际先进水平，并广泛应用于国内众多石化、化工、医药、冶金、建材/轻工等流程企业，产生了巨大的经济效益和社会效益，在以信息化带动工业化的进程中发挥了重要的作用。

但总体而言，我国在流程工业综合自动化技术与系统的研究与产业化过程中同国外先进技术相比还存在很大的差距，主要体现在技术深度上不够、应用基础研究不够、相关领域技术借用不够、系统化程度不够、集成能力不够、产品化程度不够、产业化能力不强等诸多方面。

通过"九五"科技攻关和863计划CIMS主题的大力支持，在以下几方面取得了重大突破：成功研制开发了集散控制系统，并实现了产业化，目前在国内市场占有率达到35%左右；成功研制开发基于现场总线FF、HART、Profibus等技术的现场设备与控制系统；在以制造执行系统(MES)为核心的ERP/MES/PCS综合自动化体系结构中，形成了一批MES的功能化模块及软件；研制开发了一批先进的控制软件及优化管理技术、方法的软件，并取得了初步的应用；已初步建设了一批典型的示范工程，并在相关基础研究方面取得了一系列重要成果。

国内虽有许多高等院校和科研院所参与开发和攻关，但真正在原创性、产品化和产业化方面取得突破的关键技术还远远满足不了市场的巨大需求。近10年来，许多科研人员参与技术和产品开发并进行创业活动，整体上取得了巨大的成功，拥有了一批具有自主知识产权的技术和产品，并有一定的市场份额，为今后大规模产业化和资产重组奠定了良好的基础。

1.4 钢铁工业过程的人-信息-物理系统

20世纪中叶以后，随着制造业对技术进步的强烈需求，以及计算机、通信和数字控制等信息化技术的发明和广泛应用,制造系统进入了数字化制造时代,以数字化为标志的信息革命引领和推动了第三次工业革命[11]。

与传统制造相比,数字化制造最本质的变化是在人和物理系统之间增加了一个信息系统,从原来的"人-物理"二元系统(HPS)发展成为"人-信息-物理"三元系统。信息系统是由软件和硬件组成的系统,其主要作用是对输入的信息进行各种计算分析,并代替操作者去控制物理系统完成工作任务。例如,数控机床加工系统,它在人和机床之间增加了计算机数控系统这个信息系统,操作者只需根据加工要求,将加工过程中需要的刀具与工件的相对运动轨迹、主轴速度、进给速度等按规定的格式编成加工程序,计算机数控系统即可根据该程序控制机床自动完成加工任务。

数字化制造可定义为第一代智能制造,故而面向数字化制造的人-信息-物理系统可定义为HCPS1.0[12]。与HPS相比,HCPS1.0通过集成人、信息系统和物理系统的各自优势,其能力尤其是计算分析、精确控制以及感知能力等都得到极大的提高。其结果是,一方面,制造系统的自动化程度、工作效率、质量与稳定性以及解决复杂问题的能力等各方面均得以显著提升;另一方面,不仅操作人员的体力劳动强度进一步降低,更重要的是,人类的部分脑力劳动也可由信息系统完成,知识的传播利用及传承效率都得以有效提高。

在HCPS1.0中,物理系统仍然是主体,信息系统成为主导,在很大程度上取代了人的分析计算与控制工作。而人依然起着主宰的作用:首先,物理系统和信息系统都是由人设计制造出来的,其分析计算与控制的模型、方法和准则等都是在系统研发过程中由研发人员通过综合利用相关理论知识、经验、实验数据等来确定并通过编程等方式固化到信息系统中的。同时,这种HCPS1.0的使用效果在很大程度上依然取决于使用者的知识与经验。例如,对于数控机床加工系统,操作者不仅需要预先将加工工艺知识与经验编入加工程序中,同时还需要对加工过程进行监控和必要的调整优化。

钢铁工业是典型的流程制造业,制造流程中的物质流、能量流、信息流在与之相应的物质流网络、能量流网络、信息流网络中相互关联并动态运行,基于能源中心的能源管控系统是信息流网络上的"运行程序",协同能量流网络与物质流网络运行[13]。

钢铁制造流程融合物理输入/输出的物质流网络、能量流网络和信息流网络,是复杂的信息物理系统,其智能制造关键技术包括生产工艺/装置技术优化、工艺/装置之间的"界面"技术优化、制造全过程的整合-协同优化,以此为基础嵌入数字信息技术,从而构成体现智能特色的信息物理系统,即CPS(cyber physical systems)。这就意味着钢厂智能化不只是数字信息系统,不能仅从数字化一侧来推动钢厂智能化，而是必须高度重视物理系统的研究，必须是"三网协同"的信息物理系统：

(1) "流"包括了物质流、能量流和信息流，含有输入、输出的含义，含有"矢量"的含义。

(2) "流程网络"包括了物质流网络、能量流网络和信息流网络，三者应该关联、协同、融合。对于流程制造业而言，物质流网络是根源。

(3) "运行程序"包括了物质流运行程序、能量流运行程序和信息流运行程序。

这些都体现了钢铁制造流程信息物理系统的动态输入/输出本质和网络化关联行为[14]。上述物理信息系统是为人服务的，而人-信息-物理系统为了实现一个或多个制造价值而创造目标，既是新的制造范式，也是新的技术体系，是有效解决制造业转型升级各种问题的普适性方案。

HCPS 架构分为工序级、产线级和企业级 3 个层级，集成为物理系统、信息系统、数据中心、数字孪生和人机交互 5 部分，即物理系统是对应产线级 HCPS 的物理实体；信息系统是对应产线级 HCPS 的执行系统和企业级 HCPS 的经营系统；数据中心是 HCPS 数据的集成；数字孪生是 HCPS 工序级过程模型、产线级流程仿真和企业模拟级市场的集成；人机交互是各级 HCPS 人员发挥主观能动性的主要形式。

对于具有 HCPS 特征的典型副产煤气智能利用系统，通过动态掌握转炉煤气回收、储存、加压、使用之间的关系可以实现：

(1) 自动控制转炉煤气(linz-donawitz gas, LDG)混入电厂高炉煤气(blast furnace gas, BFG)的流量调节阀，及时增减转炉煤气消耗量。

(2) 自动控制转炉煤气联网调节阀，及时优化区域间的煤气流量和压力。其信息系统具有智能感知、自主认知、决策优化和智能控制等技术雏形。

钢铁企业的工业自动化技术通过 HCPS 的建设和演进，进一步加快开放和标准化的步伐，将不断向"中国制造 2025"演进。其研究的重点将从以往在各个分隔的研究领域进行局部和递增式改进，转变到按构建智慧工厂所要求的网络化思维、科学技术和工程技术来发展，走向开放式系统，以集成物理设备和物理系统的智慧计算和智慧应用。例如，对市场数据、生产数据的分析和整合进行大数据计算和应用，实现以市场产品需求为导向的生产模式；对能源消耗的监控和再生能源转换应用；对钢铁生产各单元的典型案例进行采集和分析，建立专家知识库，智能处理生产异常状况；完善基于客户需求导向的工艺调整和现场调度机制；利用钢铁企业信息化红利再造智慧工厂。

新一代智能制造将进一步突出人的中心地位,智能制造将更好地为人类服务；

同时，人作为制造系统创造者和操作者的能力和水平将极大提高，人类智慧的潜能将得以极大释放，社会生产力将得以极大解放。知识工程将使人类从大量脑力劳动和更多体力劳动中解放出来，人类可以从事更有价值的创造性工作。

总之，面向智能制造的 HCPS 随着相关技术的不断进步而不断发展，而且呈现出发展的层次性或阶段性，从最早的 HPS 到 HCPS1.0 再到 HCPS1.5 和 HCPS2.0，这种从低级到高级、从局部到整体的发展趋势将永无止境。而智能化是钢铁工业的重要发展方向之一，要高度重视，不能错失时机，但也不会在短时内一蹴而就，要经历一个探索、研发、积累、集成、创新的过程。钢厂智能化要与 HCPS 的概念相对接，实现优化的物质流网络、能量流网络和信息流网络之间的协同运行，实现全厂性动态运行、管理、服务等过程的自感知、自决策、自执行、自适应。当钢铁制造遇到云计算与物联网，当传统产业碰撞新兴产业，垂直学科的交叉和跨界会带来令人耳目一新的创新，对钢铁行业信息化建设的推动和进步也会带来巨大的现实意义。云计算、物联网、移动互联网技术的出现，深刻影响了工业领域和社会的发展模式。这些新兴技术的出现，必将给传统的钢铁行业带来飞速发展。

1.5 本书概况

本书针对钢铁生产能源问题和物质流问题，介绍面向智能制造的钢铁工业系统工程理论与方法的研究现状，包括相关理论与技术框架。全书内容围绕钢铁生产能源和物质流，从多级协同和多能量流管控调度方面介绍相关研究具体方法与流程。第 2 章介绍多级协同管控的钢铁智慧能源，包括煤气智能化管控、电力智能化管控、蒸汽智能化管控、水智能化管控及全流程生产协同的多能量流管控。第 3 章介绍多流多尺度协同调度的钢铁智慧物流，包括铁前物流智能化管控、炼钢连铸智能化管控、轧制区域智能化管控以及供应链物流智能化管控。第 4 章介绍生产-物质流-能量流协同管控的钢铁智能制造系统，首先描述钢铁生产的本构性特征，然后介绍生产-物质流-能量流的协同管控和全流程动态-协同-连续-优化的智能制造系统。第 5 章讨论钢铁智能制造系统的未来，包括知识的生产与管理、全流程优化的大规模定制化生产及远程运维与信息安全。

第 2 章　多级协同管控的钢铁智慧能源

2.1　煤气智能化管控

　　能源是国家与企业可持续发展的命脉，近年来，国家将节能减排作为宏观调控、推进结构调整、淘汰落后产能的重点。据统计，钢铁行业的能源消耗量占我国能源总消耗的15%左右，钢铁行业面临着巨大的节能减排压力。一直以来，我国钢铁企业的节能减排与德、美、英、法、日等发达国家相比存在较大的差距。在能源消耗与环境成本高昂、企业能源浪费严重、环保压力日趋加大的背景下，提高能源利用效率成为新时代钢铁工业的内在需要和必然选择。针对我国钢铁行业能耗高、污染严重、能源设备维护成本高等痛点，在保证企业生产稳定运行的前提下，通过燃气预测与优化调度，企业可以实现合理用能，减少燃气放散，防止环境污染和能源浪费，有效降低企业二次能源成本，提高燃气综合利用率。因此，加强燃气预测与优化调度已成为企业节能增效的主攻方向。

　　煤气是钢铁企业在生产过程中产生的重要二次能源，占企业总能源消耗的30%左右，减少煤气放散，提高煤气综合利用效率，降低能源成本，履行社会责任，对实现企业可持续发展尤为重要。考虑到对于能源介质产生、消耗、存储的实时定量预测是完成其合理调度的先决条件，本节首先介绍针对钢铁工业副产能源的多时间尺度预测方法。其次，针对副产煤气的优化调度问题，分别介绍模糊智能优化调度方法以及考虑调度时长与各能源系统协同关系的长期和联合调度方法。

2.1.1　产/消/存多时间尺度预测

　　围绕钢铁生产过程能源介质的产生、输送、储存、优化分配和使用等环节以及能量流网络结构，开展能源供需预测和优化调度模型开发是完善能源管控系统预测和调度功能的基础。目前，针对煤气系统的预测问题主要有如下两种：流体介质的产消量预测和流体介质的存储量预测。如果从机理分析的角度对能源系统中的相关预测问题进行研究，则需要掌握不同能源介质的发生和消耗机理，这涉及很多的化工和化学反应过程，研究的难度较大，且从基于机理的角度建立预测模型，如果机理信息稍有差异，就需要建立不同的预测模型，模型不具备可推广性。从基于数据的角度对二次能源系统中的相关预测问题进行研究，无须考虑任何的机理信息,只需根据数据特征来解决相关预测问题,可根据不同的预测问题的数据特点划分为基于时间序列数据的预测问题和基于关系数据的预测问题。基于时间序列数据的预测问题主要是面向能源系统中介质的产消量,而基于关系数据的预测问题则是面向能源系统中介质的存储量。此外,根据钢铁生产过程中的实际需要,可将预测问题分为不同时间尺度,即短期预测和中长期预测。

1. 短期预测

对于钢铁企业煤气系统的短期预测主要采用数值点迭代的方式,常用的有基于回归分析的预测方法、基于差分自回归移动平均(autoregressive integrated moving average model, ARIMA)模型的预测方法、基于神经网络的预测方法、基于核的预测方法,以及模糊预测方法。

1) 基于回归分析的预测方法

回归分析的原理是根据已知的输入变量取值预测出一个或者多个连续目标变量的取值,一个简单的线性回归模型的方程可以描述为

$$y(\boldsymbol{x}, \boldsymbol{w}) = w_0 + w_1 x_1 + \cdots + w_n x_n \tag{2.1.1}$$

其中,$\boldsymbol{x} = (x_1, x_2, \cdots, x_n)$ 为输入变量;$w_0, w_1, \cdots, w_n$ 为模型参数,可由数据样本拟合求得。

对于上述的线性回归模型,还可以通过改变目标变量和输入变量的函数关系延伸为解决非线性回归问题的模型,模型描述为

$$y(\boldsymbol{x}, \boldsymbol{w}) = w_0 + \sum_{j=1}^{M-1} w_j \phi_j(\boldsymbol{x}) \tag{2.1.2}$$

其中,$\phi_j(\boldsymbol{x})$ 称为基函数。如果选择非线性函数作为基函数,那么上述的回归模型就变为非线性回归模型。

基于回归分析的预测方法的优点是算法理论简单,其难点在于:一回归变量不易选取,通常会采用灰度关联等方法来确定;二模型的参数不易求解,常用的方法有最小二乘拟合和最大似然估计,但这两种方法都容易导致过拟合现象。限制模型的复杂度对避免参数学习过拟合有一定作用,采用偏置方差分解的方法来解决上述问题。然而偏置方差分解是建立在大规模数据集整体平均化的基础上的,事实上很难获得大规模的数据集。贝叶斯线性回归是将贝叶斯原理引入到线性回归模型中,有效地避免了最大似然估计遭遇的过拟合问题。然而,回归分析的整体精度不高,只适用于简单的预测问题。

2) 基于 ARIMA 模型的预测方法

ARIMA 模型最早由 Box 和 Jenkins 提出并用于解决时间序列预测问题。

ARIMA 模型根据原始序列是否平稳以及回归过程所含部分的不同,又分为自回归(AR)模型、移动平均(MA)模型、自回归移动平均(ARMA)模型。ARIMA 模型的一般形式为

$$\varphi(B)z_t = \phi(B)\nabla^d z_t = \theta_0 + \theta_B a_t \tag{2.1.3}$$

其中,$\phi(B)$ 称为自回归因子;$\varphi(B) = \nabla^d \phi(B)$ 称为广义自回归因子;θ_B 称为移动平均因子。当输入 a_t 和输出 z_t 在历史时刻的取值已知时,给定输入 a_t 新的取值即可预测出 z_t 的值。

ARIMA 模型一般对平稳的时间序列进行预测时效果较好。相比于新兴的基于人工智能的预测方法,如神经网络和支持向量机等,ARIMA 模型在工业预测领域无论是预测效果还是预测速度都有明显的不足,尤其是在构造因果关系模型时,其对影响输出的因素不敏感,更难以取得好的预测效果。因此,ARIMA 模型在工业预测领域的应用较为有限。

3) 基于神经网络的预测方法

神经网络最早是用于描述生物系统的信息处理的数学模型。由于神经网络具有很强的逼近任何非线性函数的能力,被广泛应用于模式识别领域,尤其是回归预测。神经网络的本质也是一种非线性回归模型,不同于式(2.1.2),神经网络在建模时,模型中基函数的个数是确定的,但基函数采用参数表达的形式,需通过对网络的训练来确定[15]。以三层的前向神经网络为例,其数学表达式为

$$y_k(\boldsymbol{x},\boldsymbol{w}) = f\left(\sum_{j=1}^{M} w_{kj}^{(2)} h\left(\sum_{i=1}^{D} w_{ji}^{(1)} x_i + w_{j0}^{(1)}\right) + w_{k0}^{(2)}\right) \tag{2.1.4}$$

其中,D 为输入神经元个数;M 为隐层神经元个数;$w_{ji}^{(1)}$ 为隐层神经元与输入层神经元之间的连接权值;$w_{j0}^{(1)}$ 为隐层神经元的阈值;$w_{kj}^{(2)}$ 为输出神经元与隐层神经元之间的连接权值;$w_{k0}^{(2)}$ 为输出神经元的阈值;h 为隐层神经元激活函数;f 为输出层神经元激活函数。

基于神经网络预测方法的优点是具有很好的函数逼近能力,其难点在于确定网络的参数。总结起来主要有三类:一是最大似然估计法,该方法将神经网络的参数求解问题视作解非线性优化问题,必须完成最大似然函数关于网络参数的求导,算法复杂度很高。而通过基于梯度下降的误差反向传播的优化方法来解这一优化问题,可解决迭代过程中似然函数求导困难的问题。二是正则化的最大似然函数法,该方法主要是针对最大似然函数法在训练网络时易出现过拟合现象而提出来的,是在最大似然函数法的目标函数上附加正则化的误差项以完成对网络的

权值参数的惩罚。三是贝叶斯估计法，该方法不同于最优化方法而着眼于权值参数的分布，通过边缘化参数的分布来完成预测，这里的贝叶斯估计方法不同于简单的方法。因为对于线性回归问题，若假设噪声的方差服从高斯分布，则经计算的预测结果也服从高斯分布，而对于非线性的神经网络回归，相同的假设下，其输出不再服从高斯分布，甚至可能是非凸的。对于此类问题，可采用近似处理方法，以保证预测结果仍然服从高斯分布。

4) 基于核的预测方法

基于核的预测方法是一类具有类似特征的预测方法的总称，其中最典型的方法有径向基函数网络、高斯过程和支持向量机。该类方法的原理是将非线性回归模型转化为核函数的线性组合形式[16]，如

$$y(\boldsymbol{x},\boldsymbol{w}) = \sum_{n=1}^{N} w_n \phi_n(\boldsymbol{x}) = \sum_{n=1}^{N} a_n \phi(\boldsymbol{x}_n)\phi(\boldsymbol{x}) \qquad (2.1.5)$$

定义 $k(\boldsymbol{x},\boldsymbol{x}') = \phi(\boldsymbol{x})^T \phi(\boldsymbol{x}')$ 为核函数，那么式(2.1.5)可以写成如下形式：

$$y(\boldsymbol{x}) = \boldsymbol{k}(\boldsymbol{x})^T (\boldsymbol{K} + \lambda \boldsymbol{I}_N)^{-1} \boldsymbol{t} \qquad (2.1.6)$$

其中，$\boldsymbol{k}(\boldsymbol{x})$ 为核向量，维数为 n，元素 $k_n(\boldsymbol{x}) = k(\boldsymbol{x}_n,\boldsymbol{x})$；$\boldsymbol{K}$ 为 $N \times N$ 维对称矩阵，$K_{nm} = k(\boldsymbol{x}_n,\boldsymbol{x}_m)$；$\boldsymbol{t} = (t_1,t_2,\cdots,t_N)^T$ 为观测输出，是训练样本中的已知量。

基于核的预测方法在训练时只需较少的训练样本量，可以用于小样本预测问题，且因核函数的使用避免了高维计算的复杂性，使得算法的运算速度较快，所以在要求实时性的工业预测中有广泛的应用。该方法的难点在于核函数的构造，构造核函数的方法通常有四类：一是选择特征空间的映射函数作为基函数，基于基函数构造核函数；二是根据核函数的性质直接构造核函数，然后通过核函数反重构的方式找出特征空间的映射函数；三是利用核函数的性质，对已知的典型核函数进行代数处理以获得新的有效核函数，常用的典型核函数(如线性核函数、多项式核和高斯核函数)采用一个概率衍生模型来定义核函数，如 Fisher 核，完全形式的 Fisher 核在应用时，因需要计算 Fisher 信息矩阵是不可行的，所以多采用 Fisher 核的简化形式。

值得注意的是，如将基于核的预测方法中的核函数选为 sigmoidal 核(这种核函数被 Vapnik 应用于支持向量机)，那么基于核的方法与神经网络方法无论在原理上还是在形式上都非常相似，这也是基于核的预测方法与基于神经网络预测方法之间的联系。

5) 模糊预测方法

模糊理论自提出就被广泛应用于模式识别和人工智能领域，早期主要是应用

在控制领域,近年来也被应用于预测领域。从数据中学习规则的模式促进了模糊理论在预测领域的发展,通过规则建立模糊系统以确定输入空间和输出空间的映射关系,最终用于完成数据驱动的预测[17]。数据驱动的模糊规则构成的模糊系统在理论上可以以任意精度逼近紧集上的任意连续函数。

模糊预测方法的优势在于不需要建立精确的数学模型,通过规则去模拟专家的推理完成预测。但该方法的研究存在三个难点:一是冗余模糊规则的合并困难;二是模糊规则数不易确定;三是模糊系统的参数不易求解。因此,模糊预测方法一般不单独用于预测,常与其他方法或模型相结合运用。

2. 中长期预测

目前针对钢铁能源系统的预测多基于迭代机制,实现对未来30个点左右的短期预测。然而考虑生产过程或设备存在的大时滞特性,以及为后续工序提供更多信息,短期预测指导意义有限,有必要对炼钢炼铁等过程所涉及的副产煤气介质做出长期估计,以服务于后续平衡调度工作[18]。

1) 预测模型的迭代机制

现有针对钢铁能源系统的预测研究,包括以神经网络为代表的网络化模型、以支持向量机为代表的核学习模型、基于模糊系统的预测模型等,这些方法虽然在建模机理上各有不同,但在数据样本构造方式上普遍采取迭代机制。以一维时间序列为例,设某能源数据项 $X = \{x_1, x_2, \cdots, x_{p+m}\}$,其中样本条数为 m,嵌入维数即每条样本的输入点个数为 p,迭代方式构造的样本如下:

$$\begin{aligned} x_1, x_2, \cdots, x_p &\to x_{p+1} \\ x_2, x_3, \cdots, x_{p+1} &\to x_{p+2} \\ &\vdots \\ x_m, x_{m+1}, \cdots, x_{p+m-1} &\to x_{p+m} \end{aligned} \quad (2.1.7)$$

可以看出,每条样本的输出会迭代进入下一次训练或预测过程,随之循环的也包括每次训练或预测产生的误差。当循环次数较少时,误差的影响尚可接受,然而随着预测长度的增加,迭代误差的积累致使预测结果难以满足精度要求。在如此迭代机制下,模型的预测时长将受到限制。基于现有钢铁气体能源预测数据,当预测时长超过一定范围(约30个点)后,平均相对百分误差将低于80%,此精度已远不能满足现场要求。

2) 基于粒度计算的长期预测模型

粒度计算理论自提出以来,广泛地与模糊集、粗糙集和区间集等理论方法相融合,成为解决实际问题的一种新的有效方法。不同于一般方法以数据点为基本单位作分析建模,粒度计算以数据段、区间值等粒度概念元素为基础分析单元,分析尺度得以拓展。此外,运用的聚类算法规避了迭代机制,因此不存在迭代误差的影响[19]。

(1) 考虑工业生产阶段性特征的数据粒划分。在粒度计算理论体系中,一个重要环节是数据粒的建立过程,有意义的粒子会为后续的推理计算工作奠定良好基础。考虑到钢铁气体能源数据波动往往含有一定的生产实际意义,例如,钢铁生产中热风炉用高炉煤气量的休风送风状态切换、焦炉自身用焦炉煤气量的切换等环节,为使得划分得到的数据粒包含更多的语义特征,在建模中需充分考虑此类生产过程特征来完成对数据的初始划分。以热风炉高炉煤气用量为例,图2.1.1是我国某钢厂热风炉高炉煤气用量3个小时的数据,可以看出,热风炉的一个工作阶段往往包含两部分,即正常燃烧阶段(幅值>200km^3/h,持续时间约30min,如图中阶段#1所示)和停止状态阶段(幅值<150km^3/h,持续时间约15min,如图中阶段#2所示)。容易看出,该数据存在波形、时长不同的频繁波动,因此单纯的升降趋势形容显然不够适用。从生产数据的实际意义出发,将热风炉一个完整的工作阶段(即图中数据段#1、#2或#3)作为一个初始粒子,其他单元数据粒度化过程与此类似。

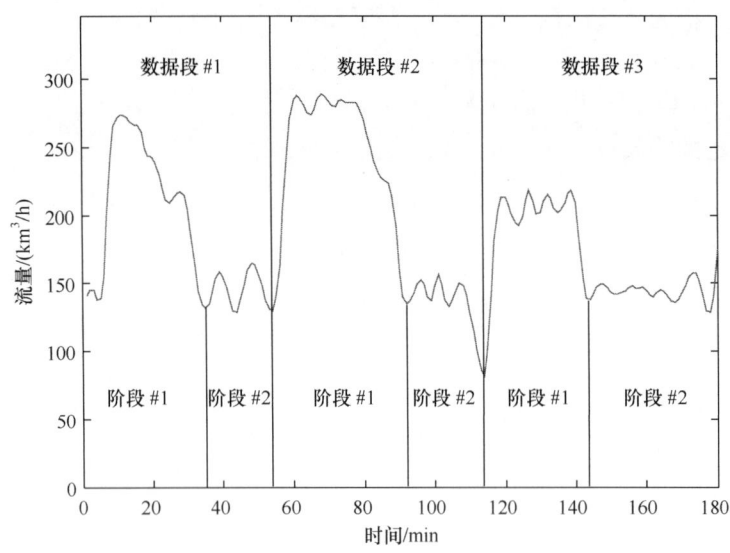

图2.1.1 某钢厂热风炉高炉煤气消耗量的工作模式

(2) 动态时间弯曲信息粒等距化。目前所得到的数个包含工业实际语义的粒子,长度存在差别。考虑到后续模糊 C 均值聚类建模的应用条件是序列等长,需要将这些数据粒做等距规范化处理。在比较两段时间序列长度上,目前有很多计算方式,如闵可夫斯基(Minkowski)距离、欧几里得(Euclidean)距离等,但这些计算标准普遍只适用于两时间序列为等长度。动态时间弯曲(dynamic time warping, DTW)最早是被应用于比较两段字符串的相似性，后由 Berndt 和 Clifford 等将其引入到了时间序列的比较当中。由于它支持对两不等长序列的操作，可借鉴此方法并对其进行适应性调整，将数据粒等距化。

设有两时间序列 $t_1=\{t_{11},t_{12},\cdots,t_{1n}\}$、$t_2=\{t_{21},t_{22},\cdots,t_{2m}\}$，长度分别为 n 和 m，对两时间序列每两个点都计算一个距离，即得一个 $n\times m$ 的矩阵 D，称为距离矩阵：

$$D=\begin{bmatrix} d(t_{11},t_{21}) & d(t_{11},t_{22}) & \cdots & d(t_{11},t_{2m}) \\ d(t_{12},t_{21}) & d(t_{12},t_{22}) & \cdots & d(t_{12},t_{2m}) \\ \vdots & \vdots & & \vdots \\ d(t_{1n},t_{21}) & d(t_{1n},t_{22}) & \cdots & d(t_{1n},t_{2m}) \end{bmatrix} \quad (2.1.8)$$

其中，$d(t_{1i},t_{2j})$ $(i=1,2,\cdots,n; j=1,2,\cdots,m)$ 表示两点间距离。此矩阵并非方阵。在此定义基础上，可定义时间弯曲路径如下：

定义 2.1 两时间序列在坐标轴上会形成一个 $n\times m$ 大小的网格，通过映射或排列两时间序列的各元素，在其形成的网格中选择一条路径，使得两序列之间的距离最小，对应的这条路径称为弯曲路径：

$$W=w_1(t_{11},t_{21})\to w_2(t_{12},t_{22})\to\cdots\to w_k(t_{1n},t_{2m}) \quad (2.1.9)$$

其中，w_i $(i=1,2,\cdots,k)$ 是由 (t_{11},t_{21}) 开始到 (t_{1n},t_{2m}) 结束的弯曲路径上的点。

定义 2.2 在两序列形成的弯曲路径上对它们之间的距离做求和平均，称为动态时间弯曲距离：

$$\text{DTW}(t_1,t_2)=\min\left[\frac{1}{k}\sum_{i=1}^k d(w_i)\right] \quad (2.1.10)$$

其中，$d(w_i)$ 即为两数据段在弯曲路径上的距离，亦即式(2.1.8)中矩阵 D 的元素。

由定义 2.1 可知，利用穷举法获得此路径在理论上是可以实现的，但当数据粒子较长时，工作量将会十分庞大。鉴于此，采用一种动态规划的方法确定 DTW 距离，即在已有的 N 段非等长数据粒中选出标准序列，然后经过与此序列的比对，完成数据粒的伸长或压缩，达到非等长数据等距规范化的目的。

(3) 基于模糊建模的中长期预测。为反映工业生产基本模式，并为后续分析形成实际语义描述，需要对已等距化的数据段进行聚类分析，以获得长期预测建模所必需的最优划分矩阵及聚类中心。由于此处运算的基本单位是数据粒，即多个数据点形成的数据段，从而为长期预测奠定基础。以采用模糊 C 均值算法的数据聚类为例，经典模糊 C 聚类算法即求取如式(2.1.11)所示的最优化问题：

$$Q = \sum_{i=1}^{c}\sum_{j=1}^{N} u_{ij}^m d_{ij}^2 \qquad (2.1.11)$$

$$\text{s.t.} \sum_{i=1}^{c} u_{ij} = 1, \quad j = 1, 2, \cdots, N$$

其中，u_{ij} 表示第 j 个粒子对 i 个类的隶属度值；$1 < c \leqslant N$，是分类数；$m > 1$，是模糊系数；d_{ij} 表示第 j 个粒子与第 i 类聚类中心的距离，一般取欧几里得距离。通过拉格朗日(Lagrange)乘子法很容易解出模糊聚类中心和模糊隶属度的计算公式，如式(2.1.12)所示：

$$v_{ij} = \frac{\sum_{k=1}^{N} u_{ik}^m s_{kj}}{\sum_{k=1}^{N} u_{ik}^m} \quad i = 1, 2, \cdots, c, \quad j = 1, 2, \cdots, n \qquad (2.1.12)$$

$$u_{ik} = \left(\sum_{t=1}^{c} \frac{\|s_k - v_i\|}{\|s_k - v_t\|}\right)^{-\frac{2}{m-1}} \quad i = 1, 2, \cdots, c, \quad k = 1, 2, \cdots, N$$

其中，n 为单个数据粒长度；s_k 为多个数据点所组成的信息粒。

基于"粒子对哪个聚类中心的隶属度最大"这一描述，本章建立模糊规则。模糊推理主要考虑历史数据粒子的隶属情况决定了未来粒子的相应关系，可表达如式(2.1.13)所示。

$$s_{k-n_I}, s_{k-n_I+1}, \cdots, s_{k-1} \to s_k \qquad (2.1.13)$$

其中，$s_{k-n_I}, s_{k-n_I+1}, \cdots, s_{k-1}$ 是前 n_I 个时刻的各数据粒；s_k 为下一时刻的相应序列。基于这样的关系，本章给出一个三阶模糊规则，即三输入一输出，形式如下：

$$R_r: \text{If } s_{k-3} \text{ is } c_{s_{k-3}}, s_{k-2} \text{ is } c_{s_{k-2}}, \text{ and } s_{k-1} \text{ is } c_{s_{k-1}}, \text{Then } s_k \text{ is } c_{s_k} \qquad (2.1.14)$$

其中，$c_{s_{k-3}}$、$c_{s_{k-2}}$、$c_{s_{k-1}}$ 和 c_{s_k} 分别为输入和输出数据粒子所属类别的标识。例如，当 s_{k-3} 对应第 3 类的隶属度最大时，则标识变量 $c_{s_{k-3}}$ 记做 3。对样本集每一条样本建立如此规则，即可获得由 $N-3$ 条规则形成的模糊规则库。

考察测试样本输入，即 s_{k-3}、s_{k-2} 和 s_{k-1} 中的对应数据粒子，提取其最大隶属度对应类别，然后在模糊规则库中寻找标识一致的规则，记录这些规则对应输出 s_k 的隶属度最大位置，记做 $c \times 1$ 维向量 h_j，以及相应隶属度 $u_{ij}^{s_k}$，进而计算如下变量：

$$p = \sum_{j=1}^{N} h_j u_{ij}^{s_k} \qquad (2.1.15)$$

其中，$i = 1, 2, \cdots, c$。采用中心解模糊化方法，即

$$\hat{p} = p^T V \tag{2.1.16}$$

其中，$\hat{p}$ 为最终长期预测结果。

3) 基于深度学习的类周期工业能源时间序列长期预测

(1) 基于模匹配方法的特征堆叠。对于一般的类周期性时间序列数据，它们的周期性特性通常由时间序列各个阶段的波动趋势反映，这些趋势可通过每个阶段的波动幅值和该片段内的持续时长等特征来描述。本节给出一种基底匹配方法来自适应地提取这一类趋势特征(幅值和时间跨度)并且重新堆叠数据[20]。不失一般性，本节方法选取四分之一周期正弦曲线作为基底来描述不同的曲线特征，如图 2.1.2 所示。在图 2.1.2(b)中，近似曲线每个数据点的值与经过伸缩变换后的基底中各个数据点相对应。为了与原始时间序列进行匹配并得到其趋势特征，考虑到每个基底包含特定的单调性和凹凸性特征，首先需要对目标时间序列进行分割。给定时间序列 $X = \{x_1, x_2, \cdots, x_n\}$，它的一阶和二阶动态特性可以通过序列差值来计算，即

$$\Delta = \{\Delta_1, \Delta_2, \cdots, \Delta_{n-1}\}, \quad E = \{e_1, e_2, \cdots, e_{n-2}\} \tag{2.1.17}$$

其中，$\Delta_i = x_{i+1} - x_i$；$e_i = \Delta_{i+1} - \Delta_i$。通过 $\Delta_i \Delta_{i-1}$ 和 $e_i e_{i-1}$ 的符号判断数据点 x_i 所在序列段的凸凹性和单调性变化，并在性质改变时刻划分时间序列。例如，对于时间序列 $X = \{x_1, x_2, \cdots, x_p, x_{p+1}, \cdots, x_N\}$，若 $\Delta_p \times \Delta_{p-1} < 0 \cup e_p \times e_{p-1} < 0$，则以 x_p 作为分割点，划分 X 为 $\{x_1, x_2, \cdots, x_p\}$ 和 $\{x_{p+1}, x_{p+2}, \cdots, x_N\}$。对于划分得到的片段，采用具有相同性质的基底通过定义其在水平和竖直方向的伸缩尺度(时间跨度和幅值)进行匹配。

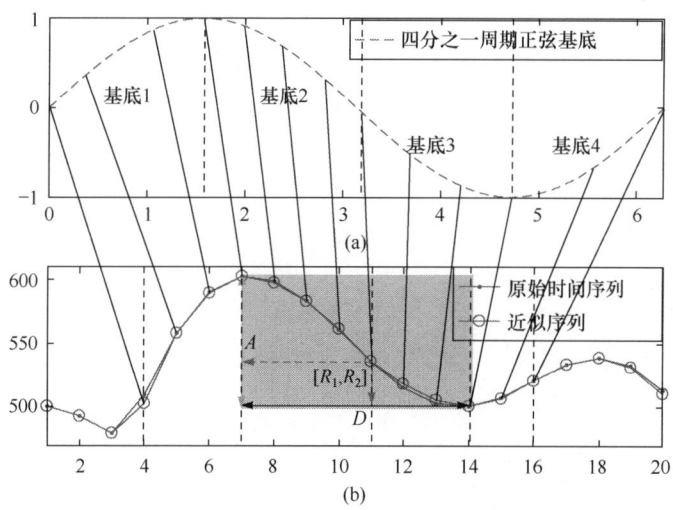

图 2.1.2 (a) 四分之一周期正弦基底；(b) 基底匹配近似和特征描述(矩形阴影所示)

需要注意的是时间序列可能会存在某段为直线的情况，即 $\Delta_i=0$ 或 $e_i=0$。然而这种情况对于一般的周期性时间序列并不多见，且持续时间短，因此本节中将直线段与上一段合并划分，并不增加独立的基底。此外，考虑到工业数据普遍存在噪声情况，为了避免由噪声引起的划分过于密集的情况，本节在进行基底匹配之前将数据采用经验模态分解方法降噪。

通过上述基底的匹配特征可重构出原始时间序列，然而直接使用这些特征存在信息冗余，会降低神经网络建模的准确度并增加计算复杂度。为了用尽可能少的特征拟合原序列，本节假设具有上升趋势的序列段通常先凸然后凹，反之下降趋势序列为先凹后凸。将相邻的具有不同凹凸性且单调性相同的序列段合并表示，构造新的时间跨度 D 和幅值 A。幅值的正负可表示序列段的单调性。在此基础上，该段时间序列的波动和曲率特征通过计算合并点在由 D 和 A 构成的特征区域内的二维坐标 $R=[R_1, R_2]$ 描述，如图 2.1.2(b) 中矩形区域所示。图中矩形的长和宽分别表示 D 和 A。假设 m_j 和 f_j 分别为单调性划分时刻和拐点时刻，即 $m_\tau \in \{i \mid \Delta_{i-1} \times \Delta_i < 0\}$，$f_\tau \in \{i \mid e_{i-1} \times e_i < 0\}$，则合并后时间序列片段可被特征表示为 $FT_\tau = \{D_\tau, A_\tau, [R_\tau^1, R_\tau^2]\}$，其中 $D_\tau = m_{\tau+1} - m_\tau + 1$，$A_\tau = x_{m_{\tau+1}} - x_{m_\tau}$，$[R_\tau^1, R_\tau^2]$ 表示为

$$\begin{cases} R_\tau^1 = (f_\tau - m_\tau)/(m_{\tau+1} - m_\tau) \\ R_\tau^2 = \left|x_{f_\tau} - x_{m_\tau}\right| / \left|x_{m_{\tau+1}} - x_{m_\tau}\right| \end{cases} \quad (2.1.18)$$

在一些特殊情况，时间序列会间歇性地波动回零，如图 2.1.3(a) 所示。数据的峰值部分具有相似的幅值和持续时间，因此其周期性特征主要通过两个邻近波峰之间的间隙时长反映，这些间隙会随着时间呈现类周期变化。为了表示此类周期性特征，本节在图 2.1.3(b) 中构建一组具有时移特征和伸缩特征的凹形基底。其中时移特征用来描述特定周期循环下间隙的发生时刻，伸缩特征衡量基底间隙的持续时长。

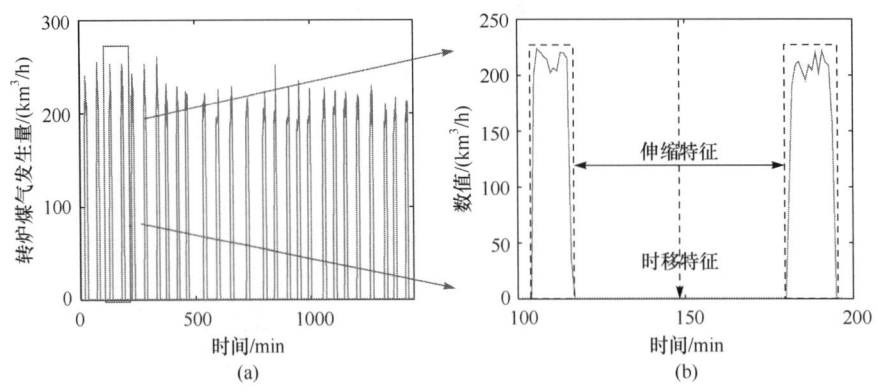

图 2.1.3　(a) 间歇性波动类周期时间序列；(b) 凹形基底基本形式

为了在原始时间序列中提取出这些特征,首先需要将数据按照季节性循环划分为序列片段。例如,如果时间序列具有日循环的周期性特征并且以分钟为单位进行采样,则每个片段长度应被划分为 1440(每天 1440min)。这样一来,每个片段中的数据点被赋予了与周期性相关的时移特征。通过为片段匹配基底提取周期性特征,其中匹配度由基底在时间维度上沿着片段 x 移动并计算互相关函数得到,如式(2.1.19)所示。

$$M_{TS} = \sum_{k=1}^{l} t_S(k) x(T+k) \qquad (2.1.19)$$

其中,t_S 表示具有伸缩值 S 的基底;l 为基底长度;T 表示在片段长度范围内的时移值。M_{TS} 衡量在伸缩值为 S,时移值为 T 的条件下模板与片段的匹配相似度。考虑到较大的 M_{TS} 值预示着较高的匹配度,M_{TS} 的局部极值代表在该时移尺度和伸缩尺度下,目标样本和模最匹配。原始时间序列可被特征表示为这些局部极值点构成的集合,记作 $FT_\tau = \{T_\tau, S_\tau\}$,其中 T_τ 和 S_τ 满足

$$\begin{aligned}\{T_\tau, S_\tau\} \in \{M(T_\tau, S_\tau) > M(a,b), \text{for all}(a,b) \in \\ \{(T-1, S-1), (T, S-1), (T-1, S), \cdots, (T+1, S+1)\}\}\end{aligned} \qquad (2.1.20)$$

(2) 长短时记忆网络(long short-term memory, LSTM)输入输出构建。与现有的基于数值型数据对周期性时间序列建模的方法不同,将一维序列拓展为多维特征序列。在这种情况下,不仅要考虑特征在时间上的传递信息,还要考虑某一时段特征之间的相互关系。采用特征-时间模式来描述时间序列预测中的这两种关系(如图 2.1.4 所示),并且有可能成为一种用于描述类周期性数据的可解释方式。

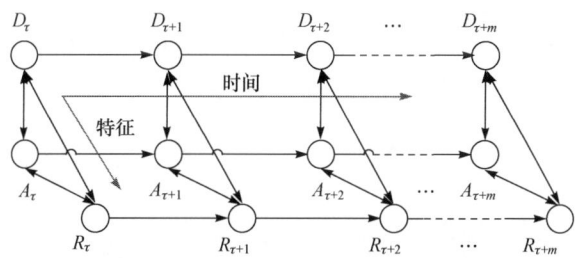

图 2.1.4 特征-时间粒序列数据结构

每一个窗口的数据如式(2.1.21)所示,其中 $F(\tau)$ 是输入到 LSTM 的 m 步序列,$h(\tau)$ 是预测值。m 步序列是指每个输入样本包含之前的 m 个时间步长的特征向量。图 2.1.5 所示为带有两步序列输入的 LSTM 模型,其中将两个之前时间步的向量 $FT_{\tau-1}$、FT_τ 输入到 LSTM 单元中去预测下一个向量 $FT_{\tau+1}$。数据集通过对每个 m 步序列移动一个时间步长窗口来生成。在将整个序列输入 LSTM 模型之后,隐藏状态将用作全连接输出层的"特征学习器",该输出层经过训练可最大限度地

减少均方预测误差。

$$F(\tau) = [FT_\tau, FT_{\tau-1}, \cdots, FT_{\tau-m+1}], \ h(\tau) = FT_{\tau+1} \tag{2.1.21}$$

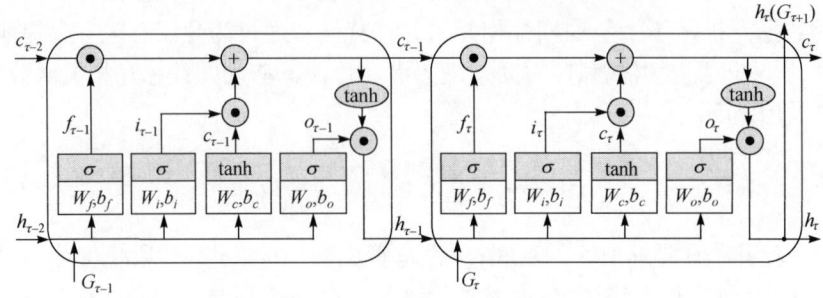

图 2.1.5　两步序列输入 LSTM 模型示例

在 LSTM 模型中，通过采用控制内部存储器单元输出的门控机制来学习输入序列数据中的复杂表示。其中存储单元可以记忆任意时间间隔的信息，并且三个门调节出入单元的信息流。输出 h_τ 可以看作输入，先前隐藏状态 $h_{\tau-1}$ 以及存储单元 $c_{\tau-1}$ 的加权组合。如果 $FT_\tau = \{ft_{\tau 1}, ft_{\tau 2}, \cdots, ft_{\tau n}\}$ 是一个特征向量（$ft_{\tau 1}, ft_{\tau 2}, \cdots, ft_{\tau n}$ 表示通过基底匹配方法提取的周期性特征值），则 h_τ 包含特征-时间关系。不失一般性，本节以二维特征向量来说明：

$$f_\tau = \sigma(W_{xf1}ft_{\tau 1} + W_{xf2}ft_{\tau 2} + W_{hf}h_{\tau-1}) = F_f\left(\sum_{W_x} ft_{\tau i}, h_{\tau-1}\right) \tag{2.1.22}$$

$$i_\tau = \sigma(W_{xi1}ft_{\tau 1} + W_{xi2}ft_{\tau 2} + W_{hi}h_{\tau-1}) = F_i\left(\sum_{W_x} ft_{\tau i}, h_{\tau-1}\right) \tag{2.1.23}$$

$$\begin{aligned}
c_\tau &= f_\tau c_{\tau-1} + i_\tau \tanh(W_{xc1}ft_{\tau 1} + W_{xc2}ft_{\tau 2} + W_{hc}h_{\tau-1}) \\
&= F_f\left(\sum_{W_x} ft_{\tau i}, h_{\tau-1}\right)c_{\tau-1} \\
&\quad + F_{\tilde{c}}\left(F_i\left(\sum_{W_x} ft_{\tau i}, h_{\tau-1}\right), \sum_{W_x} ft_{\tau i}, h_{\tau-1}\right) \\
&= F_c\left(\sum_{W_x} ft_{\tau i}, h_{\tau-1}, c_{\tau-1}\right)
\end{aligned} \tag{2.1.24}$$

$$o_\tau = \sigma(W_{xo1}ft_{\tau 1} + W_{xo2}ft_{\tau 2} + W_{ho}h_{\tau-1}) = F_o\left(\sum_{W_x} ft_{\tau i}, h_{\tau-1}\right) \tag{2.1.25}$$

$$h_\tau = o_\tau \tanh(c_\tau) = F_h\left(F_o\left(\sum_{W_x} ft_{\tau i}, h_{\tau-1}\right), c_\tau\right) \tag{2.1.26}$$

其中，式(2.1.22)、式(2.1.23)、式(2.1.24)、式(2.1.25)、式(2.1.26)分别描述忘记门、输入门、存储单元、输出门、隐藏状态，如图 2.1.5 中矩形区域所示。从上述公式中可以看出，忘记门(2.1.22)、输入门(2.1.23)和存储单元(2.1.24)取决于 $h_{\tau-1}$

和当前输入。式(2.1.24)中的 c_τ 和式(2.1.26)中的 h_τ 取决于其自身的先前值。将式(2.1.24)代入式(2.1.26)给出了历史值的加权

$$h_\tau = F_h\left(h_{\tau-1}, c_{\tau-1}, \sum_{W_x} ft_{\tau i}\right) \tag{2.1.27}$$

输入门和忘记门允许控制和设置 h_τ 和 c_τ。这允许每个时间步长的权值根据先前看到的时间步长而改变,并且 h_τ 的权重取决于时间-特征输入。而传统神经网络的非线性预测器由于其预测输出是简单的输入加权组合,其权值并没有随着序列而改变。其次,输入序列的顺序和特征信息亦没有被考虑。而式(2.1.26)中的 LSTM 允许更为灵活地计算非线性权值,并被反映在 h_τ 和 c_τ 的值中。

为了获得期望的预测范围,使用迭代方法重复单步预测过程。将预测的输出和前一时刻输入值作为预测下一个时间步长的输入,直到进行 n 个步长的预测为止。这样的过程可以表示如下:

$$\hat{h}_\tau = \begin{cases} f(FT_\tau, FT_{\tau-1}, \cdots, FT_{\tau-m+1}), & n=1 \\ f(\hat{F}T_\tau, \cdots, \hat{F}T_{\tau-k+2}, \cdots, FT_{\tau-m+1}), & n \in \{2,3,\cdots,m\} \\ f(\hat{F}T_\tau, \hat{F}T_{\tau-1}, \cdots, \hat{F}T_{\tau-m+1}), & n > m \end{cases} \tag{2.1.28}$$

需要注意的是,网络输出 $\hat{h}_\tau = FT_{\tau+1}$ 属于一种特征结构结果,需要被转换为一系列数值型数据。转换公式取决于用于描述时间序列的基底。以一般情况为例,假设基底定义为四分之一周期正弦曲线,则典型特征描述中的数值可以通过使用正弦公式获得,即

$$\hat{y}_i = \sin\left(a + \frac{\pi}{2}\frac{i}{D}\right)A + b \tag{2.1.29}$$

其中参数 a 决定基底的类型。例如,$a=0$ 表示单调递增凹基底(正弦曲线第一个四分之一周期),$a=\pi/2$ 为递减凹基底。D 和 A 为匹配基底的持续时长和幅值,可通过 $\hat{h}_\tau$ 中的特征计算。b 是基底起始点数值。

(3) 多步迭代预测的周期性校正。对于一般的周期性时间序列,预测过程的输入输出由周期性趋势特征构成。由于其在长期预测的过程中需要根据估计的输出进行迭代,不可避免地会存在迭代误差的累积。基于特征向量产生的迭代误差常常使得长期预测结果的波动趋势出现偏移。为了对数据趋势进行校正,首先对预测结果 $\hat{Y} = \{\hat{y}_{t+1}, \hat{y}_{t+2}, \cdots, \hat{y}_{t+n}\}$ 通过 STL(seasonal trend decomposition using loess)分解为趋势部分 $\hat{T}$ 和季节部分 $\hat{S}$,即 $\hat{Y} = \hat{T} + \hat{S}$。趋势偏移主要反映于 $\hat{T}$,因此对于迭代误差的校正可分为两方面,即趋势校正和对应于新趋势的季节部分调整。

针对第一方面,采用基于数值点迭代的方式对其中的趋势部分 $\hat{T} = \{\hat{T}_{t+1}, \hat{T}_{t+2}, \cdots, \hat{T}_{t+n}\}$ 进行 n 步预测,得到 $\tilde{T} = \{\tilde{T}_{t+1}, \tilde{T}_{t+2}, \cdots, \tilde{T}_{t+n}\}$。考虑到结果 $\tilde{T}$ 除

去了时间序列中季节成分的影响,并且采用数值点迭代的方式得到,因此可在一定程度上消除长期迭代预测下的趋势偏移影响;第二方面,由于采用了多序列特征化预测方式,由 $\hat{Y}$ 分解得到的 $\hat{T}$ 可以更好地反映数据的波动幅值变化特性。

基于此考虑,可通过结合不同预测结果的优势,实现对原始趋势的校正。为了尽可能消除趋势偏移影响,同时兼顾到波动的幅值特征,将序列 $\hat{T}$ 和 $\tilde{T}$ 按照第 3 章的方法计算一阶动态,得到相应的时间跨度和幅值特征矩阵,记为 $\{\hat{D},\hat{A}\}=\{[\hat{d}_1,\hat{a}_1];\cdots;[\hat{d}_n,\hat{a}_n]\}$,$\{\tilde{D},\tilde{A}\}=\{[\tilde{d}_1,\tilde{a}_1];\cdots;[\tilde{d}_n,\tilde{a}_n]\}$,则校正后的趋势部分可表示为 $\{D,A\}=\{[d_1,a_1];\cdots;[d_n,a_n]\}$,相应的 d_i、a_i 按照公式(2.1.30)计算

$$d_i=\tilde{d}_i, a_i=\begin{cases}\hat{a}_i, & i=2,4,6,\cdots\\ \tilde{T}^i-\tilde{T}_{t+1}, & i=1\\ \tilde{T}^i-(\tilde{T}^{i-2}+\hat{b}_{i-1}), & i=3,5,\cdots\end{cases} \quad (2.1.30)$$

其中,$\tilde{T}^i$ 为 $\tilde{T}$ 中划分的第 i 个片段中最后一个数的数值。由式(2.1.30)可以看出,若趋势部分的时间跨度 d_i 发生改变,则季节部分 $\hat{S}$ 也应作出对应于新时间跨度的调整。如图 2.1.6(a)所示,$\hat{S}$ 的时间跨度需要在保持相似波动形状和幅值的前提下做相应拉伸。为了实现在时间维度上的拉伸变换,将季节部分曲线按照趋势划分成小段曲线,使得每段曲线具有单一的单调性,并逐一对小段曲线进行拉伸变换。

图 2.1.6(b)为该变换的一个简单示例,其中具有相同幅值特征的曲线由四个点的时间跨度拉伸为五个点。为了确定拉伸后曲线(图中实线所示)各个点的数值,取两个时间跨度的最小公倍数为新的跨度特征 d_{new},即二十个时间点跨度。采用式(2.1.18)中的正弦变换公式构造新的时间序列 d_{new} 及幅值特征,而后拉伸后的曲线数值可通过在新的序列中每间隔四个点取值得到。

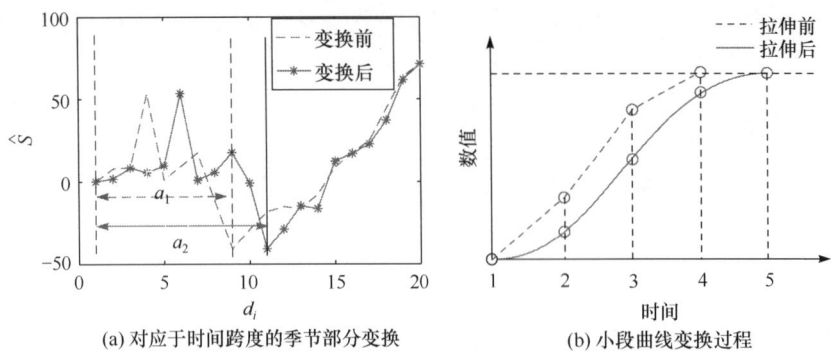

(a) 对应于时间跨度的季节部分变换 (b) 小段曲线变换过程

图 2.1.6 季节部分变换示例

以此类推,将每小段曲线按照总体的时间跨度比例进行拉伸变换,即可得到

根据趋势调整后的季节部分曲线。最终的预测结果由校正后的趋势部分和相应的季节部分相加得到。

2.1.2 模糊智能煤气调度优化

在钢铁工业生产过程中，经常会出现由于发生端的设备检修导致的煤气短缺或消耗端的生产计划调整而出现的煤气富余情况，均会对系统的平衡造成影响。若不及时对单种或多种煤气的消耗量进行调整，会导致整个煤气系统的失衡，进而影响蒸汽、天然气等系统的供需平衡，对生产成本与效率都具有极大的影响。煤气系统的平衡可由各自系统中柜位的变化直观地反映，即当煤气柜位处于上升的趋势时，表示当前时间段内的煤气发生量大于消耗量，反之则表示发生量小于消耗量。而当煤气柜的柜位临近安全上限或者下限时，则说明该煤气系统的供需关系即将失衡，需要采取适当的调度手段重新恢复系统的平衡。因此，保证煤气系统的平衡，即为保证柜位时刻运行在安全区间。图 2.1.7 所示为典型煤气系统柜位的示意图。煤气柜按照安全等级可划分为机械上限(upper mechanical boundary, UMB)、机械下限(lower mechanical boundary, LMB)、安全上限(upper safety boundary, USB)和安全下限(lower safety boundary, LSB)。其中，安全上限与安全下限之间的区域为安全区域，通常情况下煤气柜的柜位应在该区域内波动。机械上限与安全上限之间的区域为高柜位区域(柜位未到达机械上限)，机械下限与安全下限之间的区域则为低柜位区域(柜位未到达机械下限)。根据煤气的供需关系，会出现两种不平衡情况：

(1) 当煤气的发生流量持续大于消耗流量时，煤气柜的柜位会持续上升并超过安全上限进入高柜位区域(图 2.1.7 中 A 区域)。若此时不及时给出调度方案或调度方案不合理，则极有可能导致柜位达到机械上限(图 2.1.7 中 B 区域)导致煤气放散。

(2) 当煤气发生流量不足以保证生产单元的正常消耗时，柜位便会持续下降，直至低于安全下限进入低柜位区域(如图 2.1.7 中 C 区域)，甚至达到机械下限，给生产过程带来极大的安全隐患。

在实际调度过程中，调度人员无法同时将所有的因素考虑全面，并且仅能够对调度之后的柜位波动情况进行粗略估计，因此通常采取试探性的调度方法，即先给出一个相对保守的调度方案并观察柜位的上升或下降趋势，并在短时间内继续进行调度操作。然而，这种调度方式极易造成调度不彻底或者调度过量的情况，导致短时间内对设备的频繁操作，大大增加了人力成本与设备启停成本。因此，建立更加完善的调度模型，对于指导操作人员进行合理的煤气调度是十分必要的。

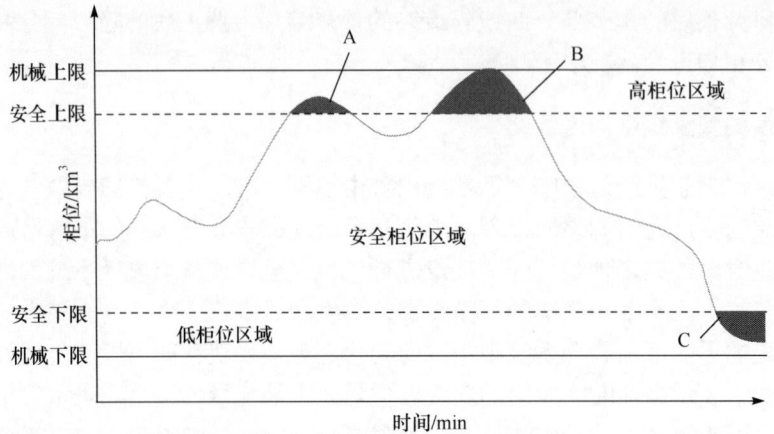

图 2.1.7 副产煤气系统柜位示意图

本节介绍一种基于粒度模糊建模的调度方法[21]，整个算法框架如图 2.1.8 所

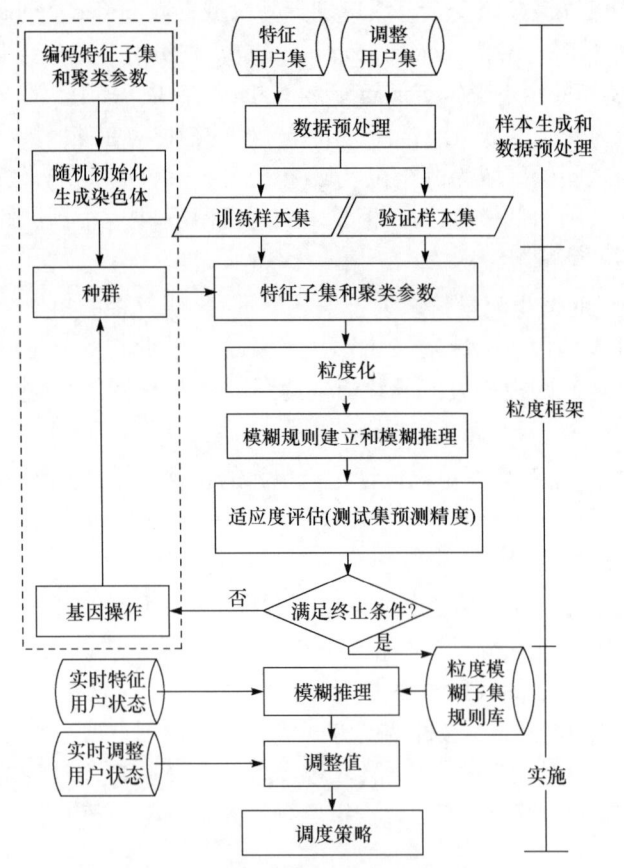

图 2.1.8 调度策略选择模型的粒度框架

示。其中,虚线框内为基于遗传算法的特征选择和参数优化过程。其余部分可分为三个阶段,即数据预处理阶段、粒度化阶段及实施阶段。数据预处理阶段将滤波后的能源数据划分为训练集和验证集。其中,训练集用于构造粒度化规则库,验证集用于计算遗传算法的适应度值;粒度化阶段结合特征选择以及参数优化过程,通过数据粒划分和模糊聚类的方式构建具有最优用户子集的粒度化规则库;在实施阶段,首先根据调整时刻各煤气用户的实时状态,搜索规则库中与当前用户状态相匹配的规则,通过模糊推理获得当前时刻所需的调整总量,而后综合当前时刻各调整用户的状态,得到最终的调度方案。

1. 基于粒度的调度方案模糊推理

在粒度计算理论体系中,一个重要环节即是如何形成粒子,有意义的信息粒会为后续的推理计算工作奠定良好基础。与上文介绍的长期预测过程相似,本节充分考虑生产过程中煤气流量的波动特征,并依此对数据进行划分以形成数据粒。

由于上述划分得到的各煤气用户粒子单元为非等距粒子,若要完成基于模糊 C 均值聚类的数据分析须要求序列等长。因此,在粒度化过程中,首先采用时间弯曲规范化方法将其等距化,即首先从已有的 N 个信息粒 $t_1, t_2, \cdots, t_N$ 中选出标准粒子 t_s,如式(2.1.31)所示,其中 DTW 为动态时间弯曲距离。而后,其他所有粒子均通过伸展或压缩的方式,被等距化为与 t_s 具有相同粒子长度的粒子。

$$t_s = \arg\min_{t_i} \sum_{j=1}^{N} \text{DTW}(t_i, t_j), \quad i = 1, 2, \cdots, N \tag{2.1.31}$$

在获得等距粒子后,对各煤气产消用户粒子单元、煤气柜位以及调整时刻总调整量聚类,得到相应的聚类中心 V 和隶属度矩阵 U。由此,将调整点处基于数值型的数据样本被转化为由模糊集表示的粒度样本,样本的输入(各用户的状态值)和输出(调整用户的调整值)均被表示为模糊集的形式。

根据聚类得到的调整时刻各煤气用户状态以及调整量的所属粒度,通过模糊规则的建立以及模糊推理,计算出当前时刻所需的总调整量;同时,为了得到相应的调整用户,建立总调整量和各调整用户状态与当前时刻调度策略之间的模糊关系,以给出完整的调度方案。

1) 调整量计算

对于总调整量的计算,给出如下式所示的模糊规则:

$$R_t : \text{If } X_1 \text{ is } p_{1i}, X_2 \text{ is } p_{2i}, \cdots, X_n \text{ is } p_{ni}, \text{ then } S \text{ is } q_i \tag{2.1.32}$$

其中,X 为约简后的各煤气用户;S 为总调整量;p、q 为输入和输出的数据粒子所属类别的标识。例如,当 X_1 对应第 3 类的隶属度最大时,则标识变量记做

p_{13}。采用多重模糊规则插值来计算调整量数值,公式如下:

$$S = \sum_{i=1}^{r} W_i \times V(c_j) \qquad (2.1.33)$$

其中,r 为具有相同输入条件的规则数;$V(c_j)$ 表示属于某一类标签的聚类中心;W_i 为权值矩阵,被定义为如下式的形式:

$$W = [W_1, W_2, \cdots, W_r] = \left[\frac{W_1'}{\sum_{i=1}^{r} W_i'}, \frac{W_2'}{\sum_{i=1}^{r} W_i'}, \cdots, \frac{W_r'}{\sum_{i=1}^{r} W_i'} \right] \qquad (2.1.34)$$

其中,$W_i' = m_i \times f_i$,$m_i = u_{1,i} \times u_{2,i} \times \cdots \times u_{n,i}$ 为规则 R_i 的匹配程度,f_i 为规则 R_i 在规则库中出现的频率。

2) 调整用户确定

在实际调度过程中,调度人员通常根据所需调整量的大小决定调整单元个数,并结合当前各调整单元状态,给出调度方案。因此,将样本库中总调整量以及当前时刻各调整用户的状态作为输入,调整用户及其调整量作为输出,建立如式(2.1.32)所示模糊规则组成的规则库。由此,在得到所需的调整总量后,可以通过比对规则库来确定最终的调整用户。同时,对于规则库中输入相同、输出不同的规则,选取具有较大 m_i 值的规则对应的输出作为最优的调度方案。

2. 基于遗传算法的封装特征选择机制

对于副产煤气系统,不同的煤气用户对调度过程具有不同的影响程度,且各用户在粒度化过程中需要确定其聚类个数,这些因素都会极大地影响所提模型的辨识精度。为了选择最优的用户子集并优化粒度化过程参数,本章提出一种基于多层编码遗传算法的封装特征选择方法。其中,第一层为特征选择层,用以选择对总调整量的确定产生重要影响的煤气用户;第二层为参数优化层,用以优化各煤气用户的聚类个数。为了实现多目标分层遗传算法各层次之间的相互关联,针对各层定义一种协同的适应度值计算方式,以达到共同进化的目的。下面具体介绍其编码方式、遗传策略以及适应度函数的选择。

1) 混合编码

遗传算法需要首先将问题空间中的参数转换成遗传空间的基因并组成个体,即编码。本章采用多层编码遗传算法,可分为特征选择层(第一层)和参数优化层(第二层),如图 2.1.9 所示。特征选择层采用二进制编码,每个特征子集被编码为一个二进制字符串,该字符串的长度取决于总体特征个数 n,字符串中的每一位为完整特征集中某个独立固定的特征，取值为 1 或 0。也就是说，如果染色体第 i 位为 1，则其相应的特征被子集选中，反之亦然；参数优化层采用实数编码，每个编码基因代表被选择特征的聚类个数，每个染色体所包含的基因个数 m 取决于第一层中被选择的特征数，染色体中最后一列对应第一层中不同的染色体编码。

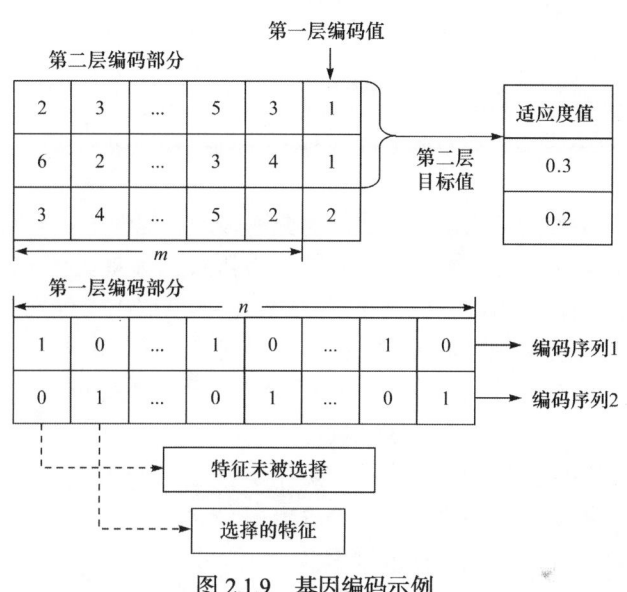

图 2.1.9 基因编码示例

2) 交叉和变异操作

对第一层编码染色体采用单点交叉选择操作。由于第二层染色体采用实数编码，为了改善算法的搜索能力，采用多点交叉用于选择操作。同时，单点变异被用作变异操作。对于实数编码的染色体，规定其染色体基因在一定的实数范围内变异。

3) 适应度函数和基因选择

为实现各层个体共同进化，定义相互关联的适应度值。其中，第二层编码染色体的适应度值取决于所提粒度模型对总调整量估计的准确度，如式(2.1.35)所示。

$$\text{fit}_{2i}(j) = \frac{1}{\sqrt{\dfrac{1}{N}\sum_{k=1}^{N}(y(k)-\hat{y}(k))^2}} \tag{2.1.35}$$

其中，N 为验证集样本个数；$y(k)$ 为验证集中真实调整量；$\hat{y}(k)$ 为估计的调整量。第一层编码染色体 i 的适应度值定义为：在包含 i 的第二层染色体集合中，选取集合中最优个体的目标值作为的适应度值,如式(2.1.36)所示。

$$\mathrm{fit}_1(i) = \max(\mathrm{fit}_{2i}(1), \cdots, \mathrm{fit}_{2i}(n)) \tag{2.1.36}$$

其中,n 为第二层种群中属于第一层染色体 i 的个体数量。采用锦标赛法作为选择操作,即每次从第一层种群中选取一定数量的个体集合,从该集合中选出适应度最好的个体作为子代个体,重复以上操作,直到选出与原种群规模相同的新一代种群为止。

2.1.3 长期调度与联合调度

1. 长期调度

目前对煤气系统的单次调度方法的研究有很多,但经过长时间的现场调研后发现,单次的调度方法在现场应用中存在着局限性。如果在柜位超过安全上(下)限的时候再进行调整,可能会因调整用户的响应速度跟不上煤气柜柜位的变化速度而导致煤气柜柜位达到机械上限,并导致煤气放散的情况发生。同时,由于无法保证调度方案的合理性,容易造成调整量不合适而发生短期内再次调整的情况。因此,我们采用一种长期调度方法来避免上述情况的发生[22]。该方法首先对未来一段较长时间的柜位进行预测,根据预测结果确定调度的初始时刻,进而对该段时间的煤气柜位波动情况给出相应的调度方案[23]。

1) 基于多尺度样本的长期预测方法

(1) 样本构造。为了预测出未来较长一段时间的柜位趋势,同时考虑柜位波动与煤气回收量和消耗量之间的关系,本节提出了一种基于多尺度样本的长期预测方法。柜位的波动趋势与煤气回收之间存在着相关关系。这是因为转炉煤气回收后先进入煤气柜,再通过管网输送给消耗用户使用,所以在煤气回收阶段,煤气柜的进气速度会明显快于消耗速度,柜位会呈上升趋势;而当回收停止后,由于柜内的气体只出不进,柜位会明显下降。此外,现场的生产情况复杂多变,导致煤气在各种不同的回收阶段持续时长也不完全相同。基于此种情况,我们构建了不同回收状态下的多尺度样本来提高预测的精度,如图 2.1.10 所示为转炉煤气系统变量的动态因果图。

图 2.1.10 中,n 为一段时间内不同回收状态的总阶段数,令第 j 个阶段的起始时刻为 t,该阶段的持续时长为 L_j,则在该时段内煤气的消耗总量为 $C_j = \sum_{i=t+1}^{t+L_j} c_i$,其中 c_i 为每个时刻的消耗量。每个子系统的两个煤气柜起始柜位为 $\boldsymbol{Y}_{t-1} = [Y_{t-1}^1, Y_{t-1}^2]$,柜位变化量为 $\Delta \boldsymbol{Y}_j = [\Delta Y_j^1, \Delta Y_j^2]$,可将起始柜位、阶段持续时长以及该阶段的总消耗量作为输入,柜位的变化量作为输出,如图 2.1.11 所示过程构造多尺度样本。

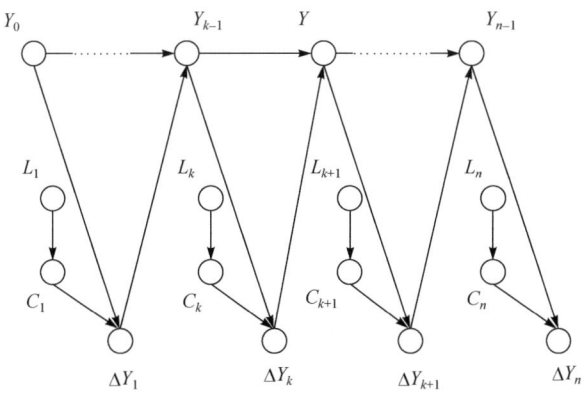

图 2.1.10 转炉煤气系统变量的动态因果图

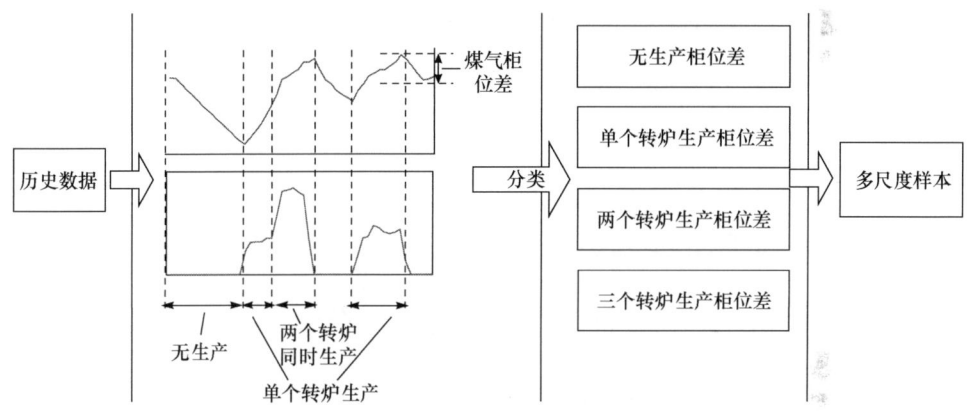

图 2.1.11 转炉煤气系统构造多尺度样本

(2) 多输出最小二乘支持向量机(LSSVM)。由于钢铁企业转炉煤气柜的主柜和辅柜之间相互连通,需同时考虑柜位之间的拟合误差。本节提出多输出最小二乘支持向量机对两煤气柜的柜位进行建模。该模型构造如下判别函数:

$$F(x) = \boldsymbol{W}^\mathrm{T}\boldsymbol{\Phi}(x) + \boldsymbol{B} \tag{2.1.37}$$

使得样本 x 对应的 y 能够用 $F(x)$ 近似,非线性映射 $\boldsymbol{\Phi}(x)$ 把输入数据映射到一个高维特征空间,可归结如下优化问题:

$$\begin{aligned} \min J(w^s, b^s, e^s, E_i) &= \frac{1}{2}\sum_{s=1}^{n_y}(w^s)^\mathrm{T}(w^s) + \frac{1}{2}\sum_{s=1}^{n_y}\sum_{i=1}^{n}\gamma^s(e^s)^2 + \gamma^0\sum_{i=1}^{n}E_i \\ \text{s.t.} \quad y^s &= (w^s)^\mathrm{T}\varphi(x) + b^s + e^s, \quad s = 1, 2, \cdots, n_y \\ E_i &= P\boldsymbol{Y}_i - \boldsymbol{W}_i\boldsymbol{\Phi}(x_i) - \boldsymbol{B}P^2, \quad i = 1, 2, \cdots, n \end{aligned} \tag{2.1.38}$$

其中，W_i 为对角阵，即 $W_i = \mathrm{diag}(w_i^1, w_i^2, \cdots, w_i^{n_y})$；其他列向量：$Y_i = [y_i^1, y_i^2, \cdots, y_i^{n_y}]^\mathrm{T}$，$B = [b^1, b^2, \cdots, b^{n_y}]^\mathrm{T}$，$\Phi(x_i) = [\varphi(x_i), \varphi(x_i), \cdots, \varphi(x_i)]^\mathrm{T}$。$w^s$ 和 b^s 为对应输出的权重及偏差量，e^s 为对应输出的单一拟合误差，乘子项 $\gamma^s > 0 (s = 1, 2, \cdots, n_y)$ 代表对应输出的惩罚系数，而 E_i 则表示综合拟合误差，乘子项 $\gamma^0 > 0$ 表示整体拟合误差的惩罚系数。引入 Lagrange 乘子 λ_i、μ_i^s，将所求问题转化为无约束优化问题：

$$L(w^s, b^s, e^s, E_i, \lambda_i, \mu_i^s) = \frac{1}{2} \sum_{s=1}^{n_y} (w^s)^\mathrm{T}(w^s) + \gamma^0 \sum_{i=1}^{n} E_i + \frac{1}{2} \sum_{s=1}^{n_y} \sum_{i=1}^{n} \gamma^s (e_i^s)^2$$
$$- \sum_{i=1}^{n} \lambda_i (E_i - PY_i - W_i \Phi(x_i) - BP^2) - \sum_{s=1}^{n_y} \sum_{i=1}^{n} \mu_i^s ((w_i^s)^\mathrm{T} \varphi(x_i) + b^s + e_i^s - y_i^s) \quad (2.1.39)$$

根据 Karush-Kuhn-Tucker(KKT)条件，可得到关于求解 α、b 和 μ 的满秩方程组

$$\begin{bmatrix} I + 2D_\lambda & 2D_\lambda \mathbf{1} & I \\ -2\lambda^\mathrm{T} K & -2\mathbf{1}\lambda & \mathbf{1} \\ K & n_y \mathbf{1}^\mathrm{T} & (\gamma^s)^{-1} \mathbf{1} \end{bmatrix} \begin{bmatrix} \alpha^j \\ b^j \\ \mu^j \end{bmatrix} = \begin{bmatrix} 2D_\lambda y^s \\ -2\lambda^\mathrm{T} y^s \\ y^s \end{bmatrix} \quad (2.1.40)$$

则多输出 LSSVM 的回归函数表达式为

$$y^s = \sum_{i=1}^{n} \alpha_i^s K(x, x_i) + b^s, \quad s = 1, 2, \cdots, n_y \quad (2.1.41)$$

其中 s 表示输出的个数。则第 j 阶段第 q 个时刻的柜位可表示为

$$Y_{jq} = Y_{jq-1} + \frac{\Delta Y_j}{L_j} q \quad (2.1.42)$$

2) 长期调度方法

基于前面提到的长期预测方法，可以预测出未来一段较长时间的柜位运行趋势，从而确定调度时刻的初始值。由于柜位与转炉的煤气发生量、消耗用户的消耗量最为相关，可建立长期调度过程的变量的因果模型为

$$Y = f(R, C, \Delta x_1, \Delta x_2, \cdots, \Delta x_h), \quad h = 1, 2, \cdots, n_{\mathrm{sche}} \quad (2.1.43)$$

其中，Y 为未来柜位；R 和 C 分别为转炉的煤气发生量和未做调度前煤气的消耗量；$\Delta x_1, \Delta x_2, \cdots, \Delta x_h$ 分别为各调整时刻的调整量；n_{sche} 为调度次数。长期调度模型的因果图如图 2.1.12 所示。

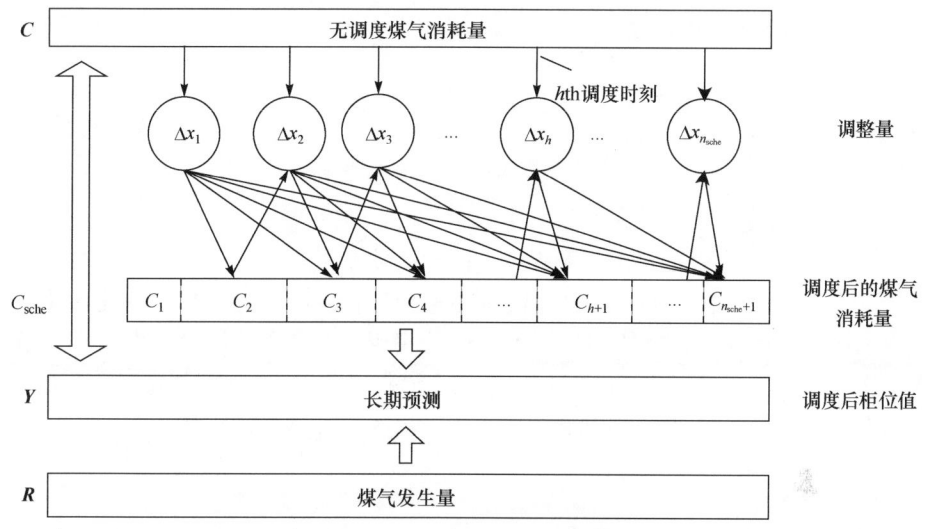

图 2.1.12　长期调度模型因果图

在现场调度过程中,对于转炉煤气系统的调度效果有一些可参考的评价指标,如柜位达到机械上限的次数、利润、调整效果、调度频率等。其中利润函数可表示为

$$Q_1 = b - an_{\text{full}} \\ = b - a(n_{\text{pre}} - \sum_{i=1}^{n_{\text{pre}}} G(\text{sign}((y_i + \text{eps} - HH)(LL - \text{eps} - y_i)))) \quad (2.1.44)$$

当给出某个方案后,其柜位的调整效果函数可表示为

$$Q_2 = \sum_{i=1}^{n_{\text{pre}}} G(\text{sign}((y_i - L)(H - y_i))) \quad (2.1.45)$$

其中,b 为该阶段的固定利润;a 为每次柜位达到机械上(下)限时损失的利润;n_{pre} 和 n_{full} 分别为调度长度和柜位达到机械上(下)限的次数;eps 则是一个数值较小的阈值;y_i 为第 i 时刻的柜位值;HH、LL、H 和 L 分别是煤气柜的机械上限、机械下限、安全上限和安全下限;sign(·) 与 G(·) 函数分别如式(2.1.46)和式(2.1.47)所示。

$$\text{sign}(x) = \begin{cases} 1, & x > 0 \\ 0, & x = 0 \\ -1, & x < 0 \end{cases} \quad (2.1.46)$$

$$G(x) = \begin{cases} 1, & x > 0 \\ 0, & \text{其他} \end{cases} \quad (2.1.47)$$

则可构建新的目标函数，如式(2.1.48)所示：

$$J = \frac{1 + n_{\text{pre}} - Q_2}{Q_1}$$ (2.1.48)

$$\text{s.t. } n_{\text{full}} < b/a$$

式(2.1.48)综合考虑了现场经济指标与柜位的调整效果两个方面，即当利润最大且柜位时刻都在安全区域内波动时，目标函数取得最小值，此时的调度方案为最优。本节所提的长期调度问题可归结为一个优化问题。近年来，智能优化算法发展迅速，在解决优化问题中得到了广泛的应用。在众多智能算法中，粒子群优化(PSO)算法是一种基于仿生学进化的计算方法，其算法理论简单易于实现，且收敛速度较快，精度较高，适合用来对本节提出的目标函数进行优化。

2. 联合调度

1) 联合调度问题

副产煤气系统中各管网的平衡可以通过各自煤气柜的柜位直观地体现出来。图2.1.13为各调度单元与三个管网之间的关系图。正常情况下，柜位应当在一定的安全范围内波动。电厂与低压锅炉作为调整用户，其不同之处在于，电厂的一

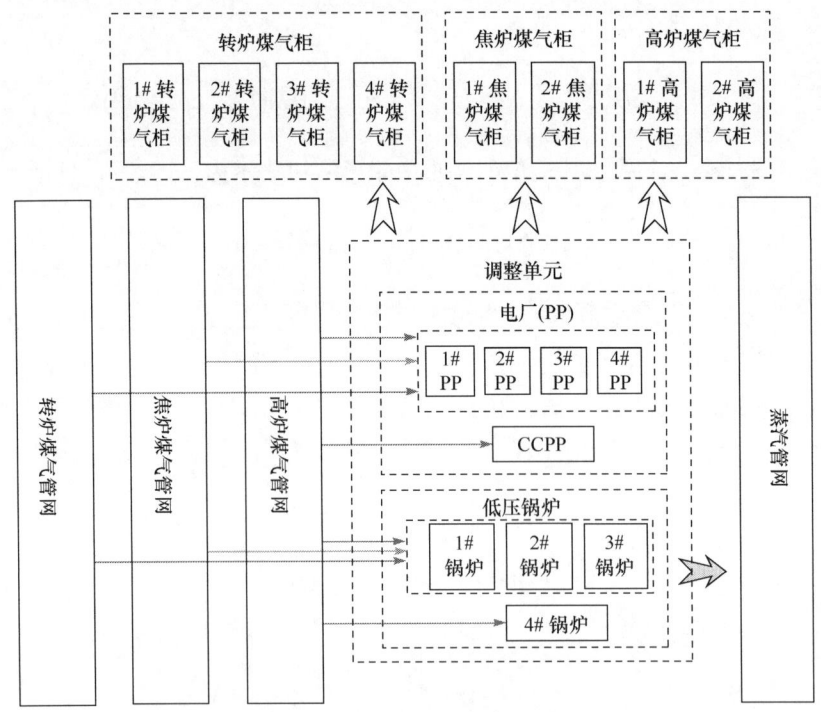

图2.1.13 各副产煤气介质与调整用户关系图

种介质燃烧量调整,一般不会影响到其他的介质,而低压锅炉燃烧方式可以由一种气体单独燃烧(如焦炉煤气专烧),也可以由两种或两种以上气体混合燃烧。因此调整其中一种煤气介质的消耗量,会影响到另一种煤气介质的消耗量,进而影响到对应管网的平衡。因此,当有两个或两个以上的管网同时出现不平衡的情况时,仅仅依靠调整电厂的各煤气介质消耗量来调整管网的平衡,不但浪费时间,而且还会出现调整不彻底的情况,大大降低调度效率。而通过调整低压锅炉,则可以同时调整多种煤气的消耗量,进而做到同时调整多个管网。

目前调度人员采取的调度方法是保证高热值的煤气不放散,必要的时候放弃低热值煤气。而在实际调度操作时,调度人员并不能同时将所有的因素考虑全面,并且其不能对调度之后的柜位波动进行精确判断。因此,极有可能出现将管网1恢复平衡后,打破了管网2的平衡;而将管网2恢复平衡后,管网3又出现煤气的缺口或者富余。如此循环,不仅是对能源的浪费,而且消耗了大量的人力,也增加了许多不必要的操作。因此,建立一种可以同时兼顾三个煤气管网的联合调度模型,对于指导调度人员进行合理的煤气调度是十分必要的。

2) 因果区间推理

为了克服点预测结果过于绝对的缺点,同时兼顾转炉两个煤气柜并网运行的情况,提出了一种基于因果区间推理的柜位预测方法。该方法的算法流程图如图 2.1.14 所示。

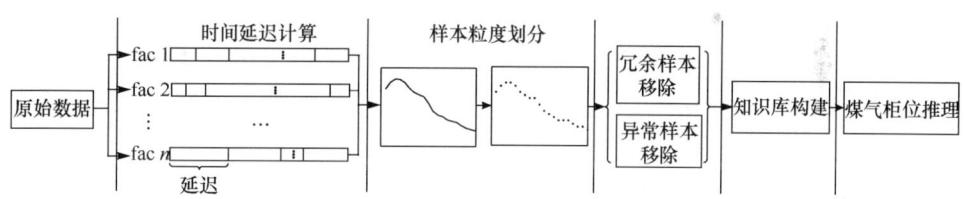

2.1.14 因果区间推理算法的流程图

(1) 变量选择与延迟计算。在长期的现场实际调研过程中,了解到各煤气管网与其对应煤气柜的柜位最相关的因素主要有两个,即产消差和之前时刻的柜位,如表 2.1.1 所示。

表 2.1.1 各管网柜位的相关因素

管网	因素
高炉煤气(BFG)	前 τ_1 时刻柜位值
	前 τ_2 时刻产消差
焦炉煤气(COG)	前 τ_3 时刻柜位值
	前 τ_4 时刻产消差

续表

管网	因素
转炉煤气(LDG)	一炼钢当前时刻产消差
	二炼钢当前时刻产消差
	前一时刻 1#柜柜位值
	前一时刻 2#柜柜位值
	前一时刻 3#柜柜位值
	前一时刻 4#柜柜位值

其中，由于转炉煤气管网回收的特殊性，即煤气先进入煤气柜，再供给消耗用户使用，其延迟可以忽略不计。而高炉煤气管网和焦炉煤气管网煤气是在供给消耗用户使用后，多余的煤气才进入煤气柜，且管网用户分布广泛，因此各因素对于柜位的影响存在着延迟。令 x 代表管网的产消差，y 代表管网的柜位，则可计算当二者延迟分别为 τ_1 和 τ_2 时，因素与预测项之间的因果概率为

$$P_{\text{cau}} = P(y(t) | x(t), x(t-1), \cdots, x(t-\tau_1), y(t-1), \cdots, y(t-\tau_2)) \quad (2.1.49)$$

其中 t 为当前时刻。当 P_{cau} 取最大值时，τ_1 和 τ_2 可使得因素与预测项之间的因果关系最为密切。构造样本 $\boldsymbol{X}$ 如下：

$$\boldsymbol{X} = \begin{bmatrix} x(t-\tau_1-N+1) & \cdots & x(t-N+1) & y(t-\tau_2-N+1) & \cdots & y(t-N) & y(t-N+1) \\ \vdots & & \vdots & \vdots & & \vdots & \vdots \\ x(t-\tau_1-1) & \cdots & x(t-1) & y(t-\tau_2-1) & \cdots & y(t-2) & y(t-1) \\ x(t-\tau_1) & \cdots & x(t) & y(t-\tau_2) & \cdots & y(t-1) & y(t) \end{bmatrix}$$

$$(2.1.50)$$

(2) 因素样本粒度划分。为了构造推理区间的上下限，需要预先对样本进行粒度划分。根据各因素的历史数据，可确定样本总体的上限 up_i 和下限 low_i，其中 $i=1,2,\cdots,n_{\text{fac}}$，$n_{\text{fac}}$ 代表因素的个数，则各因素样本的区间节点可表示为 $[\text{low}_i, \text{low}_i + \lambda_i, \cdots, \text{up}_i - \lambda_i, \text{up}_i]$，$\lambda_i$ 为粒度参数。将因素进行粒度划分后，则每个因素的每条样本都可表示为 low_i 到 up_i 中对应区间的数值。

考虑到因果区间推理模型中需确定的参数较多，选择启发式算法来进行参数的优化。近年来，智能优化算法发展迅速，并且在解决参数优化的问题中得到了广泛的应用。在众多智能算法中，粒子群优化算法理论简单易于实现，且收敛速度较快，精度较高，适合用来对所提出的模型的参数进行优化。

粒子群优化算法是一种基于仿生学进化的计算方法。在 PSO 算法中,每个粒子都具有位置和速度两个特征,其迭代公式为

$$v_{i,d}(t+1) = \omega v_{i,d}(t) + c_1 \text{rand}(1)(P_{i,d} - x_{i,d}(t)) + c_2 \text{rand}(2)(P_{g,d} - x_{i,d}(t)) \quad (2.1.51)$$

$$x_{i,d}(t+1) = x_{i,d}(t) + v_{i,d}(t+1) \quad (2.1.52)$$

其中,$x_{i,d}$、$v_{i,d}$、$P_{i,d}$、$P_{g,d}$ 分别表示第 i 个粒子在 D 维空间中的当前位置、当前速度、历史最优位置及整个粒子群中的所有粒子在 D 维空间中的历史最优位置;惯性权重 ω 用来控制前一次迭代产生的速度对本次迭代速度的影响;c_1、c_2 为学习因子,通常取 $c_1 = c_2 = 2$;rand(1)、rand(2) 均为分布在 (0,1) 之间的随机数。

将适应度函数设定为能够兼顾推理区间覆盖率(PICP)和区间宽度(MPIW)的综合指标覆盖宽度准则(CWC),进而以此为目标搜索最优参数。其公式为

$$\text{CWC} = \text{MPIW}(1 + \gamma(\text{PICP})) \exp(-\eta(\text{PICP} - \mu)) \quad (2.1.53)$$

其中,η 和 μ 是两个超参数。$\gamma(\text{PICP})$、PICP 和 MPIW 的定义分别为

$$\gamma(\text{PICP}) = \begin{cases} 1, & \text{PICP} < \mu \\ 0, & \text{PICP} \geq \mu \end{cases} \quad (2.1.54)$$

$$\text{PICP} = \frac{1}{n_{\text{pre}}} \sum_{i=1}^{n_{\text{pre}}} \max((L_{\text{up}_i} \geq L_i) \,\&\, (L_{\text{low}_i} \leq L_i), 0) \quad (2.1.55)$$

$$\text{MPIW} = \frac{1}{n_{\text{pre}}} \sum_{i=1}^{n_{\text{pre}}} (L_{\text{up}_i} - L_{\text{low}_i}) \quad (2.1.56)$$

其中,L_i 为第 i 时刻的柜位值;L_{up_i} 为推理区间上限;L_{low_i} 为推理区间下限;n_{pre} 为推理的时间长度。

3) 多副产煤气系统的联合调度方法

(1) 低压锅炉因果网络。不同于电厂等其他调整单元,低压锅炉通常是通过燃烧 BFG、COG 和 LDG 的混合气体,来产生蒸汽供用户消耗,而三种煤气有多种混合比例,其产生的热量也不同。因此,调整一种煤气的消耗量,会影响煤气所产生的热量,从而对蒸汽发生量产生影响。如果要保证蒸汽的发生量,则其他的两种煤气消耗量也需要作出对应的调整,才能保证燃烧产生的热量与调整前保持一致,从而保证蒸汽发生量的稳定。煤气的燃烧方式与当前运行的锅炉数量、当前蒸汽需求量紧密相关,基于此,可建立燃烧方式 B_i 与热量 Q_i、设备状态 R_i、蒸汽需求量 S_i 之间的因果模型

$$B_i = f(R_i, S_i, Q_i) \tag{2.1.57}$$

根据上述建立的因果模型,可建立设备运行(R)层-蒸汽发生(S)层-热量(Q)层-燃烧方式(B)层之间的四层因果网络,如图 2.1.15 所示。

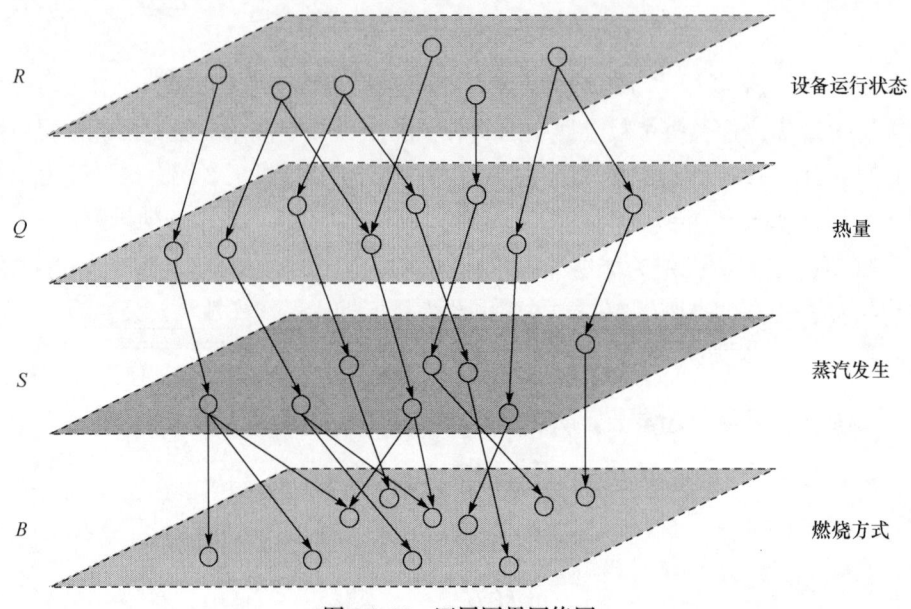

图 2.1.15 四层因果网络网

从图 2.1.15 可以看出,低压锅炉的运行炉数与蒸汽的发生量并不是一一对应的关系,因为不同的燃烧炉数可以产生相同的蒸汽量,相同的运行炉数也可能由于每个锅炉的燃烧方式不同而产生不同的蒸汽量。燃烧煤气所产生的热量与产生的蒸汽量却是一一对应的关系。因此,图 2.1.15 可以很明确地表示出低压锅炉正常运行时各个变量之间的因果关系。

(2) 因果网络评价指标。在图 2.1.15 所建立的因果网络中,从 R 层到 B 层存在着许多条有向无环的路径,而每一条路径都对应一条调度方案。为了评价每条调度方案对当前生产情况的适用程度,采用一种该因果网络的评价指标。第 i 条方案的置信度可表示为

$$\begin{aligned}
P(R_i, S_i, Q_i, B_i) &= \prod_i P(x_i | \mathrm{pa}_i) \\
&= P(R_i) P(S_i | R_i) P(Q_i | S_i) P(B_i | Q_i) \\
&= P_{R_i} P_{B_i} P_{C_i} P_{L_i} \exp\left(-\frac{|S_c - S_i|}{\theta}\right)
\end{aligned} \tag{2.1.58}$$

其中,x_i 为子节点;pa_i 为 x_i 的父节点;P_{B_i}、P_{C_i} 和 P_{L_i} 的计算公式如下:

$$P_{B_i} = \max(\text{sign}((L_{Bc} - \frac{L_{Bup} + L_{Blow}}{2})(F_{Bi} - F_{Bc} - SA_B \text{sign}(L_{Bc} - \frac{L_{Bup} + L_{Blow}}{2}))), 0)$$

$$P_{C_i} = \max(\text{sign}((L_{Cc} - \frac{L_{Cup} + L_{Clow}}{2})(F_{Ci} - F_{Cc} - SA_C \text{sign}(L_{Cc} - \frac{L_{Cup} + L_{Clow}}{2}))), 0)$$

$$P_{L_i} = \max(\text{sign}((L_{Lc} - \frac{L_{Lup} + L_{Llow}}{2})(F_{Li} - F_{Lc} - SA_L \text{sign}(L_{Lc} - \frac{L_{Lup} + L_{Llow}}{2}))), 0)$$

(2.1.59)

其中，SA_B、SA_C与SA_L分别为高炉煤气、焦炉煤气和转炉煤气管网的最低调整量。如果柜位处在安全运行区间内，则P_B、P_C、P_L的值为1，否则为0；S_c为当前需求蒸汽量；S_i为第i条方案提供的热量所能产生的蒸汽量；θ为二者的误差，根据现场情况可定义为10km³/h。

P_{R_i}表示当前锅炉运行状态与第i条方案对应的锅炉运行状态的匹配程度，其定义如下：

$$P_{R_i} = \begin{cases} 1, & n_c = n_i \\ 0, & n_c \neq n_i \end{cases}$$

(2.1.60)

其中，n_c为当前运行锅炉数；n_i为第i条方案所需要的运行锅炉数。

根据当前的蒸汽需求情况和锅炉的运行状态，可通过计算$P(R_i, S_i, Q_i, B_i)$得出所有可能方案的局部网络，示意图如图2.1.16所示。

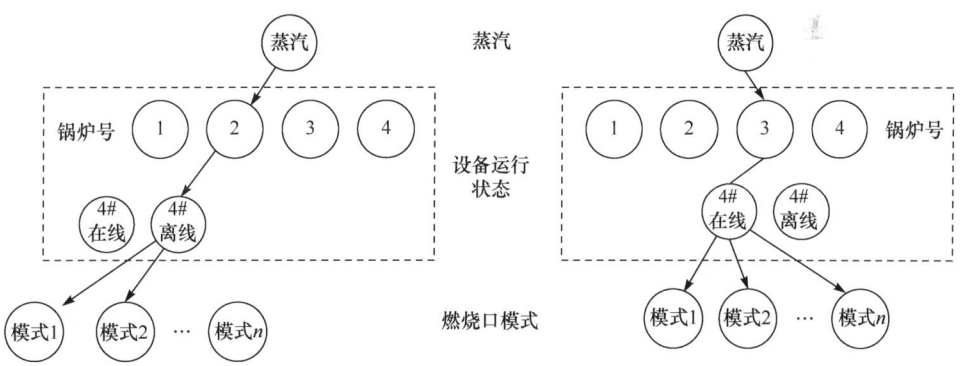

图2.1.16 局部网络图

根据现场实践，可通过设定局部网络置信度$P(R_i, S_i, Q_i, B_i) \geq \varepsilon$来选取较为合理的方案，其中$\varepsilon$为一条方案的最小置信度。$P(R_i, S_i, Q_i, B_i)$越大，则表明该条方案越合理。得出所有可能的局部网络后，根据因果推理方法分别推理出对应方案所导致的未来柜位趋势，从而确定最合适的调度方案。综上所述，所提方法的整体流程如图2.1.17所示。

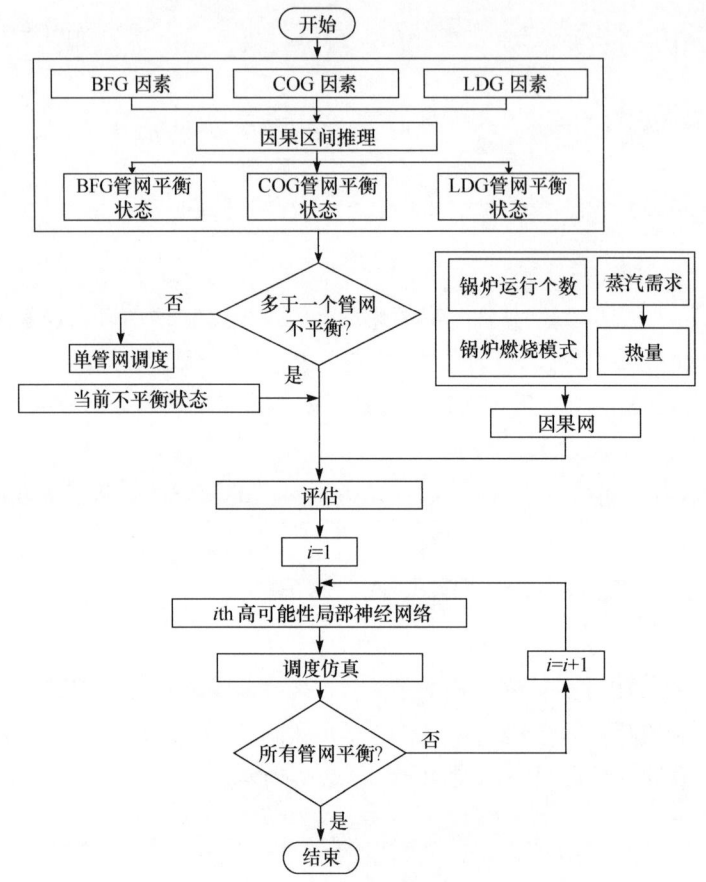

图 2.1.17 联合调度算法流程图

2.2 电力智能化管控

2.2.1 潮流计算与负荷预测

1. 潮流计算

潮流计算是在给定电力系统网络拓扑、元件参数和发电、负荷参量条件下，计算有功功率、无功功率及电压在电力网中的分布。潮流计算是根据给定的电网结构、参数和发电机、负荷等元件的运行条件，确定电力系统各部分稳态运行状态参数的计算。通常给定的运行条件有系统中各电源和负荷点的功率、枢纽点电压、平衡点的电压和相位角。待求的运行状态参量包括电网各母线节点的电压幅值和相角，以及各支路的功率分布、网络的功率损耗等。

潮流计算在数学上可归结为求解非线性方程组,其数学模型简写如下:

$$\begin{aligned}&\min f(x)\\&\text{s.t.} g(x)=0\\&H_{\min}\leqslant h(x)\leqslant H_{\max}\\&X_{\min}\leqslant x\leqslant X_{\max}\end{aligned} \quad (2.2.1)$$

式中,$f(x)$ 是标量目标函数(如系统网损、发电机组发电成本等);x 是系统状态变量(如节点电压幅值和相角)和系统控制变量(如发电机有功出力、无功出力、变压器变化和无功补偿量);$X_{\min}$、$X_{\max}$ 分别是变量的上下限;$h(x)$ 是函数不等式约束,如线路潮流约束;$H_{\min}$、$H_{\max}$ 分别是约束条件的上下限;$g(x)$ 是节点潮流方程。

广泛应用的潮流计算方法都是基于节点电压法的,以节点导纳矩阵作为电力网络的数学模型。节点电压 U_i 和节点注入电流 I_i 由节点电压方程联系。在实际的电力系统中,已知的运行条件不是节点的注入电流,而是负荷和发电机的功率,而且这些功率一般不随节点电压的变化而变化。由于各节点注入功率与注入电流的关系为

$$S_i = P_i + jQ_i = U_i I_i \quad (2.2.2)$$

式中,P_i 和 Q_i 分别为节点 i 向网络注入的有功功率和无功功率,当 i 为发电机节点时 $P_i>0$,当 i 为负荷节点时 $P_i<0$,当 i 为无源节点时 $P_i=0$、$Q_i=0$;U_i 和 I_i 分别为节点电压相量和节点注入电流相量的共轭。当有 n 个非线性复数方程,即潮流计算的基本方程式,它可以在直角坐标上,也可以在极坐标上建立 $2n$ 个实数形式功率方程式。

已知网络的接线和各支路参数,可形成潮流计算中的节点导纳矩阵 Y。潮流方程式中表征系统运行状态变量是注入有功功率 P_i、无功功率 Q_i 和节点电压相量 U_i(幅值和相角)。n 个节点的电力网有 $4n$ 变量,但只有 $2n$ 个功率方程式,因此必须给定其中 $2n$ 个运行状态变量。根据给定节点变量的不同,可以有以下三种类型的节点。

(1) PU 节点:(电压控制母线)有功功率 P_i 和电压幅值 U_i 为给定的。这种类型节点相当于发电机母线节点,或者相当于一个装有调相机或静止补偿器的变电所母线。

(2) PQ 节点:注入有功功率 P_i 和无功功率 Q_i 是给定的。该类节点相当于实际电力系统中的一个负荷节点,或有功功率和无功功率给定的发电机母线。

(3) 平衡节点:用来平衡全电网的功率。平衡节点的电压幅值 U_i 和相角 δ_i 是给定的,通常以它的相角为参考点,即取其电压相角为零。一个独立的电力网中只设一个平衡节点。

从数学上说，潮流计算是求解一组由潮流方程描述的非线性代数方程组。牛顿-拉弗森法是解非线性代数方程组的一种基本方法，在潮流计算中也得到应用。当采用稀疏矩阵技术和节点优化编号技术后，牛顿-拉弗森潮流算法成为电力系统潮流计算中的优秀算法，它是各种潮流算法的基础。此外，还有各种快速潮流计算方法(如直流法和快速分解法)、扩展潮流计算方法(如最优潮流、动态潮流、随机潮流、开断潮流等)、交直流联合系统潮流计算方法、不对称电力系统潮流计算方法和谐波潮流计算方法等，以满足各种特殊要求的潮流计算。

2. 电力负荷预测

负荷预测是根据系统的运行特性、增容决策、自然条件与社会影响等诸多因数，在满足一定精度要求的条件下，确定未来某特定时刻的负荷数据，其中负荷是指电力需求量(功率)或用电量。负荷预测是电力系统经济调度中的一项重要内容，是能量管理系统(EMS)的一个重要模块。准确的负荷预测，可以经济合理地安排电网内部发电机组的启停，保持电网运行的安全稳定性，减少不必要的旋转储备容量，合理安排机组检修计划，保障社会的正常生产和生活，有效地降低发电成本，提高经济效益和社会效益。

1) 负荷构成特点

电力系统负荷一般可以分为城市民用负荷、商业负荷、农村负荷、工业负荷及其他负荷等，不同类型的负荷具有不同的特点和规律。城市民用负荷主要来自城市居民家用电器的用电负荷，它具有年年增长的趋势，以及明显的季节性波动特点，而且民用负荷的特点还与居民的日常生活和工作的规律紧密相关。

商业负荷，主要是指商业部门的照明、空调、动力等用电负荷，覆盖面积大，且用电增长平稳，同样具有季节性波动的特性。虽然商业负荷在电力负荷中所占比重不及工业负荷和民用负荷，但它的照明类负荷占用电力系统高峰时段。此外，商业部门由于商业行为在节假日会增加营业时间，从而成为节假日中影响电力负荷的重要因素之一。

工业负荷是指用于工业生产的用电，一般工业负荷的比重在用电构成中居于首位，它不仅取决于工业用户的工作方式(包括设备利用情况、企业的工作班制等)，而且与各行业的行业特点、季节因素都有紧密的联系，一般负荷是比较恒定的。

农村负荷则是指农村居民用电和农业生产用电。此类负荷与工业负荷相比，受气候、季节等自然条件的影响很大，这是由农业生产的特点所决定的。农业用电负荷也受农作物种类、耕作习惯的影响，但就电网而言，由于农业用电负荷集中的时间与城市工业负荷高峰时间有差别，所以对提高电网负荷率有好处。

从以上分析可知电力负荷的特点是经常变化的，不但按小时变、按日变，而且按周变、按年变，同时负荷又是以天为单位不断起伏的，具有较大的周期性。负荷变化是连续的过程，一般不会出现大的跃变，但电力负荷对季节、温度、天气等是敏感的，不同的季节、不同地区的气候，以及温度的变化都会对负荷造成明显的影响。

2) 预测分类

负荷预测根据目的的不同可以分为超短期、短期、中期和长期。

超短期负荷预测是指未来 1h 以内的负荷预测，在安全监视状态下，需要 5~10s 或 1~5min 的预测值，预防性控制和紧急状态处理需要 10min~1h 的预测值。短期负荷预测是指日负荷预测和周负荷预测，分别用于安排日调度计划和周调度计划，包括确定机组启停、水火电协调、联络线交换功率、负荷经济分配、水库调度和设备检修等。对短期预测，需充分研究电网负荷变化规律，分析负荷变化相关因子，特别是天气因素、日类型等和短期负荷变化的关系。中期负荷预测是指月至年的负荷预测，主要是确定机组运行方式和设备大修计划等。长期负荷预测是指未来 3~5 年甚至更长时间段内的负荷预测，主要是电网规划部门根据国民经济的发展和对电力负荷的需求，所做的电网改造和扩建工作的远景规划。对中、长期负荷预测，要特别研究国民经济发展、国家政策等的影响。

3) 预测方法

电力负荷预测分为经典预测方法和现代预测方法。经典预测方法包括趋势外推法、时间序列法和回归分析法。趋势外推法是根据负荷的变化趋势对未来负荷情况作出预测。电力负荷虽然具有随机性和不确定性，但在一定条件下，仍存在着明显的变化趋势。例如农业用电，在气候条件变化较小的冬季，日用电量相对稳定，表现为较平稳的变化趋势。这种变化趋势可为线性或非线性、周期性或非周期性等。

时间序列法是一种最为常见的短期负荷预测方法，它是针对整个观测序列呈现出的某种随机过程的特性，去建立和估计产生实际序列的随机过程的模型，然后用这些模型去进行预测。它利用了电力负荷变动的惯性特征和时间上的延续性，通过对历史数据时间序列的分析处理，确定其基本特征和变化规律，预测未来负荷。时间序列预测方法可分为确定型和随机型两类，确定型时间序列作为模型残差用于估计预测区间的大小。随机型时间序列预测模型可以看作一个线性滤波器。根据线性滤波器的特性，时间序列可划为自回归(AR)、移动平均(MA)、自回归移动平均(ARMA)、差分自回归移动平均(ARIMA)、传递函数(TF)几类模型，其负荷预测过程一般分为模型识别、模型参数估计、模型检验、负荷预测、精度检验预测值修正 5 个阶段。

回归分析法是根据负荷过去的历史资料，建立可以分析的数学模型，对未来的负荷进行预测。利用数理统计中的回归分析方法，通过对变量的观测数据进行分析，确定变量之间的相互关系，从而实现预测。20世纪80年代后期，一些基于新兴学科理论的现代预测方法逐渐得到了成功应用。其中主要有灰色数学理论、专家系统方法、神经网络理论、模糊负荷预测理论等。

灰色数学理论是把负荷序列看作真实的系统输出，它是众多影响因子的综合作用结果。这些众多因子的未知性和不确定性，成为系统的灰色特性。灰色系统理论把负荷序列通过生成变换，使其变化为有规律的生成数列再建模，用于负荷预测。

专家系统方法是对于数据库里存放的过去几年的负荷数据和天气数据等进行细致的分析，汇集有经验的负荷预测人员的知识，提取有关规则。借助专家系统，负荷预测人员能识别预测日所属的类型，考虑天气因素对负荷预测的影响，按照一定的推理进行负荷预测。

神经网络理论是利用神经网络的学习功能，让计算机学习包含在历史负荷数据中的映射关系，再利用这种映射关系预测未来负荷。该方法具有很强的鲁棒性、记忆能力、非线性映射能力以及强大的自学习能力，因此有很大的应用市场，但其缺点是学习收敛速度慢，可能收敛到局部最小点，并且知识表达困难，难以充分利用调度人员经验中存在的模糊知识。

模糊负荷预测是近几年比较热门的研究方向。模糊控制是在所采用的控制方法上应用模糊数学理论，使其进行确定性的工作，对一些无法构造数学模型的被控过程进行有效控制。模糊系统不管其是如何进行计算的，从输入输出的角度讲它是一个非线性函数。模糊系统对于任意一个非线性连续函数，就是找出一类隶属函数、一种推理规则、一个解模糊方法，使得设计出的模糊系统能够任意逼近这个非线性函数。

随着电力市场的发展，负荷预测的重要性日益显现，并且对负荷预测精度的要求越来越高。传统的预测方法比较成熟，预测结果具有一定的参考价值，但要进一步提高预测精度，就需要对传统方法进行一些改进。同时随着现代科学技术的不断进步、理论研究的逐步深入，以灰色数学理论、专家系统理论、模糊数学等为代表的新兴交叉学科理论的出现，也为负荷预测的飞速发展提供了坚实的理论依据和数学基础。相信负荷预测的理论会越来越成熟，预测的精度越来越高。

2.2.2 电力系统可靠性分析

电力系统可靠性分析是对电力系统设施或网架结构的静态或动态性能，或各种性能改进措施的效果是否满足规定的可靠性准则进行分析、预计和认定的系列工作。电力系统正逐渐发展成为超大规模的复杂系统，具有容量上超大规模、空间上广域分布、扰动传播范围大等特征。

电力系统越来越趋于复杂化，这种飞速发展给其稳定运行和控制带来了严峻挑战。另外，随着电力市场的发展，电力系统各供应商更注重电网长期效益，即在一定的可靠性下维持较低的运行成本，而迄今为止，尚未在系统层次形成一整套完整的可靠性评估体系。

国内外对于电力系统可靠性评估的研究由来已久，从 20 世纪 60 年代起，大致经历了 3 个阶段，分别为确定性评估、概率评估和风险评估。确定性评估阶段只重视最严重的事故，如"$N–1$"事故检测，其确定的系统事故运行点显得过于保守。概率评估阶段考虑了事故发生的概率，但并未考虑事故造成的经济损失，没有很好地协调安全与经济二者的关系。风险评估阶段的优势在于将事故发生的概率与产生的后果(如经济损失等)相结合，将风险与效益联系起来，定量地反映系统的经济安全指标。

系统可靠性的评估通常分为充裕度和安全度的评估。充裕度是指电力系统在系统内发、输、变电设施额定容量和电压波动容许限度内，在考虑元件的计划和非计划停运以及运行约束条件下，连续地向用户提供电力和电能量的能力。安全度是指电力系统经受住突然扰动并不间断地向用户提供电力的能力，突然扰动包括突然短路和突发失去功能的系统元件等情况。

传统的电力系统可靠性评估是将充裕度与安全度分开进行研究的，随着分析方法的发展和对问题讨论的深入，出现了将两者结合起来的趋势。

1) 发电系统的可靠性评估

发电-负荷需求系统常常被称为发电系统。由于忽略发电与负荷之间的电网部分，发电系统的可靠性评估内容相对简单，专门针对发电系统的可靠性评估文献也相对较少，主要是针对发电系统备用容量的评估。

电力系统可靠性与备用容量紧密相关，可通过评估可靠性水平与调整备用容量以满足可靠性的要求。评估发电系统备用容量的方法主要可分为确定性评估方法和概率性评估方法两类。确定性备用容量评估方法，不能反映系统当前机组的数量、性能、出力变化以及负荷的不确定性等因素，同时也没有明确的指标衡量备用水平。因此，近年来主要采用概率性评估方法。概率性备用容量评估方法能较全面地反映系统的状况，而且在国外已经有成熟的实际运行经验。

各国经过长期实践，大都制定了相对成熟的发电系统备用容量评估方法及标准，如美国有 PJM 电力市场系统，澳大利亚有国家电力市场管理公司(NEMMCO)。在我国，关于发电系统可靠性评估方面的研究相对较少，周家启教授等提出过一种多元件备用系统可靠性分析方法。该评估方法把多元件备用系统分为不可修复系统和可修复系统两种。可修复系统的可靠性分析采用泊松分布，不可修复系统采用马尔可夫随机模型。然而，元件失效概率采用泊松分布来描述缺少充分的理论依据，通过泊松随机过程解决多元件可修复备用系统的可靠性问题还有待检验。

2) 发输电系统的可靠性评估

由于输电系统受发电系统的种种约束和限制，单独评估输电系统是不合理的。因此，输电系统可靠性评估实际上往往是发输电系统可靠性评估，也是电力系统可靠性评估中最复杂的一个问题。

发输电系统中的发电机和负荷位于不同地点，并通过输电网连接。在这种系统中，即使发电机全部可用，仍有可能要削减负荷。其原因在于多重线路失效可能引起一个或多个母线从系统分离，并且一些失效事件还可能引起线路过载或电压越限而强迫削减负荷。因此，发输电系统可靠性评估的系统分析并非简单的连通性问题，它涉及潮流计算、故障分析及诸如消除过载、发电重新调度、负荷削减和切换操作等校正措施。系统状态选择中许多问题的考虑也导致评估更复杂。发输电系统可靠性评估的方法大致可以分为解析法和蒙特卡罗法。

3) 配电系统的可靠性评估

配电系统的可靠性评估起步较早、发展较快。由于配电系统直接面对用户，研究范围相对较小，研究方法也比较通用，已有大量的文献针对配电系统(包括辐射状配电系统和环网配电系统)进行了可靠性评估等方面的研究。

对于配电系统，可靠性评估常用的解析法和蒙特卡罗法是可以通用的。多年来，解析法已在配电系统可靠性评估中获得广泛应用，国内外大部分文献采用的是解析法，使用这种方法计算负荷点和系统的平均性能指标十分方便。蒙特卡罗法与应用于发输电系统的可靠性评估相似，均是对系统每一个元件出现的状态概率进行抽样来确定失效概率及频率等风险指标。

另外，由于蒙特卡罗法的抽样复杂性等不可避免的缺点，可将解析法与蒙特卡罗法相结合。先用解析法将网络等值简化成简单的主馈线系统，然后用蒙特卡罗法求解各可靠性指标，解决了复杂配电网模拟过程中在故障点遍历搜索麻烦的难题。也可在简化故障遍历状态方面做出努力，采用故障模式与后果分析法，根据配电系统的结构特点，将树的先根优先遍历和后根优先遍历技术分别用于配电网潮流的功率前推和回代计算，充分利用了配电网自身的结构特点，使潮流计算很好地潜入到了可靠性评估算法中。将最小路径法与等值法相结合的配电网可靠性评估算法，通过对网络的分层处理，应用可靠性等值原理将复杂配电系统逐步等值为简单的辐射形配电网，再应用最小路径方法计算系统的可靠性指标，从而提高了评估效率。

2.2.3 考虑多目标的电力智能优化

能源危机和环境问题愈来愈成为世界各国面临的严峻挑战，调整能源结构，发展清洁新能源已成为应对两大挑战的最积极、最有效的选择。受能源、环境政策的影响，电力系统调度模式不断演变。我国电力系统调度经历了传统经济调度、计划电量调度、市场竞争调度、节能发电调度四个阶段。传统经济调度仅仅考虑以总煤耗最小或经济利益最大的单一目标优化。节能发电调度综合考虑影响多因素间的耦合关系，对煤耗量、碳排放量、电网经济效益、系统有功损耗、无功损耗中的部分目标进行优化。电力系统优化调度从单一目标最优化逐渐过渡到多目标协同优化。

为了实现能源资源的高效利用与节能减排的发展目标，保证电网安全经济运行，促进风电、光伏发电等清洁新能源发电的规模化应用，新能源电力系统优化调度模式应运而生，并得到了普遍关注。该系统实质上是计及运行安全约束、互动需求响应和电力市场环境，优先考虑清洁新能源发电，兼顾经济效益与环境效益协同发展的多目标发电调度方式。

1. 理论热点与动态建模

传统电力系统优化调度实质上是在满足电源可靠性和负荷预测准确性的条件下追寻经济性最优的调度计划。然而，间歇性新能源发电并网运行给电网带来持续性的随机扰动，发电功率预测的难度较负荷预测的要大很多。如何在传统调度模式基础上合理考虑发电功率的不确定性影响是新能源电力系统优化调度研究过程中需要关注的热点问题。此外，间歇性新能源并网容量比例较大时，仅依靠机组出力调整常常不能实现充分消纳。为了给间歇性能源发电预留备用，常规燃煤机组不得不长期较低效率运行，造成能源资源间接浪费，也不能充分发挥新能源发电的节能减排效益。随着智能电网建设的深入，需求响应参与系统调节越来越受到关注。需求侧资源有序参与电网互动运行，协同消纳波动的新能源发电量，符合国家节能减排目标。考虑需求侧响应机制的智能化互动电网调度模式成为了研究的热点问题。

根据考虑因素的不同，电力系统多目标优化调度问题通常分为计及多优化目标、计及不同约束条件的动态建模与优化求解问题。优化目标大致包括常规发电机组发电成本或燃料成本、电力市场中的购电成本、风险指标、环境成本等。约束条件通常包括运行安全约束、备用约束、环境极限约束、风险约束等。在传统经济调度的基础上，考虑机组发电成本、能源环境成本，提出了燃煤发电机组环境补偿成本，同时考虑风电备用容量的补偿成本，建立了电力市场环境中含风电机组的环境经济调度模型。考虑多目标安全约束机组组合模型，采用发电与碳排放权协同调度方式，寻求经济目标和环境目标(碳排放目标)的折中解。然而，新能源电力系统优化调度更多地关注间歇性新能源并网带来的不确定性问题及其解决方案。

2. 求解方法

多目标问题的各个目标之间是相互矛盾的，因此，解决多目标问题的最终手段是在各个目标之间进行协调权衡和折中处理。按照对优化结果要求高度的不同，多目标问题的解有绝对最优解、有效解(即 Pareto 最优解)、弱有效解、真有效解、锥极解、非控解和模糊解等几种形式。其中，一般将 Pareto 最优解作为多目标问题的求解目标。求解方法有间接解法和直接解法两种。

1) 间接解法

间接解法，即设法将多目标问题转化成单目标问题，然后采用单目标经典优化算法求解，如粒子群算法、蚁群算法、遗传算法、差分进化算法等，并把单目标的最优解作为多目标的最优解(有效解或弱有效解)。因此，如何将多目标问题转化为单目标问题是此方法的关键所在，常用的方法有主要目标法、线性加权和法、最大最小法、目标规划法、理想点法、评价函数法、重点目标法、交互规划法等。

(1) 线性加权法，即根据各个目标的重要程度分别乘以不同的权重系数然后相加构造出一个新的单目标函数。表达式如下：

$$Z = \sum_{i=1}^{k} w_i f_i(x) \tag{2.2.3}$$

式中，x 为决策变量，$x \in X_f$，X_f 为可行域，只满足约束条件的决策变量取值区间；权重系数向量 w_i 满足 $0 \leqslant w_i \leqslant 1$ 且所有权重系数和为 1。

此方法易于理解、便于计算，对非凸目标空间很敏感，但权重系数的设置较为困难。常用的确定 w_i 值的方法有 α 法、排序法、老手法三种。

(2) 主要目标法，又称约束法，指决策者根据需求，确定一个目标为主要目标，其他目标作为次要目标，并根据经验选取一定的界限值，也作为约束条件来处理，从而将多目标问题转化为由单目标函数和新的约束条件构成的单目标优化问题。

对于节能经济调度问题，从数学模型上看，就是在传统经济调度的基础上，将污染物排放计入目标函数中或者计入约束条件中，形成并求解一个计及污染物排放量限制的数学规划问题。该方法对 Pareto 前沿的形状不敏感，但目标函数转化为约束条件时需要不断试探才可获取合适的界限值。

(3) 最大最小法，由于多目标优化问题中，各个目标间相互制约，需要折中才

能求得最优解。最大最小法即尽可能最小化目标冲突的方法,通式如下:

$$\min F(x) = \max[Z_j(x)], \quad j=1,2,\cdots,N \tag{2.2.4}$$

其中,$x \in X_f$,X_f 为可行域;$Z_j(x)$ 由非负目标最优值 $\bar{f}_j > 0$ 按如下公式计算得到:

$$Z_j(x) = \frac{f_j - \bar{f}_j}{f_j}, \quad j=1,2,\cdots,N \tag{2.2.5}$$

总之,间接解法具有简单、易于实现、效率高等优点。但是,其在转换为单目标时往往会限制搜索空间,因此,一般只能求得多目标问题的一部分最优解,而不能求得全局最优解。

2) 直接解法

相对于间接解法,直接解法可以直接寻求整个最优解。它并不把转化后的单目标问题的最优解就作为原多目标问题的最优解,而是通过不断转化或干脆就不转化而求出最优解集。自 20 世纪 90 年代起,先后出现了 MOGA、NPGA、NSGA、PAES、PESA、NSGA-Ⅱ、MOMGA、MOMGA-Ⅱ等算法,并逐步应用于电力系统的各个方面。其中,带有精英策略的非支配排序遗传算法(NSGA-Ⅱ)近几年在电力系统中应用较多。NSGA-Ⅱ是印度科学家 Deb 于 1994 年针对非支配排序遗传算法(NSGA)存在的计算复杂、需确定一个共享参数等缺点提出的,是一种快速的非劣性排序方法。它通过定义拥挤距离估计某个点周围的解密度来取代适应值共享,从而简化计算;具备最优保留机制,有效地保证了种群的多样性;引入精英策略,提高算法的寻优性能。因此,它计算效率高、鲁棒性好,已用于求解电力系统的无功优化、无功补偿、环境经济调度、电源规划等问题。

2.3 蒸汽智能化管控

2.3.1 蒸汽系统的机理-数据协同建模

蒸汽系统建模方法的研究是性能分析、故障诊断的重要组成部分。目前蒸汽系统建模领域通常采用的是基于特性曲线的机理建模方法,然而由于蒸汽系统设备性能参数较多、非线性程度高、耦合关系复杂、部件特性难以获取,建立精确模型耗时较长、难度较大。考虑到公开的资料不充分,无法得知蒸汽设备的具体性能参数、部件的特性曲线,并且随着蒸汽设备的运行,其部件特性可能发生未知的偏移等各方面原因,蒸汽设备模型不可避免地会存在误差。此外,蒸汽系统机理建模过程中通常会对复杂过程进行适当简化与假设,进一步降低了模型的准确性。另一方面,诸如神经网络、模糊建模等数据驱动方法,忽略或弱化了机理模型的作用。事实上数据驱动方法需要大量数据，在数据数量不足或覆盖范围不全时，以数据驱动为主体的模型准确性会受到影响，需要机理模型对参数数据进行"约束"从而保障精度。

以燃气轮机为例，当燃机处于设计工况及附近工况时，机理模型具有较好的仿真精度。由于特性线形状走势难以预测，当燃机实际工况偏离设计工况时，机理模型的特性线就可能产生较大的误差，且部件特性随燃机运行发生的偏移还可能影响该特性线在设计点的准确性。而数据驱动模型对非线性映射关系具有很强的拟合能力，可用于辨识和补偿机理模型误差。在选择数据驱动建模方法时，可考虑神经网络、模糊模型等具有很好的辨识非线性系统与函数逼近的能力，且具有鲁棒性和容错能力的模型作为混合模型的数据驱动部分。

机理与数据互补的混合建模方法可以在建模过程中充分发挥机理模型和数据驱动模型各自的优点，更好地反映建模对象的规律与特性。混合建模的基本架构主要有两种：并联型和串联型。并联型混合模型如图 2.3.1 所示，一般适用于机理模型已知而结果不够准确的对象，以机理模型为主体。数据驱动模型作为误差补偿器并联在机理模型上，对机理模型进行补偿修正，可以提高整体模型的准度。

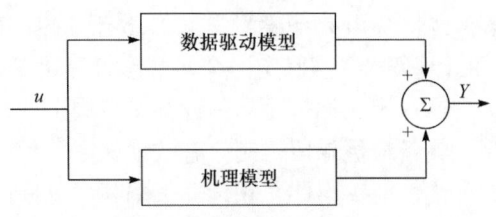

图 2.3.1　并联型混合模型

串联型混合建模方法一般适用于有大量数据集进行训练、某些过程或机理未知的对象。串联型混合模型可以通过训练获得机理模型的输入，或者用于估计模型内的关系作为机理模型的输出，如图 2.3.2 所示。

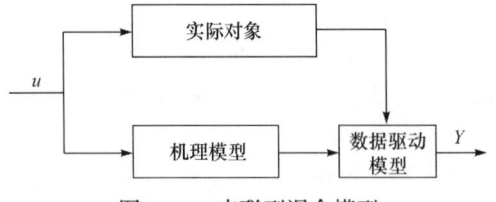

图 2.3.2　串联型混合模型

2.3.2　基于数学规划的蒸汽系统管控优化

对于大型工业企业能源系统，蒸汽系统是重要的组成部分，其任务是向过程系统提供动力、电力、热能、工艺蒸汽等公用工程，同时其本身也消耗大量的能源。因此蒸汽系统的综合管控和优化对整个能源的利用率和生产过程的经济性具有重要影响。钢铁工业蒸汽系统的管控优化需考虑到不同时间的能源受入和产出的成本不一致,以全厂各生产单元用能成本最少为目标,依据能源平衡、煤气不放散、余热高效利用、保证生产稳定运行等约束,实时搜索出最佳用能配置,保证在最佳的经济性方案下运行。

数学规划是数学中的一个分支,它主要研究的目标是在给定的区域中寻找可以最小化或最大化某一函数的最优解。数学规划在几乎所有的科学领域都有着不容忽视的应用,所以一直都是一门受到着重关注和研究的学科。数学规划问题可以分为很多种类,主要包括线性规划、二次规划、凸规划和非线性规划等。在蒸汽系统的管控优化中,数学规划法首先需要构造一个超结构,其中包括单元设备,如锅炉、透平机、电动机、不同压力的蒸汽管网以及其他辅助设备的机理和数据模型,并根据相关工艺确定关于设备运行状态、管网压力、设备调节能力等约束条件。接下来建立相关的数学规划模型,如混合整数线性规划(MILP)或混合整数非线性规划(MINLP)等来表征蒸汽系统,其中连续变量代表所有单元设备的处理能力和能量流流量,离散变量表示在给定操作条件下所选单元设备是否存在,以及在运行中单元设备的操作方式。目标函数需考虑到系统在所有运行时间内的经济目标、设备运行效率等。目前基于数学规划的能源管控方法已在工业得到广泛应用。

2.4 水智能化管控

2.4.1 水务物联网系统搭建

水务物联网系统的搭建是智慧工业园区建设的重要组成部分,旨在提升水务管理和服务水平,为企业的发展提供更好的支撑。在现有水务信息化的基础上,通过物联网、云服务等新技术与水务信息系统的结合,实现信息共享和智能化管理。通过水务信息分析与处理,做出相应的辅助决策建议,以更加精细和动态的方式管理供水系统的生产运营和服务。

水务物联网系统以供水业务为核心,覆盖了原水、供水、二次供水、污水处理的管理,具有以下四方面主要特征。

(1) 实时感知。将净水厂、配水管网、二次供水的实时监测设备高效连接起来,实时综合管理生产实时数据,反映从水厂生产到居民用水的全过程情况,为从源头到龙头的管理奠定基础。

(2) 全面整合。实现各业务系统间完全连接与融合;利用云计算进行大量信息的分析和保存，实现信息共享；集成、展示各类业务数据。

(3) 协同运作。通过统一的水务系统平台，实现生产、运行调度、供水服务的统一管理，协同运作，达到资源优化配置及高效运行的目的。

(4) 智慧应用。充分利用物联网、云计算、数据仓库、智能决策支持等先进技术，结合水力学、水文学和其他模型，实现更多的预判、预警、预报工作，从事后解决的工作方式逐渐转变为预判分析、快速响应、高效处理、过程透明的工作模式。

2.4.2 水务智能监测与管控

在水务物联网构建的基础上，通过建立数据中心，搭建展示平台，实现智慧监测与调度管控。

1) 建立数据库

通过构建数据中心体系，提供数据存储服务。存储来自不同数据源的数据(监控与数据采集系统(supervisory control and data acquisition, SCADA)、营业信息管理系统(MIS)、管网地理信息系统(GIS)、资产管理及各运营管理系统等的数据)，通过数据索引专用设备实时从全文、基础数据等海量数据中抽取热点数据生成索引，从而实现对结构化和非结构化数据、网络原始数据和工作业务数据、基础数据和动态更新数据的统一管理，并通过服务接口向上层应用提供统一的、高效的数据访问服务。

2) 搭建展示平台

通过数据集成平台和应用集成平台共同组成企业级综合展示平台；通过集成现有及待建的信息系统，组成核心管理平台；通过实施企业服务总线(ESB)，建立集成、运行和管理水务的企业级综合展示平台；通过将管理平台中的数据整合，服务于水务集团管理系统，建立高度集成化的信息门户。在综合展示平台中展示通用运行监视画面(生产、调度、营业、热线、OA、GIS、报装、表务等信息系统)、绩效指标(KPI)曲线图(要求 KPI 图可灵活设定参数)、各类报警发布和数据报表。

3) 实现智慧调度管理

智慧调度管理平台，将实时监控、指挥调度、数据分析、决策支持有机地结合起来，在管理层和自动化控制层之间起到承上启下的作用。系统以工业实时历史数据库为数据共享、分析、交换的基础平台，帮助调度管理人员快速、准确地掌握供水生产和管网输配情况。通过统计分析，指导生产调度，及时准确生成统计分析报表。

智慧调度管理实现了生产调度的数据采集、处理、存储、展示、报警，完成调度系统的统一数据管理；建立从原水至用户的统一调度管理平台，通过各参数预测模型、运转模型、调度运行预案库、事件管理模式、具体方案评估系统等，综合运算给出优化调度方案来辅助调度决策；实现在线调度，获取 SCADA 系统当前数据，预测根据约束条件压力、水量等配置操作预案，验证操作预案的可行性及其优化程度，给出完整的预案提供调度，发出调度指令等；快速提供准确的供水管网信息，具有管网数据与图形数据管理、数据快速查询与统计、事故紧急处理、模拟分析等功能；通过 GIS 系统、外勤管理系统、表务管理系统、工程管理系统等，能够直观查清供水管网现状，实现供水管网日常业务操作总体监控，提高供水管网的管理效率、质量和水平，为管网管理业务、管网运行监控、绩效考核等提供准确的、精细化的基础信息。

智慧调度管理以实时监测数据库为数据共享、分析、交换的基础平台，汇集了原水泵站、净水厂、加压泵站的工艺运行参数，以及管网流量、压力、水质监测参数，实现对取、净、配运行数据的存储、展示、报警等融合体系，帮助管理人员快速、准确地掌握生产情况，实现从源头到龙头的管理。

2.5 全流程生产协同的多能量流管控

2.5.1 生产-能源协同关系的自动提取与建模

钢铁生产过程的节能降耗工作可归纳为三个方面：追求"资源效率"的生产优化，追求"能源效率"能源优化，以及生产-能源协同优化。钢铁生产过程是一类开放的、非平衡的、不可逆的、由不同结构和功能的单元工序通过非线性耦合所构成的复杂系统，其动态运行过程的性质是耗散过程。在生产过程中，生产的有序化过程往往需要能源的推动。生产与能源的相互配合、相得益彰，将产生协同效应。

由于企业各部门追求目标的差异，分别从资源效率优化、能源效率优化、协同优化的角度出发，通过分析辨识，确定了系统的序参量：对于生产子系统，其序参量为吨产品外加废品流、废品率和废弃物循环率；对于能源子系统，其序参量为单位产品供入能量流、单位产品余热余能生成量和余热余能回收率；而对于生产-能源相互作用的大系统，其序参量为吨产品供入能量流、依附于产品的能量流、余热余能回收量和连续化程度。因此，可通过定义的序参量来提取生产-能源的协同关系并构建协同评价模型[24]。

协同度是物质流和能量流表现出来的整体协调匹配程度。序参量对系统有序度或协同度具有正负两种功效。序参量贡献的大小用功效系数 EC 表示：当目标最满意时，EC>1；当目标最差时，取 EC=1。子系统的有序度 OD 或大系统的协同度 SD 被定义为各个序参量功效系数的线性加权。生产与能源评价协同度主要通过判断生产或能源子系统，二者相互作用大系统中各序参量对各子系统有序度的"贡献"，来衡量两子系统的有序度，以及相互作用系统协同度。

例如，选取连铸与模铸、转炉与平炉、热装热送等典型的演化过程，分别计算各自的生产有序度、能源有序度以及生产-能源的协同度。结果显示，连铸工艺的生产有序度为 0.840，能源有序度为 0.374，生产-能源的协同度为 0.452，分别优于模铸工艺的水平 0.438、0.288 和 0.304。转炉工序的生产有序度为 0.840，能源有序度为 0.739，生产-能源的协同度为 0.688，分别优于平炉工序的水平 0.397、0.191 和 0.219。热装温度为 1050℃的生产-能源的协同度为 0.04，分别优于热装温度为 900℃、500℃的 0.812、0.436。

对某先进生产过程协同分析的结果显示，生产有序度为 0.705，能源有序度为 0.452，生产-能源的协同度为 0.0539。可见，其生产过程处于中级有序阶段，而能源产消过程处于低级有序阶段，究其根本原因就是余热余能回收利用率低。相关优化管控模型可通过将有序度作为评价指标，建立相关优化模型，来对相应生产设备或工序进行智能调度分配，实现生产-能源的协同建模。

2.5.2 多能量流协同管控

能源与互联网的深度融合加速了异质多能量流的互联互补以及第四代能源管理系统——多能互补综合能量管理系统(integrated energy management system, IEMS)的构建，引领了工业园区综合能源管控与优化领域关键科学问题与技术进展的新趋势。一方面，人工智能与大数据技术不断融入工业园区能源管控的各个环节，将进一步提高多能量流系统的模型描述、态势感知和智慧决策能力，其对不确定性问题的刻画与求解可提升可再生能源的消纳能力；另一方面，多能互补的园区能源网与生产网的紧密互动，必将改善源网荷储之间的耦合度和协同优化能力，从而提升工业园区的综合能源管控水平。IEMS 的主要功能包括以下几个方面。

1) 多能量流 SCADA

多能量流 SCADA 用于实现完整、高性能的准稳态实时数据采集和监控功能，是后续预警、优化和控制等功能的基础，并利用系统软件支撑平台提供的服务。多能量流 SCADA 是 IEMS 的"感官系统"，基于能源物联网，采集多能量流数据(采样频率：电为秒级，热/冷/气为秒级或分钟级)，完成相应的监控功能，并将数据提供给状态估计及后续高级应用功能模块，接收系统运行调控指令，并通过遥控/遥调信号下发给系统设备执行。多能量流 SCADA 的功能界面包括能量流分布、场站接线、系统功能、综合监视、操作信息、分析评估、智能报警等。

2) 多能量流状态估计

因为多能量流传感网络测点分布广、量测种类多、数据质量低、维护难度大、成本敏感度高，所以出现采集数据不全、错误的情况在所难免。因此，多能量流网络需要状态估计技术提供实时、可靠、一致、完整的网络状态，为 IEMS 的评估和决策提供基础。多能量流状态估计通过补齐量测数据、剔除坏数据，可以实现坏数据的可估计、可检测、可辨识，最终达到减少传感器安装数量、降低通信网络复杂程度、降低传感网络的投资和维护费用的效果，通过提高基础数据的可靠性来提高评估与决策的可靠性，降低能源网络运行事故风险。

3) 多能量流安全评估与控制

安全的重要性不言而喻，而能源系统的安全尤其关乎生命和财产安全。一方面需要建立"N–1"安全准则的概念，这个概念就是去关注最薄弱的环节，并且做出预案。我国台湾的一次大停电是由气体阀门故障导致的，该阀门就是气-电耦合综合能源系统的一个薄弱环节。所以要时刻关注薄弱环节，出现问题要有预案，否则会面临巨大的风险。另一方面要关注园区交易关口的安全控制，园区关口的容量配置和运行的成本是个关键问题，一是容量越大变压器的投资成本越高，二是容量越大电网公司收取的容量费也越高。如 50MW 容量和 100MW 容量投资和运行的总成本相差很大，如果设计成 50MW 的容量，万一实际容量超过了，会烧掉变压器。该怎么将关口潮流控制在 50MW 以内，这就是安全控制问题。在多能量流系统中，不同能源系统相互耦合和影响，某一部分的故障和扰动会影响到多能量流系统的其他部分，有可能造成连锁反应，因此需要进行耦合分析。可以利用热、气等系统的惯性提供的灵活性，为电系统的安全控制提供新手段，利用这些新手段，做协同安全控制。

4) 多能量流优化调度

有几个重要的概念：启停计划、日前调度、日内调度、实时控制。一个园区或者是城市的冷热电三联供、燃气机组、电锅炉都是可以启停的，有一些设备停下来可以降低成本，这就可以根据确定日前的最优启停计划进行启停。然后在启停基础上调节多少出力，这是日前调度。而日内调度是由于风光出力变了、负荷变了，所以日内需要再调度，以此来适应新的适合的发电出力，维持最优的出力和负荷的平衡。最后到了秒级还要进行控制，如对于网络安全问题、调压问题、调频问题，都需要进行实时控制。调度的时间尺度较长，一般以 15min 为单位，控制是以秒为单位，时间尺度较短。在多能量流系统中，其可调控的手段比单一能源系统要多，从源网荷储的角度出发，可实现冷、热、气、电等的综合调度和控制。

5) 多能量流节点能价

一个园区或者是智慧城市，一定要考虑建设一个非常好的内部的商业模式。内部的商业模式不是对外的，不是对上的，而是对园区内用户的，最科学的模式就是节点能价的模式。节点能价的模式首先需要通过计算确定各个地方的用能成本是多少。用能成本包括四个部分：一是能量发出来的成本；二是传输损耗的成本；三是网络阻塞的成本；四是多能耦合的成本。然后需要科学精准地计算各个节点的能价，包括冷价、热价、气价和电价，不同时刻、不同地点的价格，只有通过精准计算，才能使园区总的用能成本显著下降，因为可以用价格的信号来引导用户用能。这样整个园区的用能成本就可以通过柔性的能价手段得到显著下降。

节点能价根据供应商的生产边际成本制定，当线路出现阻塞时，各节点的价格根据所在位置的不同而呈现不同的价格，实时价格可以激发用户侧的灵活性。节点能价科学体现了成本，有利于建立公平的内部市场机制。

6) 多能量流虚拟电厂

虚拟电厂是对上级市场的商业模式，整个园区或城市都可以变成一个大的虚拟电厂，尽管不是物理电厂，但是有很多储能和冷热电三联供等分布式电源，联合起来就可以变成一个大的可调节的市场主体。因为分布式资源容量小、数量多，市场难以单独管理，通过虚拟电厂的集合，可以通过软件架构实现多个分布式资源协同优化运行，为外部市场提供调峰、调频、调压等服务，有利于总体资源的优化配置和利用。这样的商业模式能够带来很高的经济收益，这在美国已经成为现实。

虚拟电厂在优化调度的基础上，可以将园区内的分布式电源、可控负荷和储能装置聚合成一个虚拟的可控集合整体，从而园区可以作为一个整体参与上级电网的运行和调度。虚拟电厂协调上级电网与分布式资源间的矛盾，充分挖掘分布式资源为电网和用户所带来的价值和效益，实现与电网的友好互动。

多能量流虚拟电厂的内部组成架构一方面可分为源网荷储。源侧包括常规的供电设备、热电联产机组、燃气锅炉等设备，以及外部电网供电、可再生能源接入；网架分为冷热电等传输系统；荷侧为园区内部的电、热、冷负荷；在储能方面，不同能源子系统均有各自的储能设备。另一方面可看作是电、气、热、冷多能互补运行。多种能源转化设备将不同的能源子系统相耦合。园区内部多种能源形式以虚拟电厂的形式组合在一起综合运行，在保证电、热、冷负荷可靠供应的前提下，实现能源的梯级利用，提高能效，降低用能成本。对于波动性很强的可再生能源，综合能源系统具有更多的灵活性，促进了可再生能源的接纳，进一步提高了系统经济性。

第 3 章　多流多尺度协同调度的钢铁智慧物流

典型的钢铁企业生产过程涉及的工序很多且产线长，从大的方面看可分为原料处理、高炉炼铁、转炉炼钢以及轧制等生产阶段，因此物流信息涉及面较广，信息获取存在一定的难度。此外，多品种、小批量的生产模式逐渐成为钢铁企业的主流模式，产品品种规格多样、物料清单结构更加复杂多变，但是，钢铁企业的生产物流管控和计划安排仍由人工制订，无法动态跟踪物料状态、物流实施进度、设备状态等信息。另外，在不同物流系统中，底层设备的数字化和自动化程度具有很大不同，在此生产模式下，生产物流管理变得更加复杂。

随着数字孪生、工业物联网等新一代信息技术的出现，加强信息建模方法研究，建立物流跟踪数据平台，成为实现钢铁物流智能化的有效手段。通过建立钢铁物流信息智能感知平台，对生产全过程进行监控，实现从原料投入到产品成型全过程的物流跟踪，进而达到提高物流效率、控制成本的目的。

3.1　铁前物流智能化管控

3.1.1　基于 5G 的物料跟踪

铁前系统包括对高炉生产的原料采购、存储、加工、运输等环节，在钢铁企业生产工序中处于最上游，物流量、资金量及信息量大，覆盖地域广，工艺流程长，是钢铁生产中物料计量最复杂、最关键的部分。单靠人工进行管理显然已不能适应现代化企业的生产管理要求，需要进一步地进行一系列的计量及信息化处理，这是进一步挖掘企业潜力、全面推进计量体系信息化、降低铁前成本的有力手段，是企业发展不可或缺的重要支撑。

原料场处理流程如图 3.1.1 所示。原料场承担铁区生产所需矿、焦、煤、辅料等主辅原料的输入、储存、混匀以及供料，其主要流程包括受料、混匀和供料。原料来源有水运和陆运(火车、汽车)。将铁矿石从船上卸到原料场(一次料场)，筛选粒度合格的矿石送到高炉料仓或料场供高炉直接使用，筛下的较小矿石与粉矿连同烧结用煤等一起按一定工艺配比进行混合，并将混合后的原料(混匀矿)按一定的堆料方式存放在场地上(二次料场)，供烧结机使用。而烟煤和无烟煤按一定比例混合后作为高炉喷吹用混合煤堆放在混匀煤场或一次料场，然后送到制粉系

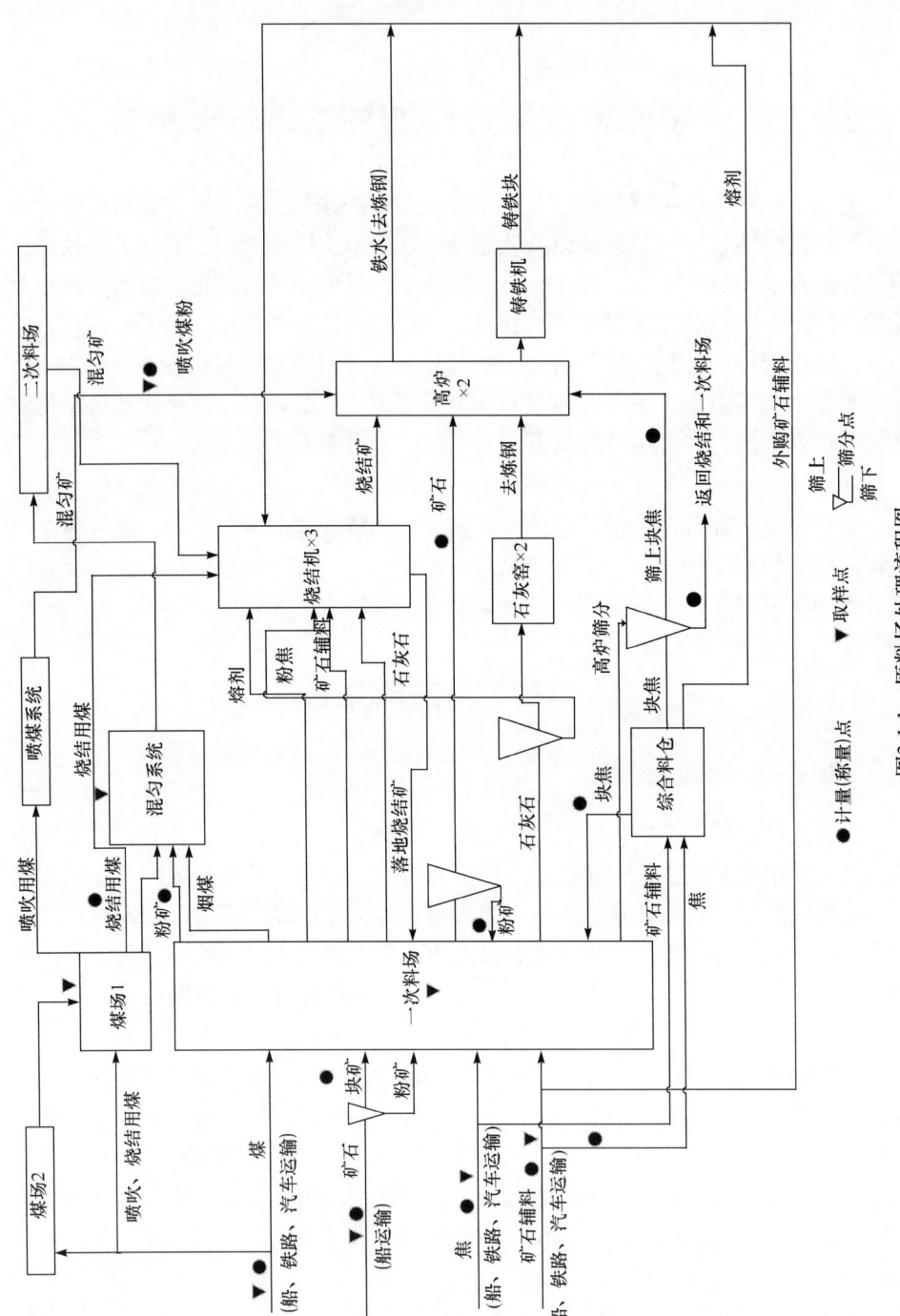

图3.1.1 原料场处理流程图

统进行研磨，研磨后由喷煤系统向高炉进行煤粉喷吹。供料分为由一次料场、二次料场、煤场和综合料仓向各工艺单元供料，以及各工艺单元之间转运供料两部分。取样点在来料和产副品出厂前以及进入工艺单元前，或根据质量管理要求等处设置；计量点则在原燃料进厂、出厂、进出各工艺单元，以及成本核算和统计管理要求等处设置。

铁区工艺单元物流如图3.1.2所示。烧结单元将铁矿粉、煤粉(无烟煤)与石灰、高炉炉尘、轧钢皮、钢渣按一定配比混匀，在烧结机中与其他原燃料混合烧结成块状原料，送往高炉成为高炉原料，以确保高炉的透气性。高炉单元将铁矿石、焦炭和熔剂(石灰石)等固体原料按规定配料比经配料称重，通过上料皮带由炉顶装料装置分批送入高炉，经高炉冶炼生产的主要产品为铁水，副产品有高炉煤气、水渣等。

铁前物流主要特点：

(1) 铁区原料有物料损耗。铁区管理的对象是原料堆放物，俗称原料散货，其特点是受天气、运输、轧损等因素影响会产生物料损耗，合同料进厂后到供给工艺单元生产时，已不完全是原来的合同料，量和价值均发生了变化。

(2) 铁区原料虽然品种多，但产副品少。铁区原料品种繁多，原、燃、辅料多达70~80种，而产副品仅有熟石灰、烧结矿、生铁、炉渣等。

(3) 铁区原料数量庞大，单价低而总价高。每天需要对数以万吨计的几十种物料进行处理，作业总吨位6万多吨。原燃料成本占铁水生产成本的90%以上。

(4) 铁区运输方式多。运输工具是原料场的重要作业工具，外部运输工具有轮船、火车、汽车等，内部运输工具有汽车、卸船机、堆取料机、皮带运输机、鱼雷罐车等，这些运输工具直接参与作业的执行。

(5) 原料场规模庞大，设备多且分散，物流复杂。例如，胶带机有数百台，连成复杂的网络，组成整个供料系统接近400个作业流程，进行多个目的地的输送。

(6) 计量点和试样取样点多。整个铁区设置大量计量点和试样取样点，且分布广，与铁区物流及业务处理关系密切，这些信息经过与铁区管理系统联网传送并进一步处理作为管理的依据。

铁前物流管理要求：

(1) 根据铁区原料具有散料堆放的工艺特点，要求按品种大类进行堆放，达到精细化管理的目的。

(2) 根据铁区特点，铁区管理要求以计划(重点为月计划)为主组织生产，而不是按用户合同组织生产，强调物料与生产的平衡。

(3) 库区物料涉及资金管理，因此要求物流、信息流及资金流立体式滚动，实现三流同步，这是物料资金管理的基础。

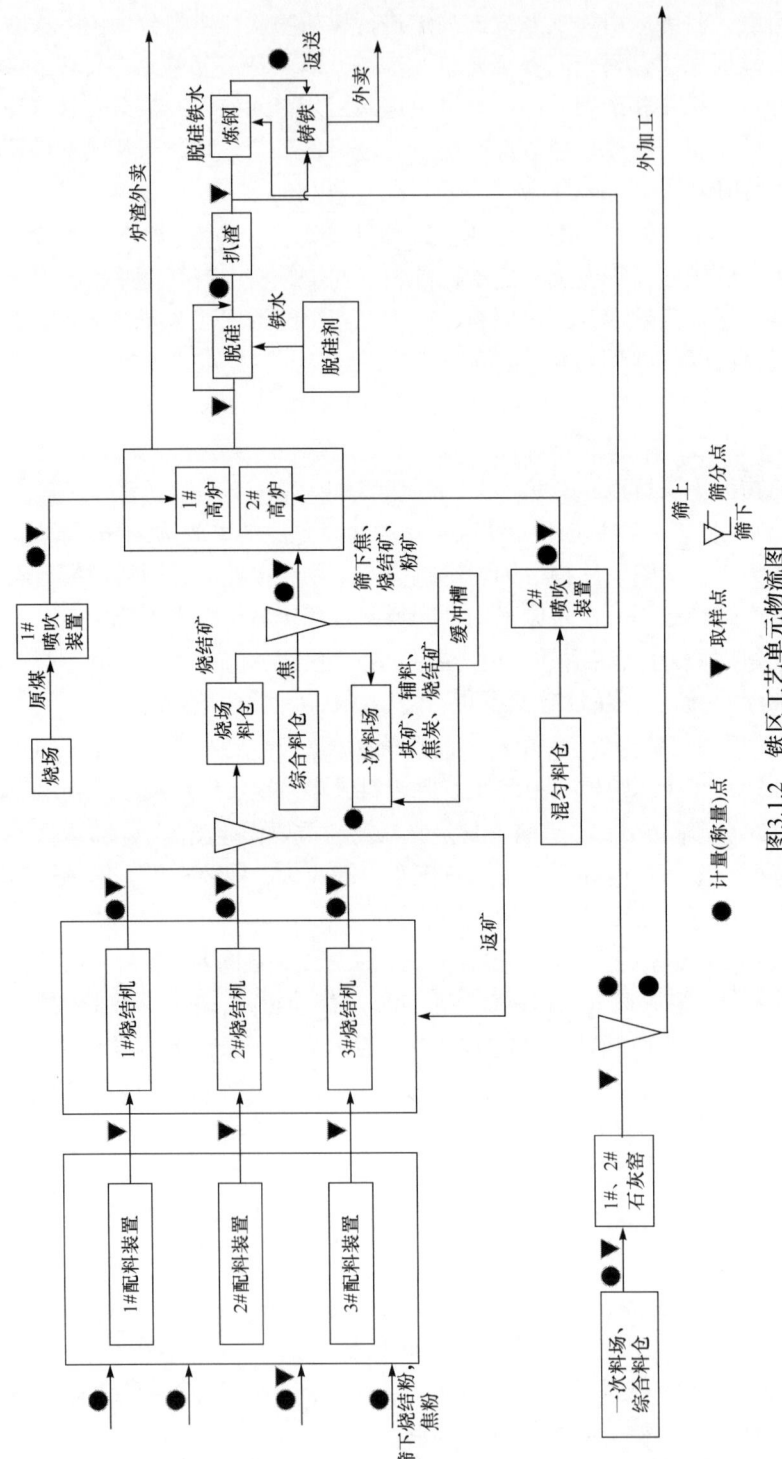

图3.1.2 铁区工艺单元物流图

(4) 铁区管理系统应与供应链的上、下游及其他相关系统集成和协同工作，确保正常管理功能的实现。

(5) 铁区管理涉及管理部门多，除炼铁厂外，还有生产、质量、财务、能源、采购、营销、运输等管理部门，因此业务流程的梳理和优化是提高管理水平的基础。

实时数据融合是实现钢铁企业物流信息跟踪的基础，工业互联网正是有效连接设备、人和数据的网络技术。在工业互联网技术的带动下，利用各种传感技术，生产物流管理可以实现智能识别、定位、跟踪和监控，实现生产物流的透明、高效、规范、安全的管理效果。通过分析收集的海量数据全面感知物流状态，基于预测给出预警，并协同全流程各生产工序，作出最优化决策，使得工厂的运营管理更加动态化和精细化，促进生产制造和商业运营模式水平的提升。如图 3.1.3 所示，基于工业互联网的关键技术建立了生产物流管理新模式，其管理架构主要分为四个层次：数据层、应用层、传输层和感知层。

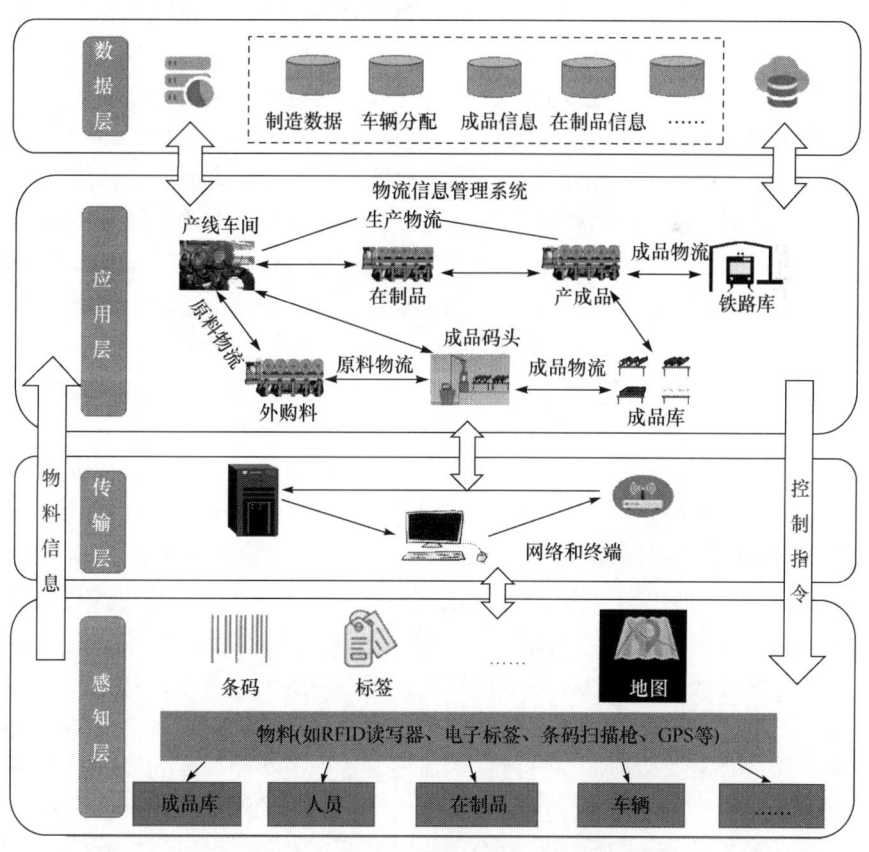

图 3.1.3 基于工业互联网的钢铁物流管理结构

在数据传输方面，有线传输仍然是工业互联网采用的主要方式，然而，生产现场环境的变化更需要无线传输模式。不断发展的传感器技术促进了无线传输模型的进一步发展，近来的 5G 新技术大大推进工业互联的部署进展和发展速度，保证在建立数字孪生系统中的数据传输的高可靠性和低延时需求。此外，拥有海量、随机、全面和低功耗等智能连接能力的 5G 系统是构建同异质网络和万物互联网络的基础性交互综合系统，能够容纳更多的终端设备和海量的用户，适用的目标场景更广，为生产物流统筹管理提供更方便、更快捷和更安全的数据、信息、存储和计算能力。

3.1.2 多尺度多目标物料统筹优化管控

随着钢铁的产量的逐渐增多，钢铁企业不得不重视物流的管理工作。主要原因大致有两方面：一方面是"重生产、轻物流"的传统管理模式已经跟不上发展形势，物流管理的欠缺导致企业管理者务必要转移重心，强化物流管理；另一方面是对提升市场竞争力的保障，只有降低物流成本才能给企业带来更多利润，增强核心竞争力，使企业得以长久发展，立于不败之地。钢铁企业与其他企业不同，其具有产量巨大且物流系统复杂、庞大的特点，这也迫使钢铁企业要消耗大量人力与物力在物流系统上。一般说来，企业会在生产、采购及销售方面均设置物流管理部门，而这些部门又相互独立且职能相近，这就导致企业的工作效率较低，同时也带来诸多不便。物流信息的不流通不可避免地给企业的物流发展造成一定弊端及损失：首先，会导致运输的不科学性、不合理性，进而导致运输效率较低；其次，还会造成企业内部的运输车辆通行障碍，使得运输不通畅，这对于物流管理的统一来说十分不利，会严重地影响、制约企业日常生产的秩序；最后，由于参与其中的单位、部门较多，就使得物流本来应该存在的链接发生断裂，进而造成许多不良影响，如作业的环节增多、物流不及时、物流速度减慢、企业运营成本增多等，最终导致钢铁企业物流竞争力下降、效益变低。由于钢铁企业的特殊性，企业内部的物流并不适于外包，所以钢铁企业务必要提升自身物流管理能力，使之走向专业化，为钢铁企业提供更多便利，创造更多价值。

从资源成本的角度，不同时间尺度上的可再生资源(人力、设备等)的配置成本往往不同。在信息化程度不高时，"生产-研究-生产"的研究思路是唯一有效的思路。但是该过程一般作为孤立事件处理，难以借鉴历史数据，并存在重复工作的弊端，更未考虑炼钢过程各工位、各单元因素及相互耦合因素对产品的影响。多尺度研究是对钢铁冶炼本质进行科学描述，挖掘出不同尺度的客观自然规律并可视化，是对生产工艺与阶段产品、整体生产工艺与最终产品间内在关系的透彻归纳，建立工艺对产品的数据库模型和预测模型。将多尺度资源配置问题与生产调度问题相结合，在满足生产活动的工序要求前提下，确定每个活动的开始时间并且制订相应的多尺度资源配置策略,是解决全流程优化控制的有效方法。对于钢铁企业物流管控问题,从实时生产、作业计划、产品制造及合同等方面,采用多尺度多目标物料统筹管控模型(如图3.1.4所示),是解决物料统筹优化管控的有效方式。

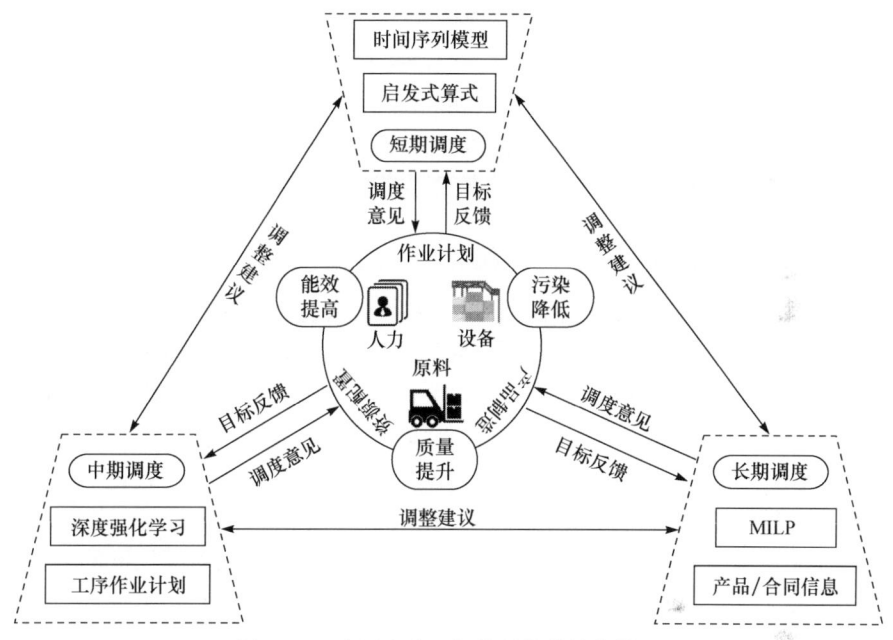

图3.1.4 多尺度多目标物料统筹管控模型

多尺度资源配置是指在整个生产计划时间范围内长期、中期、短期等不同时间尺度上资源购置,为执行生产提供足够的资源支持并尽可能达到资源成本最小。不同于一般意义上在时间维度上划分的多个阶段,多尺度资源配置还强调时间的多尺度特征,即有满足战略目标层的大尺度长期决策,又有小尺度上的局部策略,更具灵活性并且可以提高资源的利用率,减少资源闲置和浪费。另外,该模型同时考虑市场资源供给和成本的动态性和不确定性条件,细化资源配置操作和资源成本结构,合理进行资源调配。

3.2 炼钢连铸智能化管控

3.2.1 炼钢连铸数字孪生系统

由于炼钢冶炼过程中的热力学和动力学反应复杂,副枪控制模型和传统的烟气分析模型存在很大的局限性,从而导致炼钢冶炼终点碳含量的预测精度偏低,这是实现智能炼钢的主要技术瓶颈。而近年来，钢铁制造建立了数字化的监测体系，积累了大量的生产数据，可用的大量实时数据为流程智能化优化提供了新的见解。这些数据被智能地使用，为持续改进流程和显著提高生产效率提供了途径。为了发挥这些益处，需要对数据进行清晰的可视化、情景关联和高级分析，而这可以使用物理世界的数字镜像最有效地实现。

数字孪生是以数字化方式在信息空间创建物理实体的虚拟模型，借助数据模拟物理实体在现实环境中的行为，通过虚实交互反馈，数据融合分析决策迭代优化等手段，为物理实体增加或扩展新的能力[25]。借助于数字孪生，可以在信息化平台上通过集成物理反馈数据，辅以人工智能、机器学习和软件分析，建立一个数字化模拟，实时了解物理实体的状态，并对物理实体里面预定义的接口元件进行控制。并且这个模拟会根据反馈，随着物理实体的变化而自动做出相应的变化。理想状态下，数字孪生可以根据多重的反馈源数据进行自我学习，几乎实时地在数字世界里呈现物理实体的真实状况。数字孪生的反馈源主要依赖于各种传感器，如压力、温度、流量传感器等。数字孪生的自我学习除了可以依赖于传感器的反馈信息，也可以是通过历史数据，或者是集成网络的数据学习。后者常指多个同批次的物理实体同时进行不同的操作，并将数据反馈到同一个信息化平台。数字孪生根据海量的信息反馈，进行迅速的深度学习和精确模拟。作为一种充分利用模型、数据、智能并集成多学科的技术，数字孪生连接不同时间尺度的物理过程以模拟众多的科学问题，通过模拟不同时间长度和尺度下的基本过程并均匀调节物理参数连接不同模型，建立更高精度的多领域多尺度融合模型。

数字孪生驱动的调度模式使调度优化与过程管控呈现出新的转变，即驱动方式由能量驱动向数据驱动转变，调度要素由实体互联向虚实映射转变，响应方式由被动响应向主动应对转变，过程控制由粗放控制向精确控制转变，管理形式由层级结构向扁平化结构转变。围绕数字孪生驱动的调度技术研究，亟须在以下难点问题取得突破：

(1) 在虚实交互机理方面，系统研究虚实交互行为，揭示自组织、自学习、自优化机制下虚实交互机理，从而实现调度要素的优化匹配和高效运作。

(2) 在动态迭代优化方面，研究新的调度优化方法，能够进行"任务-资源"自主决策、动态迭代和连续优化等。

数字孪生采用数据驱动的方法并利用系统的历史和实时运行数据，对物理模型进行更新、修正、连接和补充，充分融合系统机理特性和运行数据特性，更好地结合系统的实时运行状态，获得动态实时跟随目标系统状态的评估。面向产品全生命周期过程，数字孪生发挥连接物理世界和信息世界的桥梁和纽带作用，具备历史状态回放、结构健康退化分析以及任意历史时刻的智能解析功能，提供更多的优化决策和风险预估。

基于数字孪生技术的钢铁物流模型将成为未来钢铁企业物流管理的核心支柱。如图 3.2.1 所示，整个模型将由物理实体、虚拟模型、孪生数据、服务系统以及相互之间的连接等五个部分组成，其中模型和数据是数字孪生技术的核心。只有通过物理空间的数据，才能够建立虚拟模型，并且驱动其运行。同样，也只有信息空间的虚拟模型运作后产生的数据，才能够更好地为物理空间的运作提供更好的决策和风险预估。

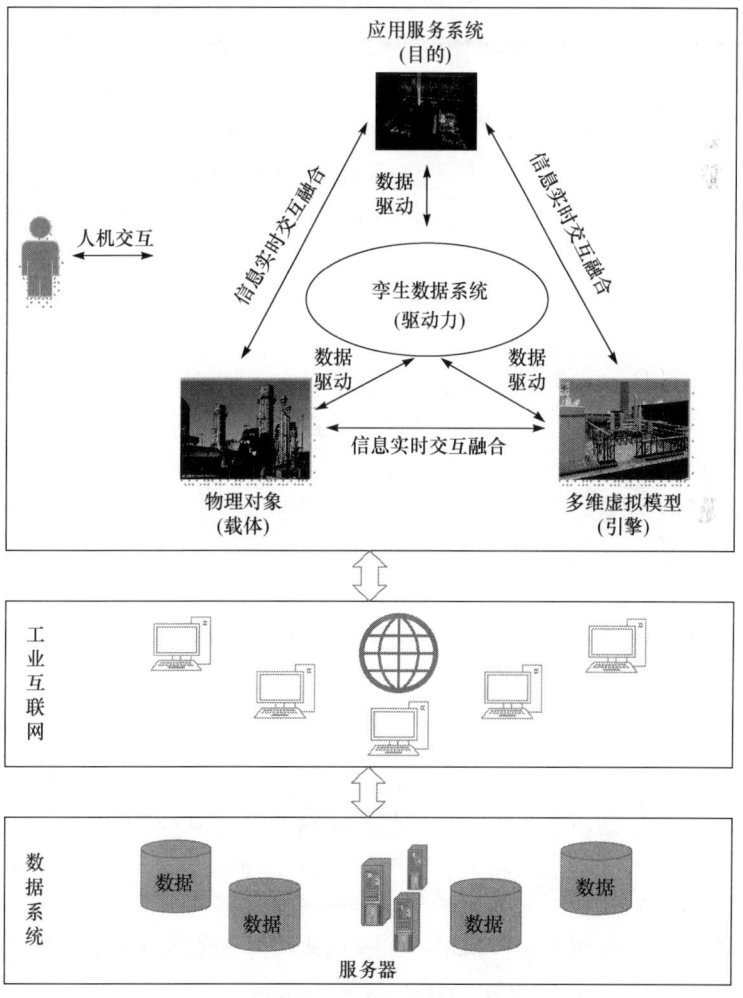

图 3.2.1　钢铁物流数字孪生结构模型

目前，绝大多数氧气转炉都采用副枪动态控制技术，吹炼中通过"静态控制模型+动态控制模型"来确定所需要渣料、冷却剂、氧气用量。在吹炼临近结束前

2~3min，通过降下副枪来提取钢水试样，然后测温、定碳(称为 TSC 测定)。在此基础上，根据 TSC 测定结果由动态模型调整吹炼终点，吹炼结束后再次降下副枪来提取钢水试样，然后测温，定氧(称为 TSO 测定)。现有的转炉碳-温控制模型大多基于碳的质量平衡计算。静态模型根据主原料(铁水、废钢)与副料(熔剂、合金)的成分和加入量，利用物料平衡和热平衡原理计算吹氧量与副料加入时刻。动态模型根据副枪的实测数据，以冶炼钢种成分和出钢温度为目标值，进行实时计算和调整。但是，由于基于反应机理的静态模型和基于经验的动态模型缺乏过程的实时监测数据，钢水的终点碳命中率在 85%左右。副枪只能解决临近终点的某一时刻的钢水中碳质量分数和温度的测定，不具有连续性，无法对连续的碳氧反应过程建立动态的数字孪生模型，因此，近期很多钢铁厂采用了副枪测定与烟气分析相结合的方法，使得转炉终点碳控制精度有所提高。烟气分析通过从转炉废气烟道中获取废气中 CO、CO_2、N_2、O_2 含量，并通过吹氧量、CO、CO_2 随时间变化曲线来计算钢水的脱碳和升温过程。由于烟气分析具有连续检测的特点，钢铁企业开始尝试取消副枪的中间测碳和测温过程，而采用烟气分析数据来确定吹炼过程终点碳。这项技术可以提高生产效率、降低生产成本，因此引起了业内的广泛关注。

但是，目前炉气分析模型仍然依靠静态模型，转炉内钢水的碳含量预测模型的命中率取决于废钢量、铁水质量及成分、造渣料的质量及成分等输入数据的准确性，以及炉气分析设备的分析精度和气体流量的准确性等因素。由于炉气分析模型的局限性及对输入数据的准确性要求，限制了终点碳预测模型的命中率，因而这项技术未能广泛应用。

1) 转炉烟气分析模型

对于炼钢过程，炉缸内钢水中的碳氧反应是一个随时间变化的连续反应过程，脱碳速率可以表示为

$$\frac{dC_t}{d_t} = f(T_t, C_{t-1}, O_t, \alpha, \beta, \cdots) \tag{3.2.1}$$

其中，C_t 和 C_{t-1} 分别表示当前时刻和前一时刻钢水中碳元素的质量分数；T_t 和 O_t 分别表示当前时刻的钢水温度和吹入的氧量；α 和 β 分别表示碳和氧的活度系数。烟道中所测到的 CO 和 CO_2 含量与炉缸内碳氧反应所产生的烟气及烟道中 CO 的二次燃烧有关。在确定的氧流量前提下，钢水中碳元素的质量分数可近似表达为

$$C_t \approx f(V_{CO}, V_{CO_2}, T, Q, \cdots) \tag{3.2.2}$$

其中，V_{CO} 和 V_{CO_2} 分别表示烟道中一氧化碳和二氧化碳体积分数；T 为钢水温度；Q 为烟气流量。根据碳质量平衡方程，脱碳量为

$$\Delta C(t) \approx Q \times (K_1(t) m_{CO}(t) + K_2(t) m_{CO_2}(t)) \times \Delta t \quad (3.2.3)$$

其中，$\Delta C(t)$ 表示某一时刻内脱碳量(质量分数)；$m_{CO}(t)$ 和 $m_{CO_2}(t)$ 分别表示该时刻烟道中一氧化碳和二氧化碳摩尔分数；$K_1(t)$ 和 $K_2(t)$ 分别表示在 t 时刻碳氧反应中一氧化碳和二氧化碳的转换函数。在第 τ 时刻，钢水中碳元素的质量分数为

$$C(\tau) = C_0 - \sum_{t=1}^{\tau} \Delta C(t) \quad (3.2.4)$$

其中，C_0 为钢水中原始碳元素的质量分数。从式(3.2.3)可以看出，钢水中脱碳的速率是烟道中一氧化碳和二氧化碳含量随时间变化的函数。

转炉吹氧脱碳过程可以分为 3 个阶段：①硅锰反应阶段，钢水中 Si、Mn 元素最先与 O_2 反应，此时产生的 CO 较少，CO_2 含量较高；②脱碳阶段，钢水中碳氧反应开始加剧，烟气中 CO 含量显著增加，同时由于二次燃烧产生一部分 CO_2；③拉碳阶段，当钢水碳含量降低到临界值时，脱碳速率开始减慢，碳氧反应趋于稳定，烟气中 CO 含量迅速减少，而二次燃烧产生的 CO_2 开始增加。目前，转炉的碳-温预测方法大多是基于脱碳速率的机理模型，利用物料平衡和热平衡原理，将主原料与副料的成分和加入量作为输入变量，将碳-温实测值作为输出变量，通过统计模型、神经元网络(BP、RBP)或支持向量机及改进后的模型，经过学习来预测终点碳的含量。但是，这类方法由于很难预测 CO 和 CO_2 复杂的连续变化过程，终点碳的预测精度有待提高。

2) 函数型数据分析的数字孪生模型

针对连续变化的数据分析问题，近年来函数型数据分析(functional data analysis, FDA)方法引起了工业界的广泛关注。在工业大数据分析领域，很多的研究对象是以函数或连续曲线的形式存在的，如前面讨论的转炉冶炼过程中 CO 和 CO_2 的变化曲线。

函数型数据分析方法取决于响应(response)或协变量(covariate)是函数型数据，还是向量(vector)型数据，或是它们的各种组合，包括函数型响应和函数型协变量的组合、向量型响应和函数型协变量的组合、函数型响应和向量型协变量的组合。从式(3.2.2)和式(3.2.3)可以看出，钢水中碳元素的质量分数是烟气中 V_{CO}、V_{CO_2}、T 和 Q 的回归方程。传统的线性回归模型可以表示为

$$Y = \alpha_0 + \langle X, \alpha \rangle + e \quad (3.2.5)$$

其中，标量型响应 $Y \in \mathbf{R}$；向量型协变量 $X \in \mathbf{R}^P$；α 为回归系数向量；α_0 为常数项；e 为误差。当 $X(t)$ 为函数型协变量时，$\alpha(t)$ 为系数函数，函数型线性回归模型为

$$Y(t) = \alpha_0 + \int X^C(t)\boldsymbol{\alpha}(t)\mathrm{d}t + e \tag{3.2.6}$$

其中，$X^C = X(t) - \mu(t)$ 为中心化后函数型协变量。如果选择同一类型正交基函数，如傅里叶基函数或 B 样条基函数，则有

$$X(t) = \sum_{k=1}^{A} C_k \boldsymbol{\Phi}_k$$

$$\boldsymbol{\alpha}(t) = \sum_{k=1}^{A} \alpha_k \boldsymbol{\Phi}_k$$

$$\begin{aligned} Y(t) &= \alpha_0 + \int \sum_{k=1}^{A} C_k \alpha_k \boldsymbol{\Phi}_k \boldsymbol{\Phi}_k \mathrm{d}t + e \\ &= \alpha_0 + \sum_{k=1}^{A} C_k \alpha_k \int \boldsymbol{\Phi}_k \boldsymbol{\Phi}_k \mathrm{d}t + e \\ &= \alpha_0 + \sum_{k=1}^{A} C_k \alpha_k + e \end{aligned} \tag{3.2.7}$$

式中，$\boldsymbol{\Phi}_k$ 是基函数；C_k 是原始信号中基函数的系数；α_k 是系数函数中基函数的系数。式(3.2.7)是函数型线性回归的一种简单形式，即协变量和系数函数具有同样的基函数。广义函数型线性回归的表达式为

$$g\{E(Y(t))\} = \alpha_0 + \int X_i(t)\boldsymbol{\alpha}(t)\mathrm{d}t \tag{3.2.8}$$

式(3.2.8)中，$E(\cdot)$ 代表数学期望；g 代表映射关系。采用截断基函数表达式，则

$$\begin{aligned} X_i(t) &= \sum_{k=1}^{A1} C_{i,k}^* \boldsymbol{\Phi}_k(t) \\ \boldsymbol{\alpha}(t) &= \sum_{k=1}^{A2} \alpha_k^* \boldsymbol{\Psi}_k(t) \end{aligned} \tag{3.2.9}$$

式(3.2.9)中，$\boldsymbol{\Psi}_k(t)$ 表示截断后的基函数。因而，有

$$\int X_i(t)\boldsymbol{\alpha}(t)\mathrm{d}t = C_i^* J_{\Phi,\Psi} \alpha^* = C_i^{**} \alpha^* \tag{3.2.10}$$

其中，$C_i^{**} = C_i^* J_{\Phi,\Psi}$；$J_{\Phi,\Psi} = \int \boldsymbol{\Phi}(t) \boldsymbol{\Psi}^{\mathrm{T}}(t) \mathrm{d}t$。

基于函数型的终点碳预测模型包括两个部分：①由式(3.2.8)预测拉碳阶段初期钢水中的碳含量；②由式(3.2.3)和式(3.2.4)预测终点碳含量。采用两阶段碳含量预测模型具有以下优点：

(1) 由于硅锰反应和脱碳阶段涉及复杂的碳氧连续反应，可以通过式(3.2.8)对历史数据的学习，挖掘吹氧过程烟气中 CO、CO_2 曲线数据与炉内反应过程的变化

规律,并获得对应系数矩阵 C 和回归系数函数。本质上,系数矩阵 C 和回归系数函数表达了炉内的碳氧连续反应与烟气曲线数据的对应关系。

(2) 在拉碳阶段,碳氧反应趋于稳定,可以通过式(3.2.3)和式(3.2.4)来预测钢水中终点碳含量。但是,需要通过对历史数据学习来确定函数型系数 $K_1(t)$ 和 $K_2(t)$,并将式(3.2.8)得到的拉碳阶段初期钢水中的碳含量作为 C_0 代入到式(3.2.4)中,最终确定终点碳含量。

(3) 在硅锰反应和脱碳阶段,采用函数型回归方程来预测吹炼初期复杂的碳氧连续反应过程,并通过烟气检测曲线数据建立数字孪生模型,实现钢水中碳含量动态预测。在拉碳阶段,采用更精准的函数型表达式(3.2.3)和式(3.2.4)来预测终点碳。因此,采用两阶段函数型预测模型能适应吹炼过程中的各种复杂的连续反应过程(包括出现喷溅),具有良好的自适应性。

具体计算步骤如下:

(1) 采集烟气数据及 TSC 和 TSO 采集的碳含量和钢水温度值,建立学习样本集;

(2) 选择基函数(对于非周期函数宜采用 B 条样函数),以及函数阶数和节点数;

(3) 对样本集进行学习,获得系数矩阵 C 和回归系数函数 α,并优化基函数的阶数和节点数,建立转炉炼钢过程的函数型数字孪生模型;

(4) 通过对拉碳阶段的历史数据学习,确定函数型系数 $K_1(t)$ 和 $K_2(t)$;

(5) 实时采集烟气中的流量值、CO 和 CO_2 含量,通过转炉吹炼过程的两个不同阶段的数字孪生模型实时预测拉碳阶段钢水中碳含量。

3.2.2 生产-物流协同优化管控

生产调度是生产车间决策优化、过程管控、性能提升的神经中枢,是生产车间有序平稳、均衡经济和敏捷高效的运营支柱。数字孪生驱动的调度模式是在数字孪生系统的支撑下,通过全要素、全数据、全模型、全空间的虚实映射和交互融合,形成虚实响应、虚实交互、以虚控实、迭代优化的新型调度机制,实现"工件-机器-约束-目标"调度要素的协同匹配与持续优化[26]。在数字孪生驱动的调度模式下,调度要素在物理车间和虚拟车间相互映射,形成虚实共生的协同优化网络。物理车间主动感知生产状态,虚拟车间通过自组织、自学习、自仿真方式进行调度状态解析、调度方案调整、调度决策评估,快速确定异常范围,敏捷响应,智能决策,具有更好的变化适应能力、扰动响应能力和异常解决能力。其模式如图 3.2.2 所示。

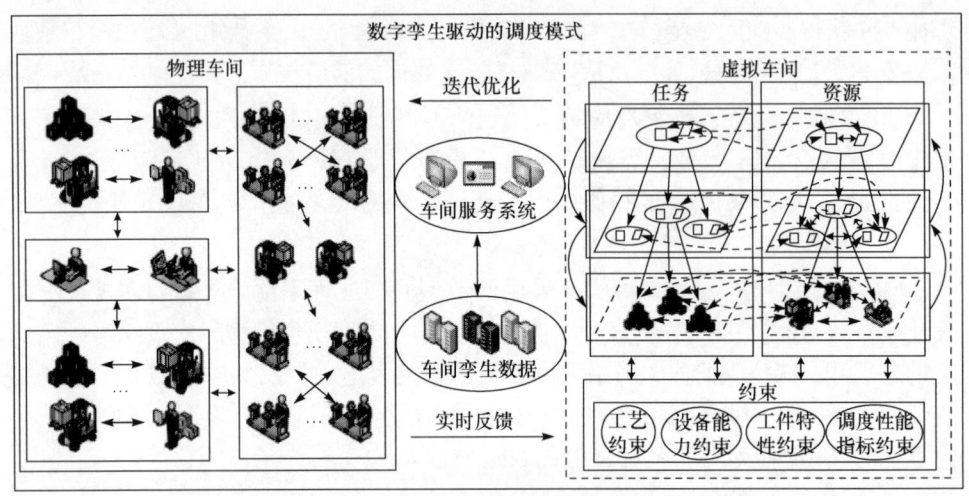

图 3.2.2　数字孪生驱动的调度模式

基于数字孪生的精准配送生产物流包括企业内部物流(车间物流)和企业外部物流(企业之间物流)，是保证企业正常生产、提高生产效率、降低产品成本的关键。基于数字孪生的生产物流是在孪生数据驱动下，通过物理实体与虚拟模型的真实映射、实时交互、闭环控制，实现生产物流的任务组合优化、运输路线规划、运输过程控制等在物理世界、信息世界和上层物流服务系统之间的迭代运行，从而达到生产过程物流无缝化和智能化的一种新的生产物流运行模式，其智能化配送结构组成如图 3.2.3 所示。

基于数字孪生的生产物流使生产物流的管控模式更加智能：

(1) 物理实体，运输设备拥有自我决策和通信能力；

(2) 决策要素，由对物理世界实时信息的处理提升到对信息世界仿真预测的孪生数据的处理；

(3) 决策方式，由被动的中央系统分配的方式转变为以搬运载体为核心的"抢"任务的主动决策；

(4) 控制策略，由上级命令的控制方式转变为多设备交互协同实现自组织、自适应控制；

(5) 物流透明化，由传统"黑箱"运输模式转变为物料、搬运载体等实时状态透明模式，可实时追踪和精准配送。

基于数字孪生的智能物流配送的关键技术主要包括以下两部分：

(1) 搬运载体无人运行及智能协同技术。基于数字孪生设计的运输车辆和制造设备具备感知、通信和决策能力，利用设备之间相互通信、信息共享及孪生数据库，实现多设备交互协同，达到自组织、自适应控制。

(2) 实时信息驱动的物料配送决策技术。利用孪生数据、信息共享和模型预测控制等技术，基于智能算法实现搬运载体间的智能协同、应急处理和物料运输任务的组合优化，提高运输效率和对变化环境的适应性，从而实现物料/物流配送任务的高效精准配送。

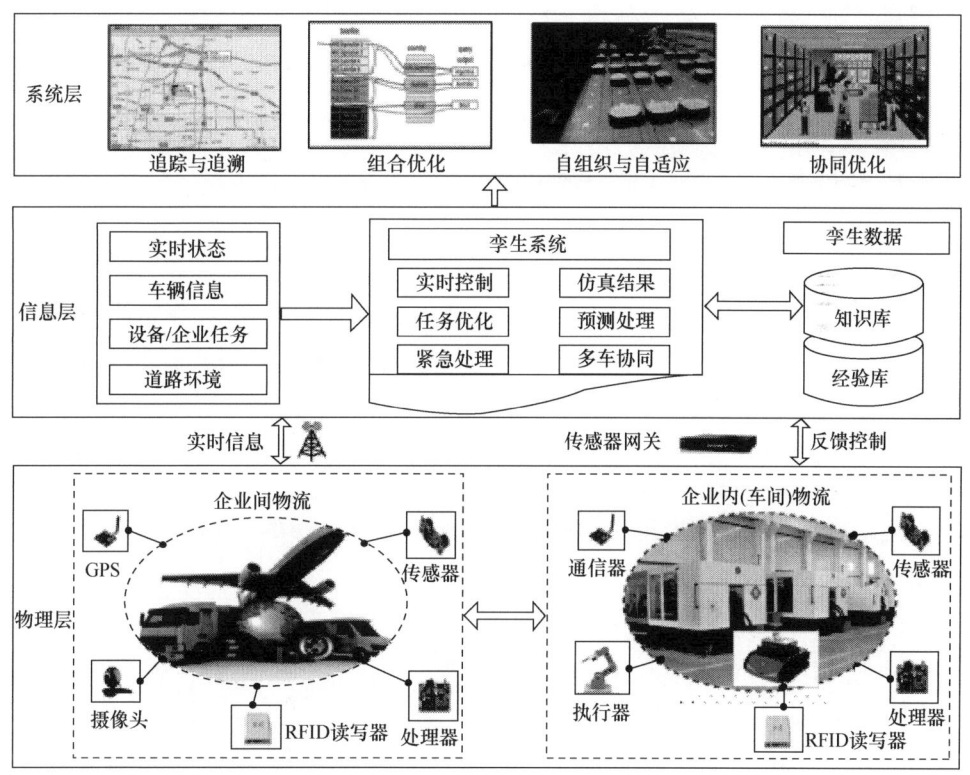

图 3.2.3　基于数字孪生的生产物流智能化配送结构组成

1) 智能物流调度优化

用于炼钢车间生产物流优化问题研究的方法大致可分为三类：一是基于经典的运筹学方法；二是各智能计算的方法及其混合算法；三是各种近似优化的方法。经典的运筹学方法运用于生产物流优化问题时，其理论研究与实际应用之间存在一定的差距。智能计算的方法在组合优化领域，特别是生产调度领域得到了相当广泛的研究和应用。这些方法一般来说各有所长，例如，禁忌搜索比模拟退火的速度快些，但广域搜索能力较差，模拟退火的编程较易实现。因此多种算法结合起来使用已经成为一种发展趋势，如将启发式规则和遗传算法相结合提高了遗传算法盲目随机操作的效率，加速了算法的收敛。但此类算法以合理地增加计算时间为代价，并且判断解的最优性也很困难。在近似优化的方法中，启发式规则与专家系统的方法在生产调度研究中占有重要地位,并出现了一些成熟的调度专家系统,但是专家系统对复杂多变的动态调度环境,适应性较差。大多数制造系统非常复杂,很难用一个精确的解析模型来进行描述和分析,因此使用数字孪生的方法可以避免使用数学表达式来描述复杂系统。基于数字孪生的方法建立的优化模型具有如下特点:

(1) 仿真建立的模型是对系统实际观测所获得的数据建立起来的动态模型,它更贴近于实际,便于对系统进行分析;

(2) 数字孪生建立的模型是对实际系统的映像,因此它对各种复杂的系统具有很好的适应性;

(3) 数字孪生所建立的是一个随机模型,系统的参数受随机因素影响所发生的变化在模型中可以得到充分的体现;

(4) 数字孪生可以帮助优化,数字孪生方法虽然不是一种系统优化法,不能求系统的最优解,但是仿真可以让人们依据对系统模型动态运行的效果,进行反复模拟仿真,实现间接的优化。

根据炼钢-连铸生产特点采用的策略是事件调度法,应用面向事件的时钟推进方式进行建模。在模型中各生产工序相互独立,钢包对象将各工序连接,记录钢包的冶炼信息;并将实现生产功能的"物流对象"与其相连,记录生产现场的生产物流信息。

2) 生产协同优化

随着工程技术的发展和问题范围的拓宽,问题的规模和复杂度越来越大,传统算法的优化效果往往不够理想,同时算法理论研究的滞后也导致单一算法性能改进程度的局限性。基于这种情况,算法混合的思想已经成为提高算法优化性能的重要且有效的途径。为构造新的优化算法提供了一个框架,其中包括如下6个方面的要素:

(1) 搜索机制,是构造算法框架和实现优化的关键,是决定算法搜索行为的根本点;

(2) 搜索方法,决定着优化的结构,即每代有多少解参与优化;

(3) 邻域函数,决定了邻域结构和邻域解的生产方式;

(4) 状态更新方式,即如何从旧状态中确定新的当前状态,是决定算法整体优化特性的关键步骤之一;

(5) 控制参数,必须以一定的方式进行修改,以适应算法性能的变化;

(6) 停止准则,决定了算法的最终优化性能。

假设 N 个炉次在 M 台连铸机上进行浇铸;每个炉次只有一道工序,可以在满足工艺约束的某台连铸机上完成浇铸。数学模型如下：

$$z = \min\left(\sum_{i=1}^{N}\sum_{j=1}^{M}x_{ij}p_{ij} + \sum_{i=1}^{N}\sum_{j=1}^{M}x_{ij}\lambda_j + \sum_{j=1}^{M}Q_jW + \sum_{i=1}^{N}\sum_{j=1}^{M}\mu_{ij}x_{ij}\right) \quad (3.2.11)$$

$$\text{s.t.} \sum_{k=1}^{M}x_{ik} = 1, \quad i = 1,2,\cdots,N \quad (3.2.12)$$

$$Q_j = \sum_{i=1}^{N}x_{ik}q_it_k \leqslant g, \quad k = j \quad (3.2.13)$$

其中，各变量的含义如下。

N：欲排序的炉次数；

M：连铸机总数；

x_{ij}：炉次 i 是否被安排在连铸机 j 上的变量；

$p_{ij} = \begin{cases} 0, T_i \subseteq Y_j \\ C_1, T_i \not\subset Y_j \end{cases}$ T_i 为浇次的铸坯宽度，Y_j 为连铸机所允许的宽度范围，C_1 是一个足够大的数；

$\lambda_j = \begin{cases} \alpha(L_i - L_{i+1}), L_i > L_{i+1} \\ \beta(L_{i+1} - L_i), L_{i+1} > L_i \\ 0, 否则 \end{cases}$ L_i、L_{i+1} 分别为在某个连铸机相接浇次的铸坯宽度变化，α、β 为调整宽度的单位惩罚费用；

W：单位时间的生产费用；

Q_j：连铸机 j 的总生产时间；

$Q_jW = \begin{cases} \sum_{i=1}^{N}x_{ik}q_it_k, Q_j \leqslant g \\ C_2, Q_j > g \end{cases}$ g 为连铸机 j 的生产能力，C_2 是个足够大的数；

$\mu_{ij} = \begin{cases} C, 炉次 i 和炉次 j 不属于同一钢级序列, C 是个足够大的数 \\ F(S_j - S_i), 炉次 i 和炉次 j 属于同一钢级序列, 炉次 i 比炉次 j 钢级的 \\ \qquad 降级费用低, S_i 为炉次 i 的钢级 \\ 0, 炉次 i 和炉次 j 钢级相同 \end{cases}$

目标函数(3.2.11)表示在满足生产能力约束条件下，使得浇铸生产的成本最低，约束条件(3.2.12)表示每一个铸坯只能安排在一台连铸机上生产，式(3.2.13)表示连铸机的生产能力限制。

3) 采用嵌入禁忌搜索的遗传算法求解炉次排序问题

炉次排序问题假设：

(1) 每台连铸机浇铸铸坯的宽度范围不同，每个炉次的铸坯宽度必须满足连铸机的宽度范围；

(2) 每台机器的生产量不能大于机器的生产能力；

(3) 每炉钢水的重量相同；

(4) 每台连铸机浇铸一炉钢水需要的时间不同；

(5) 要编制的浇铸次数是已知的。

采用自然数编码方法，形成二维数组构成一个染色体，编码方式如下：

$$\text{chromosome} = \begin{bmatrix} a_1 a_2 a_3 a_4 \cdots a_j \\ b_1 b_2 b_3 b_4 \cdots b_j \end{bmatrix} \tag{3.2.14}$$

其中，a_j 表示炉次，a_j 分配在连铸机 b_j 上。$a_j \in M$，M 为炉次总数；$b_j \in N$，N 为连铸机总数。

根据约束条件，由启发式规则产生相应的基因值，最终构成一个满足初始化条件的染色体。构成初始化染色体的步骤如下：

(1) $j=1$，先把炉次分配给浇铸时间短的连铸机，必须满足连铸机生产铸坯的宽度范围，并且在同一连铸机上的炉次钢种等级和铸坯宽度变化小。

(2) j 为待加工的炉次号，与其对应随机产生 $a_j \in M$，设连铸机 b_j 的生产能力为 V_k，允许生产铸坯的宽度为 $[P_m, P_n]$，此炉次钢种的铸坯宽度为 λ_j，炉次号为 j 的生产时间为 Q_j，若 $V_k < Q_j$ 或者 λ_j 不在 $[P_m, P_n]$ 区间内时，则转(2)。

(3) 若 $j<N$，$j=j+1$，$V_k = V_k - Q_j$ 且 $P_m < \lambda_j < P_n$ 时转(2)；否则停止，基于启发式规则的初始化染色体完成。

随机产生 $N*NP$ 向量组成初始化种群。

采用比例选择的方法，用正比于个体适应度的概率 f_i 来选择相应的个体，选择概率为

$$p_i = f_i / \sum_{i=1}^{l} f_i \tag{3.2.15}$$

采用两点交叉方式，在一个被选中染色体中随机选择两个位置作为交叉点，进行染色体交叉操作，对于非法染色体采用顺序交叉策略进行染色体修复，并采用禁忌搜索取代标准变异算子，称为 TSM 算子。

遗传算法在开始时应注重广域搜索，因此通过较小的选择压力来实现；随着迭代的进行，逐步偏重于局部搜索，需要通过使用较大的选择压力来实现。本书

求解最小化问题，引进 ε^k 因子来控制选择压力，适值函数设计如下：

$$F = f_{\max}^k - f + \varepsilon^k \tag{3.2.16}$$

其中，$\varepsilon^k = \varepsilon^{k-1} \times r, r \in [0.9, 0.999]$，$\varepsilon^0 = M$，通过 M 和 r 的调节可以实现对 ε^k 的调节。随着迭代次数的增加，ε^k 值越来越小，选择压力增大。

采用规定迭代确定终止条件，即迭代次数达到最大值时就停止算法。

求解步骤如下。

步骤 1：初始化参数。根据连铸机生产能力约束条件的限制，利用启发式规则产生相应的 n 个基因，组成一个染色体。由基因 g=random(n)，随机产生这样 n 个基因值 g，构成一个染色体 $(g_1, g_2, \cdots, g_n)$，和以上产生的染色体混合，重复上述过程，直到种群达到指定规模为止。

步骤 2：判断遗传算法的停止准则是否满足。如果满足，停止算法，输出结果；否则继续以下步骤。

步骤 3：采用轮盘赌的方式进行选择操作。

步骤 4：采用两点交叉方式，更新种群和最优状态。

步骤 5：使用 TSM 算子变异。

子步骤 5-1：对于每一个染色体，生产 0 和 1 之间的随机数 r，如果 $r \leq p_m$，则对该染色体进行 TSM 变异；否则考虑下一个染色体。

子步骤 5-2：初始化禁忌搜索算法，当前染色体即为初始解。

子步骤 5-3：判断禁忌搜索算法迭代准则是否满足。如果满足结束禁忌搜索，进入步骤 6；否则继续以下步骤。

子步骤 5-4：产生候选解集。

子步骤 5-5：根据设定的渴望水平和禁忌表情况，选择一个解，并更新禁忌表。

子步骤 5-6：转至子步骤 5-3。

步骤 6：以新的种群返回步骤 2，继续遗传算法。

3.3　轧制区域智能化管控

3.3.1　柔性工序应变机制与智能管控

我国正致力于推动高质量发展，这也是企业发展的必然趋势。钢铁企业很长一段时间内是以库存式组织生产，不适应高质量发展需求。销售因无准确的坯、材库存，产品订单仅仅是简单的接用户需求后安排计划，而因库存、上轮计划执行情况传递不及时或不准确，计划的变更量较大，且没有完善的质量设计，生产很难做到根据客户质量需求快速响应；产品生产过程的质量监控、相关工艺质量数据的采集记录由岗位工负责，客户特殊质量需求很难得到准确的传递，也难以为新品开发、质量优化提供数据支持；产品检测由人工判定，入库凭经验按牌号、规格堆垛，系统内无垛位图显示，库存信息得不到准确把握，入出之间缺乏统一协调管理，移垛、倒库现象严重，严重影响轧材表面质量，也影响发运效率；"捡中药"式发货及手工记录销账，数据多次落地，带来潜在的质量风险；物流信息无法实时跟踪，只有到达目的地，才知道物流运输及产品质量影响情况。整个"订单-生产-交付"过程的质量管控存在脱节现象。

随着信息技术的不断发展，信息化、智能化对促进制造企业的创新发展越发重要。国家发布《装备制造业标准化和质量提升规划》就是为了更好对接《中国制造 2025》，要求通过提升装备制造业标准化和质量创新能力，实施工业基础、智能制造、绿色制造三大标准化和质量提升工程。在国家政策的引导下，近几年信息技术在各企业的应用范围和深度越来越大，涉及企业各方面，如视觉识别、无线射频识别、无线网络、移动终端等技术的发展和使用成本的降低，为企业大规模应用提供了条件，而装备的自动化、智能化和网络互联，又为企业智能化质量管控提供物质基础。同时，钢铁行业在经历了信息化建设前期的不断探索和经验总结，信息化建设也越来越务实，从大力推进企业资源计划(ERP)建设到更关注车间制造执行系统的建设，从传统的面向职能管理的质量管控转变为面向流程的质量管控，通过信息系统把质量标准和客户要求传递到产、研、销各个环节，实现了产品质量与标准的有效管控，使得钢铁企业的产品质量和智能化水平都得到大幅提升，从而提升了企业的产品竞争力。

在工业经济发展的初级阶段，由于产品供不应求导致传统生产观念认为通过大批量的生产，可以稳定质量、提高生产效率、缩减物流费用等。但是大批量生产易造成库存高、产品交货周期长、资金周转率低等弊端。随着供需矛盾的转变，以需方为市场的供需关系促使企业改变原先的生产组织模式，柔性化生产顺应了这一要求。钢铁企业的生产运营流程一般包含生产计划的制订、原材料的供给、产品的制造、物流输送等环节。生产运营应该包含两个环节的柔性化，一个是广义的生产计划的柔性化，另一个则是狭义的产品生产制造过程的柔性化[27]。生产计划的柔性化与生产过程的柔性化在一定程度上既相互补充，又相互制约，只有合理规划原材料供给、订单保障体系，才能有效发挥两者的"柔性化"，通过建立完善的供应链协作机制，强化整体意识，保持物流通畅，才可以将各种制约减少到最低。生产计划的柔性化以订单为源头，通盘考虑各产线生产能力，并根据产线产品综合盈利能力对产线结构进行平衡，然后向前推导出炼钢厂产量规模和炼铁厂高炉利用系数。根据高炉利用系数确定高炉富氧量、喷煤量等冶炼强度指标，最后指导大宗原燃料的采购计划。从订单的预测、需求、确定到大宗原燃料的采购，各工序的生产计划是动态的、柔性的。生产过程的柔性化包括，铁前系统动态优化调整原燃料结构、烧结结构、球团结构、配煤结构和高炉炉料结构；钢轧一体化的组织运行，有效解决大规模生产与多品种、小批量需求之间的矛盾；设计与组织实施，多品种、小批量需求与钢铁企业大规模生产模式之间的矛盾导致产品生产的灵活性降低、生产周期长。通过对产品品种的柔性化设计，使多种产品品种对应一个或几个炼钢产品大类，提高了炼钢工序生产的组织能力，降低了不同钢种之间钢坯的接头数量，提高中包寿命，降低耐材消耗，提高金属收得率。

轧制是钢材生产过程中的关键步骤。铁水经过转炉炼钢和不同精炼炉除去杂质后，以"炉"为单位将钢水运至连铸机，浇铸成不同规格的坯料。坯料在轧制前通常需要在加热炉中加热至高温，然后批量送入轧制生产线，经过轧制、冷床、剪切等工序后得到不同的钢材，最终将钢材按照订单分类打包放置在成品仓库中。部分成品根据工艺要求还可能需要进行热处理，但本书不作考虑。每个生产周期根据订单需求计划制订轧制批量生产计划。

与传统的粗放型生产管理方式相比，现代钢铁企业更加专注客户满意度最大化和企业生产成本经济化。在实际轧制生产中，产能平衡的耦合性、钢材品种的可替代性、拖期生产等柔性条件给生产计划的制订增加了更多的灵活性，成为优化生产运营的关键因素。一方面，每个周期的计划生产量随着订单需求的变化而变化，并且不同钢材轧制过程所需要的生产时间也不相同，从而导致各生产周期内产能的利用情况也有所差别。当某一周期内产能有剩余时，可将其他周期的生产任务安排进来。另一方面，由于尺寸规格、钢种和钢级等属性不同，坯料和钢材种类多种多样，而且为解决订单拖期和占用库存等问题，实际生产中不同钢材之间可在允许范围内相互替代。同时，不同钢材进行轧制时选用坯料的规格不同，其中生产经济性也有差异，例如，某种钢材可以由多种尺寸坯料进行轧制生产，其中成材率高的坯料经济性相对更好。此外，有效提高库存周转和减少拖期生产现象，也是制订生产计划需要考虑的主要问题。

下面给出数学模型中的符号定义，其中，生产周期内相关的时间以"h"为单位计，坯料和成品(即钢材)相关的重量以"t"为单位计，相关的费用以"元"为单位计。

1) 常量/参数

i 为成品规格编号；

j 为坯料规格编号;

g 为钢级编号;

d 为生产周期;

T 为各生产周期时间尺度;

TN_i 为成品规格总数;

TN_j 为坯料规格总数;

TN_g 为钢级总数;

TN_d 为生产周期总数;

α_d 为第 d 周期闲置单位可用生产时间的惩罚费用;

S_d 为第 d 周期生产计划性检修时间;

v_d 为第 d 周期的有效作业率;

σ_d 为第 d 周期剩余的可用生产时间上限;

γ_{ijd}^g 为第 d 周期坯料生产成品的生产效率;

mo_{id}^g 为第 d 周期订单成品的需求量;

mb_{jd}^g 为每块坯料的重量;

mp_{jd}^g 为第 d 周期计划供给坯料的重量;

lbs_{jd}^g 为第 d 周期坯料的安全库存量;

lfs_{jd}^g 为第 d 周期成品的安全库存量;

cs_d 为第 d 周期单位生产准备时间的费用;

cp_{ijd}^g 为第 d 周期由坯料生产单位成品的费用;

cf_{id}^g 为第 d 周期库存中存储单位重量成品的;

cb_{jd}^g 为第 d 周期库存中存储单位重量坯料的费用;

co_{jd}^g 为需要生产坯料时的固定费用;

cr_{jd}^g 为第 d 周期坯料的单位成本;

ct_{id}^g 为第 d 周期单位重量成品拖期完成单位时间的惩罚费用;

sp_{id}^g 为第 d 周期钢级为 g 的成品 i 的单位价格;

tb_i^g 为成品的生产准备时间。

2) 变量

u_d 为第 d 周期的可用生产时间；

Δu_d 为第 d 周期剩余的可用生产时间；

qt_{id}^g 为第 d 周期成品的拖期完成量；

r_{id}^g 为第 d 周期作为替代品的成品重量；

If_{id}^g 为第 d 周期结束时成品的库存量；

Ib_{jd}^g 为第 d 周期结束时坯料的库存量；

mx_{ijd}^g 为第 d 周期由钢级为 g 的坯料生产的成品 i 的重量；

me_{ijd}^g 为第 d 周期生产前一周期拖期成品的重量；

my_{jd}^g 为第 d 周期生产需要的坯料重量；

nb_{jd}^g 为第 d 周期生产需要的批量数；

pe_{ijd}^g 为第 d 周期完成前一周期拖期成品量所需的生产时间；

p_{ijd}^g 为第 d 周期坯料加工成品的生产时间；

ts_d 为第 d 周期的生产准备时间总和；

$y_{jd}^g = \begin{cases} 1, & \text{若第} d \text{周期需要对钢级为} g \text{的坯料} j \text{进行加工} \\ 0, & \text{否则} \end{cases}$。

为了平衡生产成本和运营成本，钢铁轧制批量生产计划的柔性优化设计以最小化计划周期内的总成本为目标，综合考虑生产能力平衡惩罚费用、生产准备成本、库存占用成本、生产加工成本、钢级替代费用、坯料成本和订单生产拖期惩罚费用等，分别由 $f_1, f_2, \cdots, f_7$ 表示。

$$\min f_1 + f_2 + f_3 + f_4 + f_5 + f_6 + f_7 \tag{3.3.1}$$

生产能力平衡惩罚费用指钢铁轧制过程的实际生产时间偏离可用生产时间时产生的惩罚费用：

$$f_1 = \sum_{d=1}^{TN_d} \alpha_d \left[u_d - \sum_{i=1}^{TN_i} \sum_{j=1}^{TN_j} \sum_{g=1}^{TN_g} \left(pe_{ijd}^g + p_{ijd}^g \right) \right] \tag{3.3.2}$$

理想情况下，实际使用的生产能力应该等于可用生产能力，一旦有偏离，则按惩罚系数线性地产生费用。

生产准备成本指批量轧制生产情况下，由各块坯料轧制前的生产准备时间而产生的费用：

$$f_2 = \sum_{d=1}^{TN_d} cs_d ts_d \tag{3.3.3}$$

生产准备费用由轧制的批次决定,批次越多,所需要的生产准备时间也越多,相应地就会产生越多的费用。

库存占用成本为

$$f_3 = \sum_{d=1}^{TN_d} \sum_{g=1}^{TN_g} \left(\sum_{i=1}^{TN_i} cf_{id}^g If_{id}^g + \sum_{j=1}^{TN_j} cb_{jd}^g Ib_{jd}^g \right) \tag{3.3.4}$$

其中包括坯料库存和成品库存。引入该项费用可以充分利用库存品,有效提高库存周转。

生产加工成本主要指轧制过程中的各项生产操作费用总和:

$$f_4 = \sum_{d=1}^{TN_d} \sum_{i=1}^{TN_i} \sum_{j=1}^{TN_j} \sum_{g=1}^{TN_g} cp_{ijd}^g (mx_{ijd}^g + me_{ijd}^g) \tag{3.3.5}$$

其中包括计划成品加工和拖期成品加工。

由于本书考虑两类钢级的不同尺寸规格产品,以 $g=1$ 记品质较高的"一等钢级",以 $g=2$ 记品质较低的"二等钢级",因此"一等钢级"成品的单位价格将高于"二等钢级"产品。"一等钢级"成品允许替代"二等钢级"成品交货,但会产生钢级替代费用,即

$$f_5 = \sum_{d=1}^{TN_d} \sum_{i=1}^{TN_i} r_{id}^1 (sp_{id}^1 - sp_{id}^2) \tag{3.3.6}$$

该费用由替代量和成品差价共同决定。

坯料是轧制成品的原材料,可以通过上游炼钢-连铸生产,也可以通过外购方式进行采购。因此坯料的重量以"批"或"块"为单位增加,所以本书坯料成本与需求量为

$$f_6 = \sum_{d=1}^{TN_d} \sum_{j=1}^{TN_j} \sum_{g=1}^{TN_g} (co_{jd}^g y_{jd}^g + cr_{jd}^g my_{jd}^g) \tag{3.3.7}$$

该项费用以某一固定费用为起点,随着坯料重量线性增加。坯料的需求量越大,其单位成本越小;反之,其单位成本越大。为了保证订单按期交货,应避免发生成品拖期生产的情况,对拖期生产的成品施加惩罚费用,尽量按照轧制生产计划按时按量生产,即

$$f_7 = \sum_{d=1}^{TN_d} \sum_{i=1}^{TN_i} \sum_{g=1}^{TN_g} ct_{id}^g qt_{id}^g \tag{3.3.8}$$

(1) 生产能力平衡约束。生产能力平衡约束主要描述了轧制过程实际生产时间限制条件和可用生产时间约束。其中某一周期的可用生产时间不仅与该周期空余的产能有关,还与上一周期剩余的产能有关,即认为连续周期的产能存在耦合性。式(3.3.9)表示实际生产时间不能大于可用生产时间,其中实际生产时间包括计划的成品生产时间和拖期的成品生产时间;式(3.3.10)给出了第 d 周期可用生产时间的计算,一个生产周期内人员和设备就绪的时间以 T(h)计算,考虑了计划检修时间、生产准备时间、有效作业率和前一周期剩余的可用生产时间;式(3.3.11)限制了剩余可用生产时间的上限 σ_d;式(3.3.12)和式(3.3.13)分别表示计划生产的成品重量和拖期生产的成品重量与相应生产时间之间的关系;式(3.3.14)表示第 d 周期需要生产的拖期生产成品重量。

$$\sum_{i=1}^{TN_i}\sum_{j=1}^{TN_j}\sum_{g=1}^{TN_g}(pe_{ijd}^g + p_{ijd}^g) \leqslant u_d, \forall d \tag{3.3.9}$$

$$u_d = (T - S_d - ts_d)v_d + \Delta u_{d-1}, \forall d \tag{3.3.10}$$

$$\Delta u_d = \min[u_d - \sum_{i=1}^{TN_i}\sum_{j=1}^{TN_j}\sum_{g=1}^{TN_g}(pe_{ijd}^g + p_{ijd}^g), \sigma_d], \forall d \tag{3.3.11}$$

$$p_{ijd}^g = \frac{mx_{ijd}^g}{\gamma_{ijd}^g}, \forall d,i,j,g \tag{3.3.12}$$

$$pe_{ijd}^g = \frac{me_{ijd}^g}{\gamma_{ijd}^g}, \forall d,i,j,g \tag{3.3.13}$$

$$\sum_{j=1}^{TN_j} me_{ijd}^g = qt_{id-1}^g, \forall d,i,g \tag{3.3.14}$$

(2) 生产准备时间约束。轧制的生产准备时间指完成上一种坯料加工至开始下一种坯料加工所需要的时间,包括轧制机的调整、坯料的取放和装卸等作业。轧制总的生产准备时间与其批次直接相关,且需要轧制的坯料批次越多,总生产准备时间越长。式(3.3.15)表示生产准备时间和轧制批次之间的关系,其中某一个批次的生产准备时间认为是固定值;式(3.3.16)表示一个周期内的计划检修时间和生产准备时间之和小于 T(h)。

$$ts_d = tb_i^g \sum_{j=1}^{TN_j}\sum_{g=1}^{TN_g} y_{jd}^g, \forall d \tag{3.3.15}$$

$$S_d + ts_d, \forall d \tag{3.3.16}$$

(3) 坯料和成品关系约束。因为钢铁轧制以"批"为单位进行批量生产,需要轧制的坯料重量是每块坯料重量的整数倍,如式(3.3.17)所示,所以轧制的坯料重量也是一个整数。式(3.3.18)表示轧制的坯料和成品的重量之间的恒等关系;式(3.3.19)表示决策变量之间的关系。

$$my_{jd}^g = nb_{jd}^g mb_{jd}^g, \forall d, j, g \tag{3.3.17}$$

$$\sum_{i=1}^{TN_i}(mx_{ijd}^g + me_{ijd}^g) = my_{jd}^g, \forall d, j, g \tag{3.3.18}$$

$$y_{jd}^g = \begin{cases} 1, & nb_{jd}^g > 0 \\ 0, & nb_{jd}^g = 0 \end{cases}, \forall d, j, g \tag{3.3.19}$$

(4) 库存量与拖期量约束。库存包括坯料库存和成品库存,生产或外购的坯料放置于坯料库存,而坯料轧制后的成品放置于成品库存,这两类仓库都需要保证一定的库存量,即安全库存。坯料库存量根据坯料的进出量动态变化为指引,如式(3.3.20)所示。由于成品存在可替代性,不同钢级的成品库存量计算方式不同,如式(3.3.21)和式(3.3.22)所示。式中考虑了可能发生的拖期生产现象。拖期量指未能按照生产计划完成的成品重量,其随时间而动态变化。任一周期都优先生产上一周期未按时完成的成品,即拖期量。

$$Ib_{jd}^g = Ib_{jd-1}^g + mp_{jd}^g - my_{jd}^g, \forall d, j, g \tag{3.3.20}$$

$$If_{id}^1 = \sum_{j=1}^{g}(mx_{ijd}^1 + me_{ijd}^1) + If_{id-1}^1 - (mo_{id}^1 - qt_{id}^1) - r_{id}^1 - qt_{id-1}^1, \forall d, i \tag{3.3.21}$$

$$If_{id}^2 = \sum_{j=1}^{g}(mx_{ijd}^2 + me_{ijd}^2) + If_{id-1}^2 + r_{id}^2 - (mo_{id}^2 - qt_{id}^2) - qt_{id-1}^2, \forall d, i \tag{3.3.22}$$

(5) 变量范围约束。由于生产和市场可能存在一些不确定因素,如生产设备突发性故障、紧急订单、交货期变更等,坯料和成品仓库需要预留一定的保险储备量,即安全库存,如式(3.3.23)和式(3.3.24)所示;另外,模型中的其他连续变量为非负的,如式(3.3.25)所示;式(3.3.26)表示生产相关的 0-1 决策变量;式(3.3.27)表示轧制坯料的块数是自然数。

$$Ib_{jd}^g \geqslant Ibs_{jd}^g \tag{3.3.23}$$

$$If_{id}^g \geqslant Ifs_{id}^g \tag{3.3.24}$$

$$u_d, \Delta u_d, pe_{ijd}^g, mx_{ijd}^g, my_{jd}^g, ts_d, r_{id}^g, qt_{id}^g \geqslant 0, \forall d, i, j, g \tag{3.3.25}$$

$$y_{jd}^g \in \{0,1\}, \forall d, j, g \tag{3.3.26}$$

$$nb_{jd}^g \in N, \forall d, j, g \tag{3.3.27}$$

(6) 初始化条件。由于各周期间的产能平衡存在耦合性且各钢级钢材之间存在可替代性，式(3.3.10)、式(3.3.20)~式(3.3.22)为迭代算式，需要给出库存量、可用生产时间和拖期量的初始化条件。不失一般性，式(3.3.28)、式(3.3.29)令坯料库存和成品库存初始值为相应的安全库存量，式(3.3.30)则使剩余生产时间和拖期变量的初始值都为 0。

$$Ib_{j0}^g = Ibs_{j0}^g \tag{3.3.28}$$

$$If_{i0}^g = Ifs_{i0}^g \tag{3.3.29}$$

$$\Delta u_0 = qt_{i0}^g = 0, \forall i, j, g \tag{3.3.30}$$

3.3.2 无人行车优化建模

钢铁企业以制造智慧化、组织业务智慧化、设备维检智慧化、物料运输智慧化、员工作业智慧化、专业运作智慧化为目标，大力投资"智脑"改造，全力打造钢铁智能化制造。针对当前智能化水平低、产线效率不高等现状，基于国家"十三五"规划和"中国制造 2025"的战略要求，聚焦新发展理念，依托工业互联网和大数据分析，通过两化融合，转变生产管理模式和商业模式，优化全流程资源配置，实现物流标准化、制造流程化、组织扁平化，成为"安全可控、环保达标、效率领先、效益持续"的区域性优秀企业。

连铸是钢铁行业的中心环节，是实现钢铁铸坯高效、高质量生产的关键环节，涵盖了多个工序，但是目前国内均采用人工操作，存在危险性大、工作强度大、劳动效率低、钢坯质量难以保证等问题。"连铸智能化"是将工艺与装备有机结合，实现连铸全过程自动化、稳定控制。通过机器人和自动加渣机的使用，开发、完善自动开浇和自动终浇模型、结晶器专家系统、动态二冷控制模型、动态轻压下模型、铸机状态监控模型等过程控制模型，实现连铸全过程自动控制，减少或杜绝人的干预，稳定板坯质量。无人化大包连铸平台通过工业机器人应用取代了目前大包区域的大部分人工操作，以减轻工人劳动强度，确保操作人员远离高温液态金属危险区域，大大降低安全风险，同时保证了钢坯的质量。该平台有力地促进了炼钢连铸环节"无人化、零缺陷"生产的实现。该平台逐步实现"服务人、代替人、超越人、解放人、依靠人"的目标，达到"以零故障保证设备的运行，以零缺陷保证产品的质量，以零浪费体现对效率的追求，以零意外彰显对生命的尊重，以零污染表达对社会的关切"，并推进关键制造工序的工业机器人与"无人化、少人化"装备应用，推行行车"无人化"示范试点，减少或消灭"3D"(dirty, difficult, dangerous)岗位。该平台推动监控集中、操作室合并，提高劳动效率，确保安全生产；积极推动"高炉集中操作中心"建设等重点示范项目；推动"操作一键化"。该平台在各工序开展"工艺模型化改造"智能化应用：积极推进"高炉专家系统闭环化""炼钢、精炼、连铸一键化"示范应用。该平台推动智能车间示范产线的建设：积极推进特殊棒材、方坯修磨智能车间建设；实现全产线无人操作(黑灯工厂)。通过以上措施，该平台实现整个连铸工艺的无人化、智能化、高效化。

行车避让问题是阻碍整体运行效率提升的关键，也是真正实现无人行车"智能调度"的前提。由于作业空间和时间的随机性，多部行车作业之间难免会出现冲突，智能行车不会像人工作业时能够默契地配合，而是接收指令后单纯地执行。智能行车应用之初，需要人使用遥控器或者暂停执行等手段，两部行车之间"被动"相让，导致多部行车同时协作时效率极低，想要实现行车"智能调度"、自动避让，需要结合实际生产制订行车运行的逻辑。首先根据作业项目的轻重缓急划分优先等级，以对接产线的上下线保产作业为第一优先级；其次不同行车进行相同作业时，根据操作人员工单指令下达的先后顺序，确定优先级；最后根据工单指令分解后行车运行动作的先后顺序确定优先级，通过优先级达到行车的自动避让，消除了以往行车避让期间的"假死"现象，提高多部行车协作的运行效率。通过无人行车、智能组板、工业物联网、智能仓库管理、全线关键设备状态智能化监控等重点系统智能化建设，构建智能感知、人机协同、预测预警、科学决策等智能化应用架构，实现生产工艺的数字化、模型化、可视化，以及业务跨平台、跨岗位协同沟通，打通不同系统、不同岗位人员在日常工作中出现的"信息孤岛"，实现无缝衔接、效率提升。

库区共轨多行车协同作业优化系统，即对共轨多行车的作业进行分配，使得多行车同时运行的时候，总体需要避让的路线最短[28]。然而在传统的人工操作的仓库，钢卷吊运的作业分配由库位工人工判断，指挥多个行车驾驶员进行吊运。在行车较多、钢卷流量较大的情况下，多个行车经常发生交叉作业，需要避让的情况。现有的人为随机性共轨多行车协同作业吊运方案，缺乏良好的作业优化方法以指导行车工作，因此，目前亟须研发相应的作业优化方法，以提高吊运劳动效率，杜绝人为违章吊运，降低事故发生率，减少甚至避免行车避让，缩短多行车整体的行走路程，减少行车吊运时间，提高行车利用率。

在钢制品库区车间中，装卸、搬运和运输等工作基本由行车承担，有效、高效的行车调度能够缩短调运时间、减少不必要的空间和时间冲突、提高生产效率，同时有利于上层生产调度对整体生产的决策和调整。行车具有载重大、低速较平稳、运行路径在空中等优点,是物料运输的主要工具之一。但是当多台行车在同一时间执行多个任务,且各台行车的任务存在时间或空间冲突时,行车调度问题就成为了典型的 NP 难问题,用传统方法难以对其直接求解,甚至很难得出次优解。因此,如何解决同一跨内多台行车同时执行任务时的时间、空间冲突就成为解决行车调度问题的关键。无人化行车调度一般需要达到以下几个基本目标:①安全距离保障,保证行车安全作业;②合理分配行车作业任务,实现行车协同作业;③治理避让规则,保证行车作业流畅,提高作业效率。对于这种多维离散动态系统,一方面难以建模、难以计算、难以求得同时满足多个约束的最优解;另一方面,车间行车调度问题还面临时间、空间约束,并且由于行车的特殊性,运输具有连续性。单纯依靠人工经验容易造成行车调度失控,增加设备与行车之间的冲突,安全性较差,并且难以实现全局最优化。

根据同抓同放吊运方案思想,需要寻找可以同时抓放的吊运任务,即需要按照一定规则将多个吊运任务进行聚类,将同类的任务同时分配给多行车,因此需要分析吊运任务的特征,按照聚类的要求对吊运任务的特征进行选择和提取。根据本书提出的同抓同放的吊运方案要求,分析行车吊运任务的特征如下。

(1) 抓取点特征。各个行车以一定的相互间隔位置为开始位置,这样能够有效避免多行车同时在同位置出发引起的行车避让现象。基于这一特点,抓取点特征选择为:行车的大车抓取货物出发点位置依次加上行车大车的宽度。假设吊运任务中行车的大车抓取货物出发点位置为 x_1,本次多行车同时吊运任务的任务个数为 n,多行车的大车最大宽度为 Δa,轨道长度为 length,当 $n \cdot \Delta a <$ length 时,抓取点特征选取为

$$X = x_1 + k \cdot \Delta a \tag{3.3.31}$$

式中,X 为抓取点特征值;k 为第 k 个吊运任务,$k=1, 2, \cdots, n$。当 $n \cdot \Delta a >$ length 时,可取 $\Delta a =$ length$/n$。式(3.3.31)的意义为:本书需要寻找出发点不同的吊运任务,即当出发点相同时,由于每个吊运任务的 $k \cdot \Delta a$ 不同,其通过 X 表现的特征值不同。当特征值 X 相同时,其代表的吊运任务的出发点不同,且 $n \cdot \Delta a <$ length 时,不同吊运任务的出发点大于行车的宽度,避免了多行车同时出发时,由于出发位置相同产生的行车避让。当 $n \cdot \Delta a >$ length 时,不同吊运任务的出发点虽然小于行车的宽度,但是其出发点不同,也可从一定程度上避免行车避让。为了避免出发点的特征值 X 过于分散,可先对大车抓取货物出发点位置为 x_1 进行排序,使距离原点位置较近的 x_1 对应较大的 k 值,而距离原点位置较远的 x_1 对应较小的 k 值。

(2) 距离特征。各个行车带载同时启动，按照相同的速度和方向运动，直至分别到达预计货物放下位置，各个行车完成放下货物动作。基于这一特征，距离特征选择为：行车的大车从抓取货物到放下货物时运行的距离。

$$\Delta x = x_1 - x_2 \tag{3.3.32}$$

式中，Δx 为大车运行距离；x_1 为大车抓取货物出发点位置；x_2 为大车放下货物到达点位置。

(3) 方向特征。各个行车带载同时启动，按照相同的速度和方向运动，直至分别到达预计货物放下位置，各个行车完成放下货物动作。基于这一特征，方向特征选择为：行车的运行方向。

$$\text{dir} = \begin{cases} 1, & \text{正向运动} \\ -1, & \text{反向运动} \end{cases} \tag{3.3.33}$$

式中，dir 为运行方向特征，当吊车的大车正向运动时，其取值为 1，反之取 -1。

综上所述，定义行车吊运任务的特征向量为 $\boldsymbol{x}$。

$$x_i = (X_i, \Delta x_i, \text{dir}_i)$$

式中，i 为第 i 个吊运任务，$i=1,2,\cdots,n$。

对于同抓同放策略下的多行车来说，可以将多行车的吊运任务进行聚类，然后将同一类的吊运任务同时分配给多行车。目前对多无人行车作业分配的研究较少，需要采用聚类学习算法来自动确定分类的类别，即把所有样本作为未知样本进行聚类。对于行车吊运任务来说，每次吊运任务的数量不一样，需要聚类算法具有可伸缩性；为了满足吊运实时性的要求，需要聚类算法具有高效性。此外，吊运任务本身并非采集数据，无噪声影响，选取算法时无须考虑噪声影响。k-means 算法有简单、快速而且能有效地处理大数据集的特点，适合于多行车作业分配需快速反应的特点，因此采用该方法进行吊运任务分配。k-means 算法的处理流程如下：首先随机地选择 k 个对象，每个对象初始地代表了一个类的平均值或中心；然后对剩余的每个对象，根据其与各个类中心的距离，将它赋给最近的类，重新计算每个类的平均值。这个过程不断重复，直到准则函数收敛。k-means 算法流程如下：

(1) 给定大小为 n 的数据集，令迭代次数 $I=1$，选取 k 个初始聚类中心 $Z_j(I), j=1,2,\cdots,k$。

(2) 计算每个聚类对象与聚类中心的距离 $D(x_i, Z_j(I)), i=1,2,\cdots,n, j=1,2,\cdots,k$，如果满足

$$D(x_i, Z_j(I)) = \min\{D(x_i, Z_j(I)), i=1,2,\cdots,n\} \tag{3.3.34}$$

则 $x_i \in C_k$ (C_k 为第 k 个类别)。

(3) 计算 k 个新的聚类中心

$$Z_j(I+1) = \frac{1}{n} \sum_{i=1}^{n_j} x_i^{(j)}, j=1,2,\cdots,k \tag{3.3.35}$$

式中，n_j 为第 k 个类别中样本的数量。

(4) 判断若 $Z_j(I+1) \neq Z_j(I), j=1,2,\cdots,k$ 则 $I=I+1$，返回(2)；否则计算结束。

针对钢制品车间复杂行车调度问题，对钢制品车间行车调度系统进行抽象建模，将行车、工位等调度系统中的重要单元抽象为独立的智能体，基于多智能体系统(MAS)理论建立无人化行车调度系统仿真模型，实现行车无人化调度，自主进行作业，对行车调度问题中常见的时间、空间冲突进行自主协商处理，合理等待、避让，相互配合并高效地完成各自的作业任务。MAS 是指由一组具有一定资源和能力、相对独立且相互作用的智能体组成的系统。在 MAS 中，各智能体相互独立，各自自治，不受彼此意图限制，同时又相互合作、竞争、协商，以共同完成某一任务。相比其他系统，MAS 具有以下特点：①解耦性强，系统中每个智能体都是一个独立的主体，将任务分解后，每个智能体完成任务中的一小部分，降低了问题的耦合性，增加了系统的灵活性；②扩展性强，各智能体活动是自治和独立的，各智能体携带有一定的知识，其自身的目标和行为不受其他智能体成员的限制，便于系统扩展；③鲁棒性强，系统中各智能体的知识库时动态变化的，可以根据环境或其他智能体的变化，作出相应的响应，并且系统中的数据、知识和控制在逻辑上和在物理上都可能是分散的，增强了系统的鲁棒性；④容错性较好，多个智能体共同完成一个任务，各智能体之间相互竞争、相互协商以解决任务完成过程中出现的矛盾和冲突。因为 MAS 具有以上独特的性质，并且具有处理复杂系统的能力，所以将 MAS 理论运用于钢制品库区行车调度，利用智能体的智能性与灵活性研究多机多任务复杂的行车调度问题，建立基于 MAS 理论的行车调度模型，实现无人化行车自主、智能调度。

行车智能体群与工位智能体群作为底层智能体，均采用分布式 MAS 结构。在分布式结构中各智能体相互平等，智能体之间共享知识体系，每个智能体均能感知其他智能体的实时状态，智能体之间的协商在同一层次进行，有利于增强系统的稳定性。任务管理智能体、行车智能体群、工位智能体群组成集中式 MAS 结构，该结构具有明显的上下级关系，上级对下级具有控制作用，能够较容易地实现系统的控制和调度，并能够有效保证系统信息一致，在无干扰的情况下，能够实现近似全局优化策略。如图 3.3.1 所示，行车调度系统仿真模型整体采用的是混合 MAS 结构，该结构既具有较好的系统控制力，又具有相当的系统稳定性。

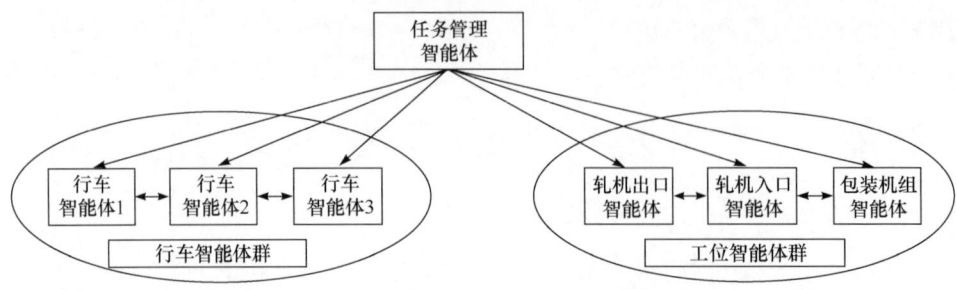

图 3.3.1　基于 MAS 的无人化行车调度系统结构图

3.3.3　智能仓储管理

库区定制管理是根据物流运动的规律性，按照人的生理、心理、效率、安全的需求，科学地确定物品在工作场所的位置，以达到物与场所的有效结合，缩短人取物的时间，消除人的重复动作，促进人与物的有效结合，实现人与物的最佳结合的管理方法。在智能生产物流模式下，库区定制管理尤为适用。智能行车系统在进料、上料、倒运、下线、储存、发货等多环节的作业过程全部自动完成，结合高强汽车板库区实际，分别对原料库和成品库两个库区进行定制规划管理，除了按传统定制管理方法对每个位置进行"区列行层"的定义外，还在原料库内设置卸料区、备料区、上料区和问题卷区；在成品库内设置下线区、三级品区、积压品区、应急区、大卷区、冷硬卷区、镀锌卷区和连退卷区等。另外，结合智能行车系统可识别钢卷信息，并具备跟踪管理的功能，还对每个库区存放的货物规格进行定制。

铁水转运是钢铁生产的一个重要环节，铁水转运系统是衔接炼铁厂和炼钢厂的缓冲界面，对控制钢铁生产节奏、保证产品质量起着至关重要的作用。并且钢铁生产新工艺的"一罐制"运输，使生产的刚性增强，对铁水转运系统的要求更高。所以钢铁生产在以炼钢-连铸为中心的生产组织的原则下，需要充分发挥铁水转运的能力，根据钢铁生产各工序的约束的条件，合理组织生产，优化生产钢种的生产工艺路径，确保系统各工序资源的可调度性，减少生产运输过程中的温降等不良因素，合理安排各工序的生产作业计划，实现各工序运行的协调匹配，保证钢铁生产的顺行。铁水转运系统中的运输工具由行车和过跨台车组成，工序主要包括：高炉出铁、铁水脱硫、空罐的烘烤、拆包砌包、喷补等。对于某个工序而言，它不但受到上游工序的影响，而且受下游工序作业属性的制约，同时也会影响下游工序的顺利进行。协调工序与工序间的分工运作，合理安排冶炼单元在工序间的作业时间、作业路径等，从而实现炼铁物流运输效率最大化。

钢制品仓库是重要的物流仓储单元，钢制品的装卸操作是影响物流效率和安全的最突出的环节，目前使用的运输方法仍然是人工操作和人工调度。为了提高生产效率、减轻工人劳动强度、增强安全保障、提高设备本质化安全,实现钢制品仓库的自动化和智能化是未来的趋势,具有很强的现实意义和经济效益[29]。智能仓库技术主要是指以自动化和人工智能技术为核心,在物资的装卸、仓储、管理和控制各环节取消或减少人工操作,全过程基本实现集成化、智能化、自动化控制。图 3.3.2 所示为钢铁企业智能仓储管理系统。整个系统包括基础设施层、平台层、应用层三个层次。

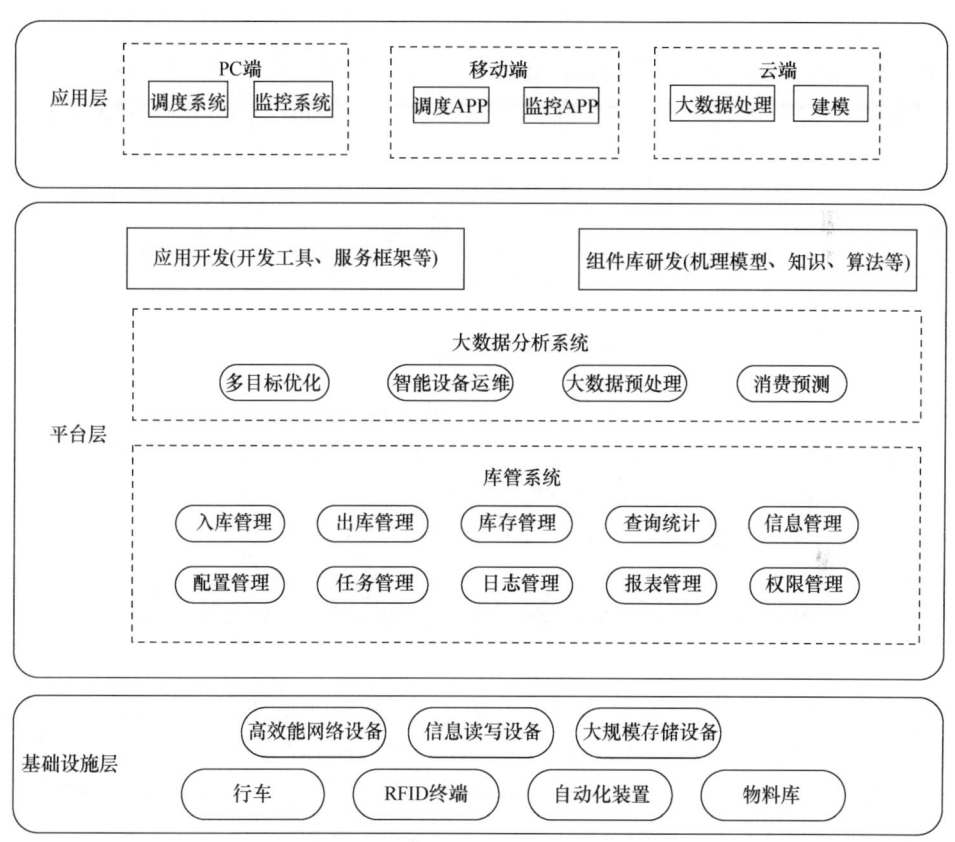

图 3.3.2　钢铁企业智能仓储管理系统

智能化仓库是现代物流系统中迅速发展的一个重要组成部分,它具有节约用地、减轻劳动强度、消除差错、提高仓储自动化水平及管理水平、提高管理和操作人员素质、降低储运损耗、有效减少流动资金的积压、提高物流效率等诸多优点。与整个工业互联网全面联通的智能化仓储管理更是企业实现智能制造所必不可少的关键环节。

把库存量控制到最佳,尽量用最少的人力、物力、财力把库存管理好,获取最大的供给保障,并在此前提下不断地降低库存量,是很多企业追求的目标,甚至是企业之间竞争的重要环节。库存控制是指在保障供应的前提下，为了使得库存物品的种类和数量达到最合理值，而采取的有效措施。库存控制要解决三个主要问题：①确定订货量；②确定订货时间；③确定库存基准。这里先研究几个常见的库存控制模型。同库存控制模型有关的基本概念有需求、补充、成本和库存策略。

(1) 需求。根据需求的时间特征，可将其分为连续性需求和间断性需求。在连续性需求中，随着时间的变化，需求连续地发生，因而库存也连续地减少。在间断性需求中，需求发生时间极短，因而库存的变化可以看成是跳跃式地减少。根据需求的数量特征，可以将其分为确定性需求和随机性需求。在确定性需求中，需求发生的数量或时间是确定的，如生产中对各种物料的需求，一般都是确定性的。在随机性需求中，需求发生的时间和数量是不确定的，如在非合同环境中，很难事先知道需求要发生的时间及需求的货品数量。

(2) 补充。通过补充来弥补减少的库存。从开始订货到库存补充的实现需要经历一段时间。

(3) 成本。库存系统的成本主要由采购成本、订购成本、库存持有成本(储存成本)及缺货成本组成。对外购物品来说，采购成本应包括商品价格加上运费。对于自制物品来说，采购成本则包括人工费、直接材料费和企业管理费用等。订购成本包括提出订货申请单、分析货源、填写采购订单、来料验收、跟踪订货等各项费用。储存成本包括储存费用，取暖、制冷、照明费用以及仓库建筑物的折旧费用；盘点和检查库存等管理和系统费用；安全与保险费用；货品损坏与废弃造成的损失。缺货成本是由于供应中断，而使客户的订货不能很好地满足而造成的损失。

按货品需求速率和订货提前期是否为确定值，常见的库存控制模型分为确定性库存模型和随机性库存模型。确定性库存模型分为定量订货模型(连续性检查库存模型)和定期订货模型(周期性检查库存模型)。随机性库存控制模型则较为复杂，需要确定安全库存量。

母材(钢卷)从订购到加工用尽的历程如图 3.3.3 所示。可以看出，制造时间、海运到港口时间、在库时间较长，而用来进行生产加工的时间相对来讲则非常短，平均在 1h 左右，但由于存在反复"回卷"的现象，所以给其取了个大概值：2 天。从订货到入库的时间是订货提前期，可见其订货提前期较长，大概在 3 个半月左右，但也有一些从订货到实际入库时间间隔不到 1 个月的母材。母材的库存成本随着母材生命周期的增长而增加。车间内物流成本随着回卷作业、倒卷作业、置场调整作业发生次数的增加而大幅度地增大。母材储存成本和物流成本随着货物堆垛的混乱加剧而增高。

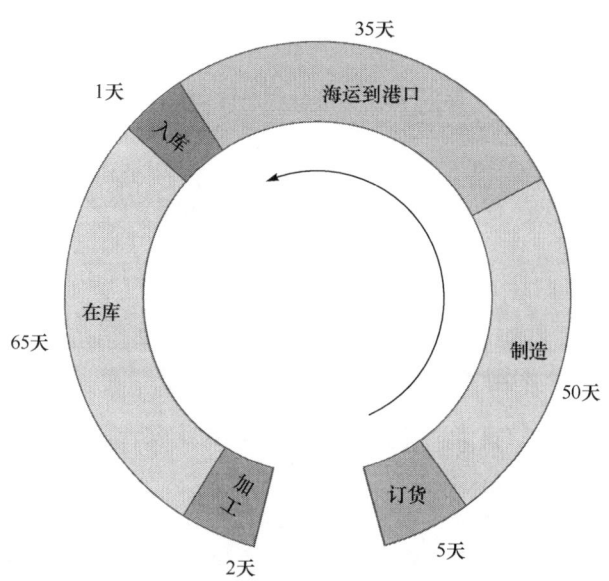

图 3.3.3 母材从订购到加工用尽的周期图

回卷带来了巨大的浪费,因此给出了一个"阈值期限"方法,用以减少因生产指示制订的不合理带来的回卷浪费。此时,回卷问题还没有从源头进行解决,要从根本上解决回卷问题,需要从母材订购入手。例如,生产一次所需要的卷材是 5t,而订购的钢卷却是 7t,那么就必然要回卷。当然,这又暴露出了一对矛盾体——回卷与"准时生产方式"。如果是"押入生产方式",那么就可以将多出的 2t 钢材也加工成产品,免得回卷浪费。但在准时生产中,这种做法就是"生产过剩";只能生产必要数量的产品,所以多出的 2t 不能进行生产,要回卷。虽然准时生产方式导致更多的回卷,但企业要坚持准时生产方式,因为准时生产方式就是要暴露问题、解决问题的。也就是说,既要准时生产方式又要不回卷,那么别无选择,只能控制钢卷的重量,意即订货时就明确说明所订钢卷的规格、尺寸及重量,不满足此要求的钢卷退货。但这有执行上的困难,据调查,绝大部分钢材供应商,不能控制钢卷的重量。其中的主要原因是在钢卷成过程中,难以把握其实际重量,制造过程中一旦发现钢材质量出现问题即会切断钢板,而形成一个随机大小的钢卷;另外,要实现多品种小批量灵活定制也有一定困难。不过,作者相信,这些困难都是可以逐渐克服的,经过和供应商的协调和钢卷生产监控措施不断的改善,能实现"钢卷重量可定制"这个目标。因此,回卷问题的解决方案如下。该方案从母材采购到生产使用等多方面着手进行控制,能有效减少回卷。

(1) 分类统计各类钢材每进行一次生产所消耗的平均重量 $\bar{p}$。

(2) 确定订货单件重量 G，使它接近于钢材供应商平均供应的钢材重量，并考虑生产浪费量，即

$$G = \frac{\overline{p}}{N} + \overline{w} \tag{3.3.36}$$

式中，N 表示正整数；$\overline{w}$ 表示单次生产的平均浪费量。

(3) 以计算出的订货单件重量为准，发出订货。

(4) 制订生产指示时，采用前面给出的"阈值期限"方法平衡"不回卷"和"先进先出"两项目标，最佳选择生产原材料。

(5) 在制订生产指示时，若钢材原材料仅有少量剩余，那么允许全部加工完毕。由于控制了钢卷的重量，那么这些多加工出来的产品数量必然会很少，因此就没必要再回卷。

由于在准时生产方式下，企业会提前制订近半年的月生产计划。虽然月生产计划量会有波动，但受限于均衡生产的要求，波动不是很大。因此，这些生产计划与实际需求数量之间的差值就比较小，用生产计划模拟实际需求的可信度就比较高。于是便可以根据此生产计划，配以产品的结构属性，计算出各种物料的库存需求量，减去每种物料的实际在库量及已经发出订货但还没有到货的数量，便是需要订货量。即

$$\begin{aligned}Q = Q_\mathrm{s} &+ \sum_{i=1}^{n}(\text{车生产计划} \times \sum_{j=1}^{p}(\text{部件数目} \times \text{素材重量})) \\ &- \sum_{k=1}^{m} \text{实际在库量} - \sum_{l=1}^{o} \text{已订货但未到货量}\end{aligned} \tag{3.3.37}$$

式中，Q_s 表示安全在库量；部件数目是指一台车有车门几个、车窗几个等；素材重量即每个车门或车窗所消耗的钢材重量；实际在库量是指仓库中现有钢材重量；已订货但未到货量指已经发出订单，但还在供应商仓库，或在运送路途中的钢材重量。式(3.3.37)可以表示所有钢材的总需求量，也可以单独计算某一种钢材(同规格、同尺寸)的需求量。例如，若计算 A 种钢材的需求量，那么就需要加上匹配判断，即找出使用 A 种钢材的部件，A 种钢材的实际在库量，A 种钢材的安全在库量，等等。

计算机系统用公式(3.3.37)自动计算每种钢材的需求量 Q，如果订货量达到一定标准，如达到 7t 以上，那么就发出订货。其中，统计生产计划的时间范围便是一个时间窗口。如图 3.3.4 所示，第一次订货时，时间窗口范围是 1 月到 4 月，下次订货时，该时间窗口是 2 月到 5 月，可见其不断地进行滑动。相邻两次滑动之间有一定重叠，重叠区域内的生产计划可能会被修改。例如，第二次订货时 3 月

份的生产计划已经被改成另外一个值了,那么第 2 次统计时,就需要使用修改后的值进行计算。

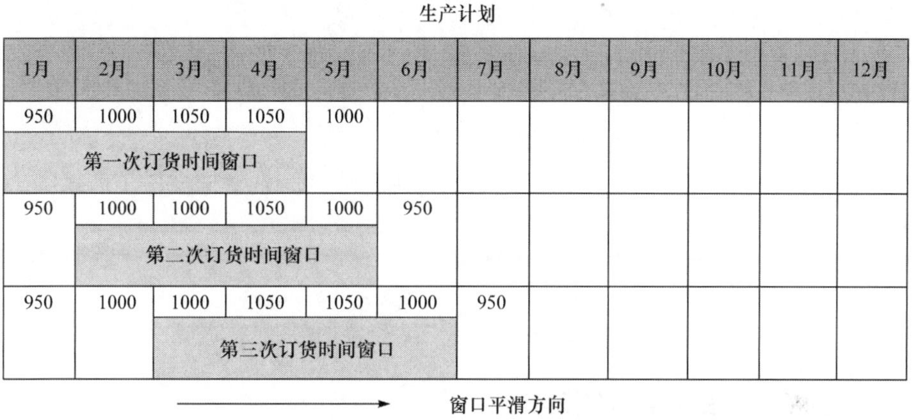

生产计划

1月	2月	3月	4月	5月	6月	7月	8月	9月	10月	11月	12月
950	1000	1050	1050	1000							
	第一次订货时间窗口										
950	1000	1000	1050	1000	950						
		第二次订货时间窗口									
950	1000	1000	1050	1050	1000	950					
			第三次订货时间窗口								

→ 窗口平滑方向

图 3.3.4 基于"生产计划-时间窗"的母材库存控制策略

这里需要量化的内容包括:

(1) 安全在库量的计算。设置安全在库的初衷是为了防止因需求波动而导致物料不足供应生产的问题或者由生产线故障导致产品不足供应客户的问题。安全在库量一般按下式计算:

安全库存=安全系数×最大订货提前期×需求变动速率

在实际执行的时候,采用如下计算方法:

$$Q_s = \bar{d} \times T_s \tag{3.3.38}$$

其中,$\bar{d}$ 表示平均库存需求速率,采用月生产计划除以天数的平均值,单位是 kg/d;T_s 是企业定义的安全在库天数,单位是 d。

(2) 订货提前期的确定。一般根据各种物料的实际提前期设定,选其平均值。

(3) "生产计划-时间窗"的窗口长度确定。如果窗口长度长了,就会存在库存积压、成本增加的危险;如果短了,又有缺货的风险。窗口长度应是订货提前期 L 加上一个浮动值 x,x 的确定可以先由系统给出推荐值,再由管理员进行设定。浮动值有多种选择,可采用与下一个生产计划相同的周期,例如,若每月下发一次生产计划,那么窗口长度为订货提前期 L 加一个月;还可以细化到旬,即窗口长度为订货提前期 L 加一个旬,一旬的生产计划量按 1/3 月生产计划量处理。

(4) 当前月的生产计划量的计算。可以采用从计算当天开始到当前月的月底这一段时间的生产计划量,但如果生产实际与生产计划差别较大,那么这种计算方法就会有些偏差,如昨天的计划还有相当一部分没有完成。因此要和生产管理结合起来，统计生产计划的执行情况，仅将当月没有执行的生产计划统计在内。

(5) 已订货但未到货的钢材数量的计算。钢卷是陆续到货的，因此在路途中或者在钢铁厂里的钢卷重量也需要作为实际在库计算。这部分计算也有些复杂，系统需要将订货数量和实际入库数量做差求出，那么通常就需要记录入库钢卷对应的订单信息。

(6) 订货时间如何确定。如果需求数量远远小于一个普通钢卷的重量，那么显然就没有必要发出订货。发出订货的数量是由专业的管理员根据系统计算结果圆整后制订。

3.4 供应链物流智能化管控

3.4.1 生产-物流-资金流协同优化建模

钢铁企业生产物流涵盖从原料进厂到成品出厂的整个过程，物流量大、物资平均库存量高、装卸效率低、倒运等问题较为普遍，严重影响了企业运作效率和资金流通效率。并且物流是一个连续的过程，而过程中的每个环节都会产生相应的成本，因此，钢铁企业必须做好各环节间的协调与平衡工作。例如，降低运输成本时要适当考虑仓储成本。如果库存过多，企业就需要扩大仓库的面积、安排更多的仓管人员等，无疑会提升物流成本；降低仓储成本时也要适当考虑包装与装卸成本。钢铁企业在使用物流信息管理系统时，应充分利用系统中的数据，将原材料与产品都看作是处于运动状态的成本对象，并通过合理的方式降低物流总成本。钢铁企业应设计科学的供应链物流系统，遵循成本最低、效率最高、客户最满意的原则，充分利用企业现有资源、提高资源的利用效率，以此降低物流总成本。需要说明的是，钢铁企业在实际供应链物流系统的时候应综合考虑自身的发展战略，以便为后续发展奠定良好的物流基础。钢铁企业应结合自身的运营实际计算改造物流系统所需的投入与能够实现的收益，并衡量两者之间的关系，只有收益大于成本时，改造才有意义。当然，改造应在保证服务质量或者适当提升服务质量的前提下进行，因为就算达到收益大于成本的改造条件，如果服务质量出现明显降低，改造同样也是没有意义。通过优化生产物流，降低物流成本。生产物流优化主要以物流成本为主线，首先对物流系统的需求、能力、效率以及组织管理进行分析，进而提出生产物流优化策略，提高物流运作效率、降低厂内物流费用，最终提高生产效率，降低生产成本。具体利用物流模型生成资金流模型，基于资金流中提供的成本利润信息，对物流模型中的加工条件、工艺路线和企业工作流进行优化。通过对物流优化，生成对设备装置操作工作的有序集合(即工作流)；通过对工作流的优化，确定工作流中各活动涉及的资源及其数量，从而实现物流、资金流和工作流的集成建模。

(1) 总体标准。一是在保证服务质量的前提下，达到投资最少、成本最低的标准。需要说明的是，本书所指的成本是指可变成本，并不包括钢铁企业的固定成本；投资最少则是指钢铁企业以最少的物流体系投资获得最大的收益。上述都是在保证服务质量的前提下进行的，否则所有工作的收效将大打折扣。钢铁企业选择物流方式主要有：委托和自运，但这两种方式都很容易产生较高的可变成本，因此钢铁企业在投资时候必须仔细权衡投入与可变成本之间的关系。二是提升网络信息服务质量。钢铁企业应提升网络信息服务质量，从而提升客户满意度，进而强化企业的市场竞争优势。客户在选择供应商时，不但会考虑产品的价格与性能，还非常关心产品能否按照合同约定时间到达指定的收货地点。因此，钢铁企业可以应用电子客户关系管理(electric customer relationship management, ECRM)系统，通过网络传输物流信息，让客户能够及时了解物流信息。ECRM 系统的主要作用就是向客户提供个性化服务，按照客户的具体要求提供相应的管理信息，并根据客户的反馈及时调整服务内容(图 3.4.1)。实际上，钢铁企业的物流服务水平取决于很多因素(图 3.4.2)。虽然这些因素都会影响钢铁企业的物流服务水平，但最重要的影响因素还是选址战略，因为其直接关系到后续所有物流方案的制订与实施，钢铁企业在构建供应链物流成本控制系统时要特别注意这一点。

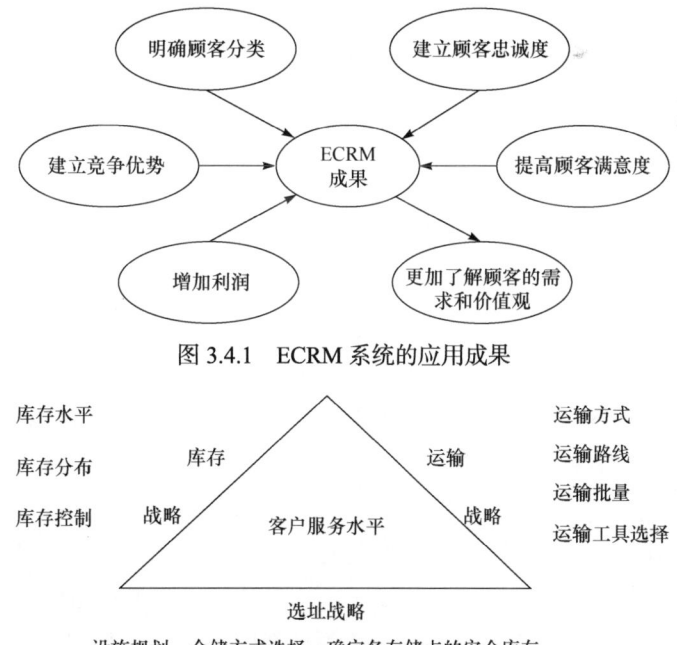

图 3.4.1　ECRM 系统的应用成果

图 3.4.2　物流服务水平的决定因素

(2) 效益背反。一是物流成本与客户满意度。实际运营过程中，钢铁企业想要提升物流效率就必须加大资金投入力度，当然也能提升客户的满意度。不过，如果出现供货延迟、运输方式不当等情况，客户的满意度就会显著下降，企业的物流成本也会随之提高。因此，钢铁企业物流成本与客户满意度的均衡点是处于客户完全满意之下的。二是物流成本要素之间。首先是运输与库存成本。实际上，需时最短或者成本最低的运输方式并不一定是钢铁企业的最佳选择，主要原因在于大批量的钢铁产品如果长时间存放仓库，会导致很高的库存成本。所以，钢铁企业无论在采购环节还是在销售环节都必须综合考虑运输成本与库存成本之间的平衡。企业的最佳选择是运输与库存成本之和最低的运输方式。其次是仓库选址与物流成本。钢铁企业在选择仓库地址时，不但要考虑后续的运输成本，还要考虑物流服务水平。具体而言，如果是大宗采购的客户，那么如果在其周围安排更多的仓库，就能在一定程度上降低运输成本；但随着仓库数量增多，相应的库存成本也会提高，当然物流服务水平也会提高。因此，钢铁企业必须综合考虑仓库选址与物流成本之间的平衡，企业的最佳选择是收益与物流成本之差最大的仓库选址方式。

供应链物流成本控制优化具体分为：基于时间的供应链物流成本控制优化和基于作业的供应链物流成本控制优化。

1) 基于时间的供应链物流成本控制人格化

基于时间的供应链物流成本控制优化包括：

(1) 多元化分拨战略。结合当前钢铁行业的发展状况以及钢铁企业的业务情况，钢铁企业可以按照客户特点、产品属性、销售情况等实行多元化分拨战略。如果客户采购的批量不同，那么可以从不同的储货点供货，主要是考虑到产品批量与运输成本之间的关系。如果客户进行大宗采购，那么应尽量直接供货，主要是考虑到库存成本的问题。大宗产品入库、保存与出库都是非常艰巨的工作，会产生很高的库存成本，因此钢铁企业应合理安排生产计划，尽量按照客户要求将生产出来的产品直接运送到客户指定的收货地点，从而降低库存成本。

(2) 混合战略。一是运输混合。不同运输方式的效率、成本都有所区别，钢铁企业在选择运输方式时应重点考虑时间与成本。一方面，缩短运输时间能够降低库存压力、减少保管费用；另一方面，缩短运输时间会提升运输成本。因此，钢铁企业在选择运输方式时应对比不同运输组合的总成本，总成本最低的组合就是企业的最佳选择。二是集中运输。规模经济是指当经济规模达到一定程度的时候，会因为固定成本的分摊效应而使平均成本降到更低水平，从而提升利润水平。不过，应用到物流系统中，规模经济与客户需求多样性存在明显冲突。虽然可以使用延迟策略来解决两者之间的矛盾，可很多时候还是要用其他方式运输零星的产品，导致物流资源严重浪费。基于此，钢铁企业可以在一定条件下实施集中运输策略。

(3) 延迟战略。这种战略主要是建立在信息技术基础上的。实际操作过程中，钢铁企业根据销售预测来安排生产计划，如果在接到客户订单之后再生产，就能有效降低库存成本。时间延迟，就是在企业还未接到确切订单的情况下按照销售预测将产品运输出去；形式延迟，就是企业在未接到订单的情况下按照销售预测生产产品。不难看出，延迟战略具有很大的不确定性，如果控制不好，不但无法帮助钢铁企业降低物流成本，还有可能导致物流成本提高，因此在使用时应更加慎重。

2) 基于作业的供应链物流成本控制优化

随着现代企业管理模式的发展，钢铁企业逐渐将管理眼光由自身内部拓展到企业外部，这无疑使物流成本管理面临很多新问题。传统物流成本是以企业自身作为管理对象，以企业运营情况为立足点，因此所有的成本计算与分析都是以企业为出发点；但现代企业的物流管理冲破这种限制，将物流成本的核算范围拓展到企业外部，想要对这种情况下的物流成本进行准确核算，就必须依靠供应链物流的基本组成部分——作业。

(1) 导入作业。钢铁企业在分析供应链物流作业时，首先要明确各作业对整个供应链运行的影响。作业作为最基本的物流环节，也是物流成本产生的基本单元。因此，钢铁企业在分析物流导入环节的作业成本时，应做好以下工作：一是确认作业。钢铁企业一般规模都非常大，而且内部的组织结构也非常复杂，因此，作业活动很多。想要实现对这些作业的成本控制，钢铁企业必须确认哪些作业对供应链物流成本产生了影响，并确定作业中心，在此基础上确定每个作业所需的工作量。因为钢铁企业的业务活动相对比较固定，所以很容易建立标准化作业库。需要说明的是，每个作业中心的作业数量不要太多，一般控制在 10 个以下比较好，因为太多作业会使集成工作变得很困难。二是作业成本控制过程。结合作业成本控制理论以及钢铁企业的供应链物流成本控制特点，本书整合了钢铁企业的导入作业物流成本控制流程，具体见图 3.4.3。三是物流作业成本的结构。做好上述步骤后，钢铁企业就可以分析物流作业，通过分析企业可以找出没有价值创造能力或者价值创造能力低下的作业环节，将它们剔除或者整合，从而降低物流成本。整合低效作业时，钢铁企业需要注意这些作业之间的内在联系，并适当调整现有的物流管理流程，以便实现最佳的整合效果。钢铁企业的物流作业成本结构如图 3.4.4 所示。

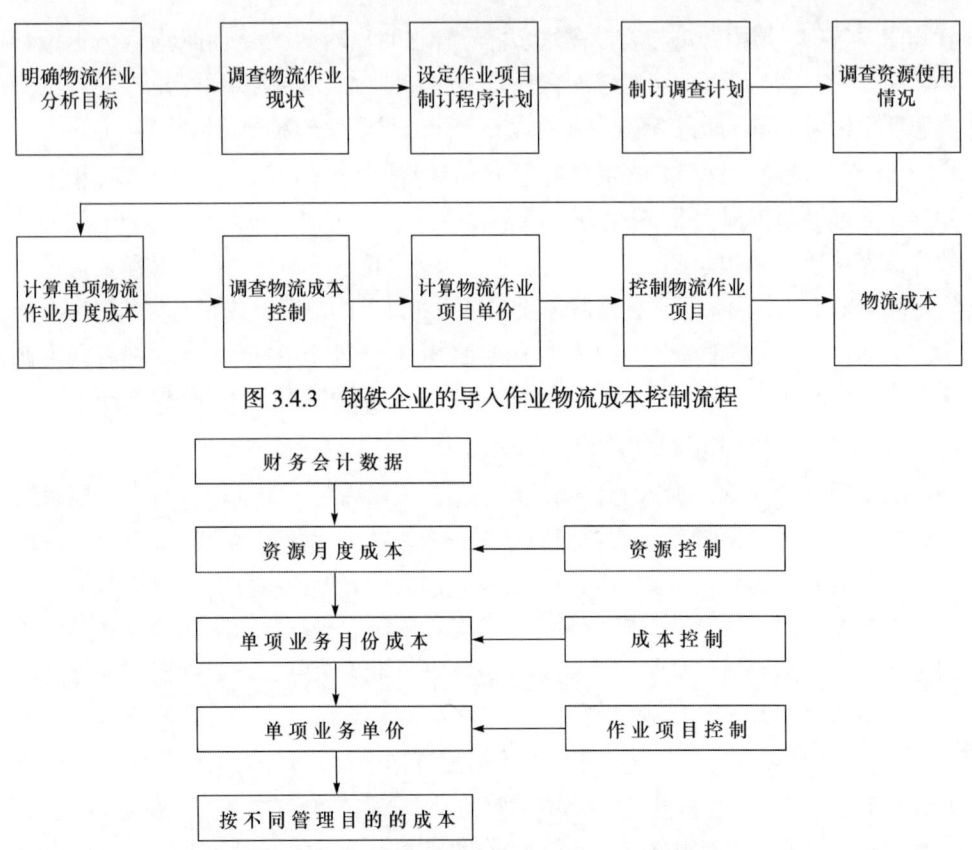

图 3.4.3　钢铁企业的导入作业物流成本控制流程

图 3.4.4　钢铁企业的物流作业成本结构图

(2) 物流成本控制模型。综上所述,钢铁企业可以考虑应用作业成本管理信息系统。当然,在应用系统之前,钢铁企业需要完成以下工作:首先,划分作业中心,并根据作业中心建立成本中心;其次,为每个成本中心确定具体的作业成本;最后,将作业成本分配到具体的产品中。不过,在实际操作中,为了缩短系统的数据处理时间以及提升系统运行效率,往往会按照图 3.4.5 的方式把成本分配到各作业中去。不难看出,在物流成本分配过程中,钢铁企业直接以产品作为对象将各作业产生的成本直接分配至具体的产品中。

总的来说,充分发挥钢铁行业信息化五级架构的功能,将企业的生产、经营活动,从物资采购、生产组织、产品销售、质量控制,到生产统计、财务成本管理等全部业务都纳入到统一管控中,在各业务流和信息流之间达到充分协同,实现各业务系统协同管控的目标。销售订单签订后,ERP 系统经销产转换为生产订单;生产订单触发物料需求产生采购订单,同时下发各 MES 生产系统;采购订单在系统中自动下发到物流系统;原料进厂,在采购供应模块中完成采购订单匹配,

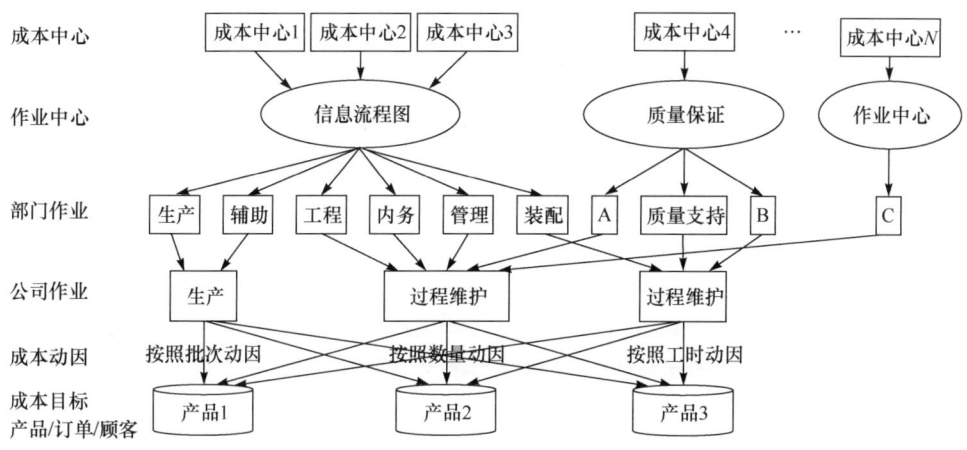

图 3.4.5　钢铁企业的物流成本分配方式

执行采购进厂业务,同时转发计量委托和质检委托;由计量模块完成现场火车衡和汽车衡过磅计量,卸货后执行回皮操作,反馈净重信息;由质检模块完成取样加密,反馈质检信息;供应模块上传采购订单收货,自动触发财务成本模块形成应付款;生产系统按照生产订单执行生产,成品、半成品下线计量和终判后,上传企业管理解决方案 SAP(systems applications and products)系统生产订单收货;SAP 销售模块下发物流系统发货计划,物流系统销售模块执行配车装货,过成品磅计量,得到成品净重信息后,上传 SAP 销售模块发货明细,自动触发财务成本模块形成应收款。充分利用最新的智能检测、智能控制、专家模型、大数据等信息化技术,可实现物联网生态环境下的前后工序、上下游企业及内部生产业务流、物流、资金流的协同、融合。

3.4.2　统一化标准的物流云端管控

钢铁产品属基础原材料,上游连接铁矿采、选、烧生产企业,煤炭、焦炭生产企业,铁合金及有色金属生产企业,机械制造、电力等行业;下游与建筑、机械、汽车、家电、石化、铁道、造船和集装箱等八个行业紧密相连。国内钢铁工业由于整个行业集成度不高,对整个供应链的掌控能力较差,特别是对供应链的上游资源,如铁矿石,其价格更是处于被动接受的状态。外部环境的变化直接影响到整个钢铁行业的发展,企业对市场机会不易把握,只能被动地适应环境,企业的竞争力处于下降态势。

受供需两个市场全球化趋势的影响,钢铁市场竞争也日趋激烈。产品呈现多品种小批量生产的趋势,客户要求产品价低质优、按期交付,并提供完善的售后服务。因此,钢铁企业要在市场竞争上获胜,必须在向敏捷化、连续化、自动化生产发展的同时，实施高效、灵活的柔性生产运营组织策略：供应链节点优化组合，提高物料资源、设备资源、人力资源的优化组合能力，促进供应链节点的畅通；通过合同、计划、生产、发货全线信息系统集成，快速响应市场变化，提高准时交货率，缩短订单前置时间，提高用户定单交货精度，提高顾客满意度；重点改进和提高企业内部流程性能，改变原有的手工排产，通过信息系统使生产过程中的物料、订单、客户挂接在一起，提高准时交货率；从合同排产到成品发出信息全线集成，使订单前置时间缩短、内部生产周期缩短、按计划钢种出钢率提高；将原有的按企业资源组织生产转变为按用户订单组织生产；库存物料能够及时由余材充当，库存积压减少，提高存货周转率。

由于钢铁企业在钢铁供应链系统核心的位置以及对物流量、物流服务、物流信息巨大的聚集效应，建立以钢铁企业为供应链核心单元、涵盖钢铁流通领域的钢铁物流标准体系，是全面覆盖钢铁供应链相关物流标准的有效措施。按照钢铁物流从供应、生产、销售、流通等整个供应链的覆盖范围，对钢铁供应链体系进行环节细分；同时，参照国家物流标准体系的框架，将上述细分环节按照物流技术标准、物流服务标准、物流信息标准、物流管理标准等进行二次分解，初步搭建钢铁全供应链物流标准框架，如图3.4.6所示。

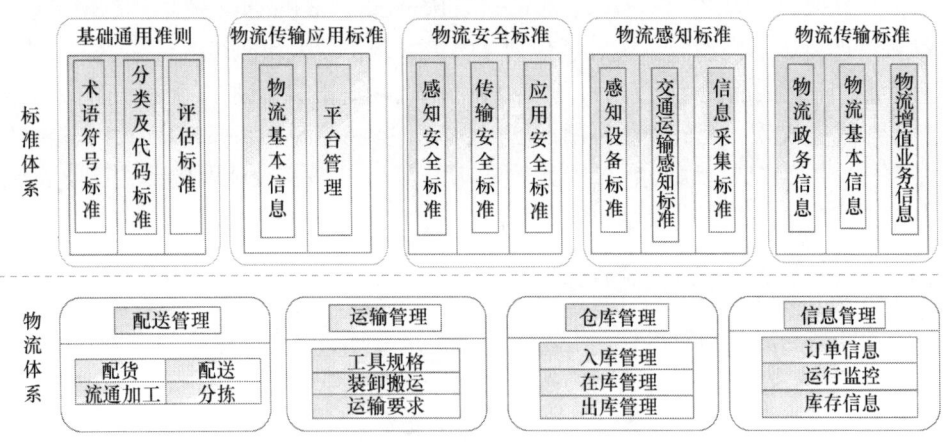

图 3.4.6　钢铁全供应链物流标准框架

图 3.4.6 所示框架重点关注钢铁行业微观物流领域相关物流标准的内容，将钢铁全供应链体系涉及的物流技术和工作方面的标准包含在内。应该以重点标准的制定为突破口，并有序带动其他钢铁物流标准的制修订。只有在重点标准制修订工作的带动下，才能够凸显出钢铁物流标准制修订工作的重要作用，从而促进其他钢铁物流标准的编制。同时钢铁企业生产物流标准应该与社会物流相关标准有效结合，打通企业内部与社会物流的通道，并逐步向非钢铁主业业务社会化模

式的方向发展，扩大企业物流外包程度，降低企业人员数量，提高企业劳动生产率，达到提高企业物流效率、降低企业物流成本的目的。流程再造是企业降本增效的有效途径，加强物流管理、降低运输费用已经成为企业强有力的利润支撑。其内容包括：建立以冶金规范为基础的全程质量监督管理系统，实现产品在供、产、销各环节中的质量信息传递时的动态追踪检查，更好地实现在产品冶金规范体系下的高质量保证的产品物流管理；以原燃料管理为目标，建立从采购原燃料、物料到站预报、计量数据采集与处理、质量检验信息的采集和处理、原燃料入出库流程管理、原燃料库存管理、原燃料分类结算等的全过程管理；以客户订单全程跟踪为目标，以客户为导向，满足客户个性化需求，实现财务会计、固定资产、成本、采购、库存、销售、计划、生产和质量等职能岗位的信息共享，相关人员随时查询、快速决策。因此，以钢铁行业的冶金规范为基础，以供应链管理为核心的物流流程再造模式的实施，是实现企业降低物流成本、提升盈利水平的有效措施。

物流云平台能够为钢铁企业提供单一工序无法完成的资源整合、数据交互、业务协作等功能，实现物流、商流、资金流和信息流的高效协作。物流云平台面向各种物流部门、物流枢纽，依靠规模化云计算处理能力、标准化作业流程、柔性化业务覆盖、精准化环节控制、智能化决策支持和深入的信息共享，完成物流行业各环节所需要的信息化需求。物流集成网络是物流云平台的数据交换组件，可以提供全球服务发布与调用，支持多标准(国际标准、国内标准和行业标准等)相互映射和转换，支持混合云的组网模式，允许用户以更灵活、更高效、更低成本的方式使用数据网络服务。数据流集成技术是根据一定的规则逻辑，将多个分布式异构物流数据源集成到统一的数据集中，通过网络协议实现数据流的流通，并向系统提供查询接口。物流业务流程集成技术的通过分析、监控以及重组优化物流业务流程，推进人与人之间、人与系统之间以及系统与系统之间的整合，包括工作流技术、业务流程管理、中间件技术等。物流服务集成技术的功能是为用户提供更便捷和个性化的物流服务，围绕物流过程的业务活动、工作任务、对象等进行服务种类划分和信息输入输出。物流云平台突破了传统主机系统处理海量数据的瓶颈，实现了资源的统一管理，对数据进行高速有效的处理，并将可用信息反馈给决策者，有效解决了资金投入、能源消耗和资源利用之间的矛盾。

第 4 章　生产-物质流-能量流协同管控的钢铁智能制造系统

4.1　钢铁生产的本构性特征

4.1.1　钢铁制造流程的物理本质和机理

钢铁工业属于流程制造业。它是由功能不同的制造工序(装置)通过组合-集成构建起来的。从工程系统看，经过一个半世纪的演变，现代钢铁企业的制造流程已演变两类基本流程，如图 4.1.1 所示。

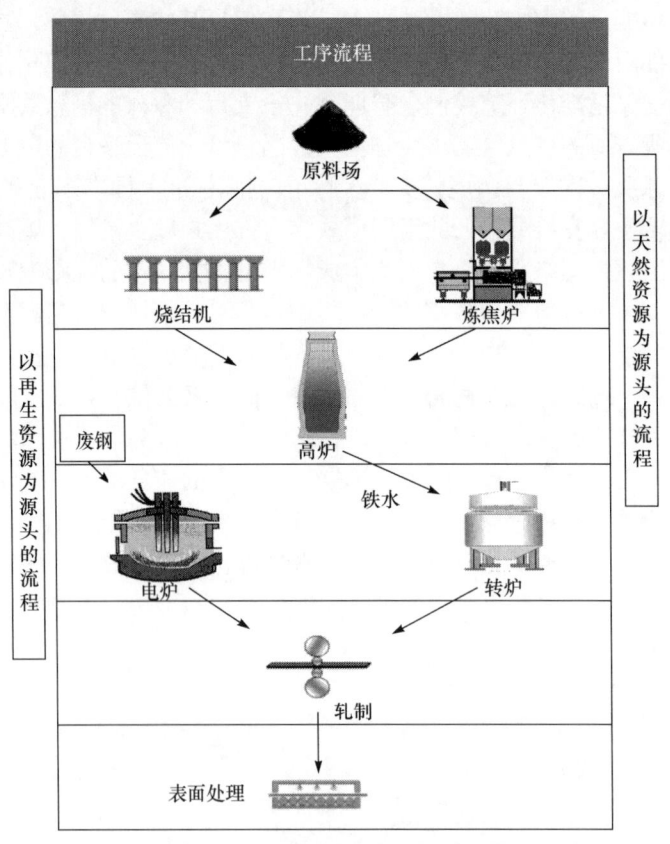

图 4.1.1　两类钢铁制造流程示意图

(1) 以铁矿石、煤炭等天然资源为源头的高炉-转炉-热轧-深加工流程和熔融还原-转炉-热轧-深加工流程。这是包含了原料和能源储运/处理过程、烧结-焦化-炼铁过程(熔融还原)、炼钢-精炼-凝固过程、再加热-热轧过程及冷轧-表面处理过程的生产流程。

(2) 以废钢为再生资源和电力为能源的电炉-精炼-连铸-热轧流程。这是以社会循环废钢、加工制造废钢、钢厂自产废钢和电力为源头的制造流程,即电炉流程。

从物理角度上看,钢铁企业的生产过程实质上是物质、能量以及相应信息的流动/流变过程。其动态运行过程的物理本质是:物质流(主要是铁素物质流)在能量流(主要是碳素能量流)的驱动和作用下,按照设定的"程序",沿着特定的"流程网络"做动态-有序的运行。从热力学角度上看,钢铁制造流程是一类开放的、非平衡的、不可逆的、由不同结构-功能的单元工序通过非线性耦合所构成的复杂系统,其动态运行过程的性质是耗散过程。

在钢厂生产过程中,物质流是一类多因子流,是被加工的主体。能量流则作为驱动力、化学反应介质或热介质按照工艺要求对物质流进行加工、处理,使其发生位移、化学/物理转换,实现以制造过程中物质、能量"耗散最小化"为核心的多目标优化,如生产效率高、产品质量优、能源消耗低、过程排放少、生产成本低、环境/生态友好等。

从钢铁制造流程动态运行过程的物理本质出发,可以将其功能拓展为:

(1) 物质流运行的功能——钢铁产品制造功能;

(2) 能量流运行的功能——能源转换功能以及与剩余能源相关的废弃物消纳-处理功能;

(3) 物质流-能量流相互作用过程的功能——实现过程工艺目标以及与此相应的废弃物消纳-处理功能。

钢铁制造流程的物理本质和运行特征可以进一步具体表述为:由各种物料组成的物质流在输入能量的驱动和作用下,按照设定的工艺流程,使物质流发生状态、形状和性质等一系列变化,成为期望的产品。在这个过程中,物质流和能量流时而分离、时而相伴。相伴时,相互作用、影响;分离时,又分别表现各自的行为特征。

流程制造业的"根"是制造流程(生产流程)。实体性制造流程是为了实现特定的功能目标而构建的,一般是由相互关联而又异质-异构的工序/装置(子系统,这个子系统本身也具有下一层级的整体属性)和相互之间的"界面"技术在设定的时-空边界内,通过特定的信息系统动态地集成构建起来的结构优化整体系统[30]。其中,物理系统是主体(本体),数字(信息)是灵魂,但数字系统不能替代物理系统,在流程制造业的制造流程中，数字(信息)依附于物理系统。制造流程的动态运行过程是开放性的、非平衡的，属于在一个耗散结构内运动的耗散过程，为了优化流程运行的耗散过程，流程系统的运行状态应是动态-有序、协同-连续/准连续的。主导形成流程结构的"序"以及流程运行的"序"来源于制造流程内部结构及其相关信息，因而必须认识到制造流程本身具有自组织性。制造流程的自组织性来自流程内相关工序/装置的功能序、空间序和时间序的合理配置和集成组合。制造流程自组织力的强弱取决于制造流程系统内工序功能集的解析-优化，工序之间相互作用关系集的协同-优化和流程内工序集合的重构-优化。然而，有自组织性的系统未必有完全合理的自组织结构，在其运行时也未必有很强的自组织力，从而影响到耗散过程的优劣；为了优化流程系统的耗散过程(如生产过程的效率、生产过程的稳定性等)，往往需要外界的帮助、支持、调控(如进行技术改造、加强管理调控手段、全局性的信息化调控支持等)，这种来自制造流程物理系统外的帮助、支持、调控手段是他组织力。因此，流程型制造流程的设计过程和运行过程，体现了制造流程的自组织性、自组织力和他组织力。当今，流程工业的制造流程这一物理系统的本质性结构优化和融入强有力的信息化手段(包括人工智能等)是流程工业绿色化、智能化发展的关键和共性特征。

流程制造业(化工、冶金、建材等)制造流程动态运行过程的物理本质同样可以表述为：物质流(对钢厂而言主要是铁素物质流)在能量流(长期以来主要是碳素能量流)的驱动和作用下，按照设定的"程序"(如生产作业指令等)，沿着特定的"流程网络"(如总平面图等)做动态-有序的运行，并实现多目标优化(不只是生产产品)，其工程化模型的结构性机理如下：

(1) 流程型制造流程的运行机理是在一个开放系统中物质、能量和信息在特定的时-空边界内流动/流变的过程，确切地说是在特定耗散结构内流动/流变的耗散过程。流程系统结构中的每一节点(工序/装置)都是有物理输入/输出的，从而体现出流动/流变，节点与节点之间是可以不同方式的"界面"技术连成物质流/能量流/信息流网络——"三网"，并通过发生不同的非线性相互作用实现动态耦合。

(2) 流程型制造流程是一个复杂的工程实体系统，其动态运行的物理机制表明，它是在一个人工构建的耗散结构内运行的耗散过程。作为制造流程动态运行框架的耗散结构是由三类不同形式的结构化机制经过综合集成而构建出来的：①具有不同过程之间多尺度嵌套性的层次结构(纵向集成性)，即原子/分子层次-工序/装置层次-制造流程层次之间不同类型过程的多尺度嵌套性动态运行集成结构(图 4.1.2)；②上下游工序/装置间衔接-匹配的链接结构(横向集成性)(图 4.1.3)；③整体协同运行的网络结构(包括静态网络框架、动态运行路线)的集成优化。

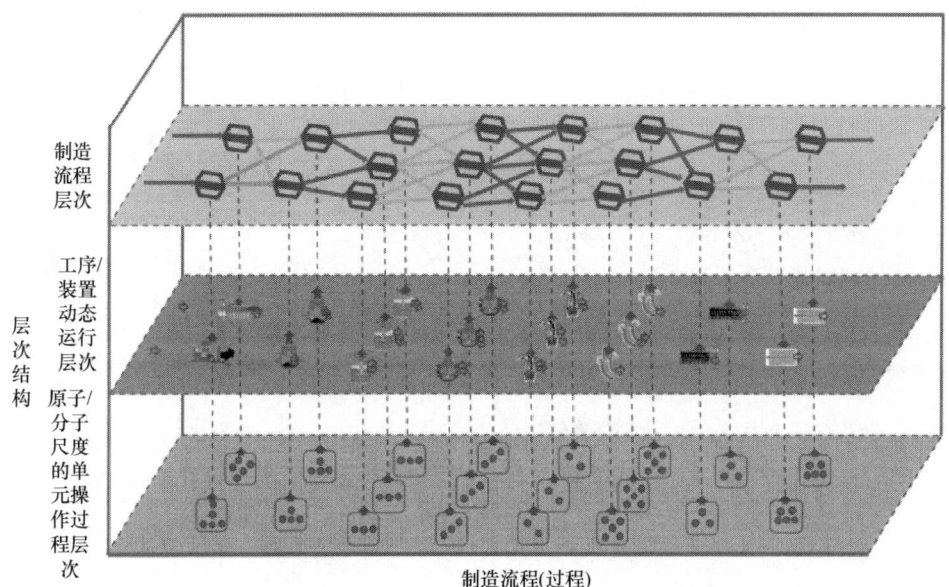

图 4.1.2　流程型制造流程内不同过程之间多尺度嵌套性的层次结构

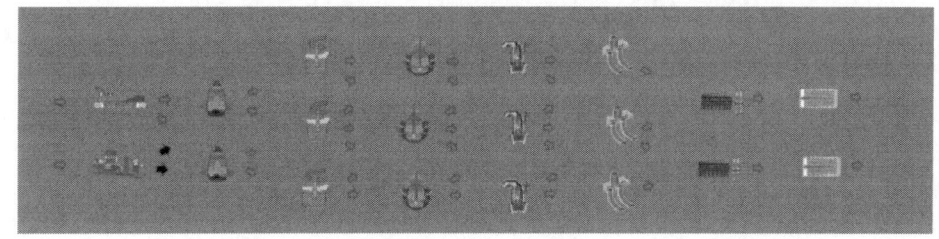

图 4.1.3　流程型制造流程中上下游工序/装置间衔接-匹配的链接结构

4.1.2　钢铁生产的动态-协同-连续运行特征

制造流程物理系统宏观运行的要素包括流、流程网络、运行程序。"流"体现为物质流、能量流、信息流三种"流"，也就是三类"矢量"。流程型制造流程动态运行的物质流、能量流、信息流在与之相应的"三网"中相互关联并协同运行(图 4.1.4)，实现在特定环境条件下的耗散过程优化——过程耗散"最小化"。"三流""三网"协同优化是实现多目标综合优化的有效路径。具体体现为异质-异构的相关工序/装置(节点)的物理输入/输出，不同节点之间是相互关联/非线性耦合的，为了形成"流"，必须通过"三网"，也就是必然需要"界面"技术/关联耦合。对制造流程而言，物质流网络是"本"，与之关联的还有能量流网络、信息流网络；工程设计固定了制造流程的静态网络框架(其中包括了"界面"技术)，生产运行过程的计划指令决定了动态运行路线；流程网络是"流"(矢量)运行的时-空边界和体现自组织性的关联纽带。

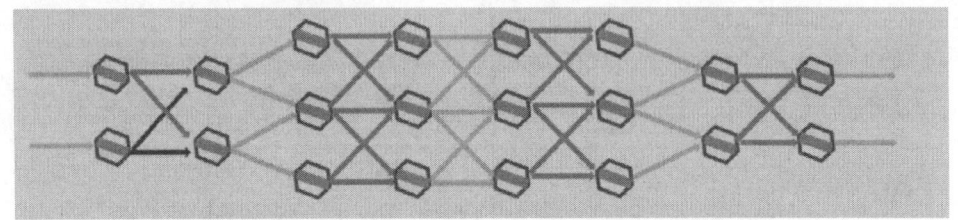

图 4.1.4　流程型制造流程动态协同运行的网络结构

运行程序是制造流程内在自组织性与外部他组织力的结合和体现;"三流"的运行程序都具有层次性、结构关联性和综合集成性。

制造流程物理系统的功能定位:就钢铁工业而言,要从"钢铁产品制造"一个功能拓展到"钢铁产品制造、能源高效转换、废弃物消纳处理与再生资源化"三个功能,体现时代性命题,以及市场竞争力和可持续发展力。

流程制造业制造流程是由原子/分子层级的过程、工序/装置层级的过程、流程/工厂层级上的过程互相嵌套组合,通过非线性相互作用-动态耦合、网络化、结构化等集成协同机制构建而成;体现着整体论思维和还原论思维的结合,然而是以整体集成思维为导向的。流程制造业制造流程的本性是整体流动和转化。可谓一切皆"流"、一切皆"动"、一切皆"变"。这种"流""动""变"都是整体性的。一切事物都是在不同状态、不同形式、不同时-空尺度上的流动/流变事物。此处,"流"是"名词"的含义。一切事物都是"动"的,在不同结构内、不同网络中、不同状态下以"矢量"的形式"动"。"动"是"动词"。一切事物都是在随"流"而"动"的过程中发生变化,"变"可以是随机的,也可以是受控的。随机的"变"一般是混沌状态,受控的"变"源于外界输入的"他组织力"与制造流程本身的"自组织性"的结合。可以看出,"流"乃整体论观念的本根,"流"者必"动","动"者开放,开放过程生"变"。为了实现动态-有序、协同-连续地运行,要高度重视"流"-"流程网络"-"运行程序"之间的逻辑关系。其中渗透着"关系实在论"的思维,即认为对事物整体运动而言,具有实在性的不是个体对象、局部过程,而是对象(工序、装置、过程、时-空等)之间的关系网络。由此,应认识到流程制造业制造流程运行的要素实际上是"流"、"流程网络"和"运行程序"。构成"关系实在论"的基础是工序功能集的解析优化、工序之间关系集的协同优化和制造流程中工序集合的重构优化。同时,其中也体现出了制造流程的集成、进化机制。制造流程集成、进化的吸引子是形成合理的耗散结构,追求耗散过程优化和耗散"最小化"。耗散"最小化"突出地体现在能量耗散最小化,相应也将关联到物质、时间、空间、信息等因素。对于流程型制造流程的智能化而言,制造流程是"根",物理系统是"本",数字信息则是"魂"的体现。"魂"要附"本"连"根"。要合理认识规律、机制、数字与建模的关系。模型应该源于规律,而规律取决于事物运动过程中一系列物理、化学、生物等转化机制;规律也可以在一定条件下用数学(数字)来归纳、表达;但在缺乏深入了解物理机制的前提下,事物的规律未必能仅从数字的追溯、统计、分析、归纳中求得。规律的实质是一系列机制在动态演化过程中形成的。在实践中,数据反映的是表象性相关或表象性因果关系,大数据具有感知、分析、评价功能,但由于在实践背景中存在"噪声"干扰等原因,不一定能直接推导出足够有效的、可靠的模型。在制造流程系统中,运动机理包括了不同制造单元装置的各种运行机理,也包括了各类制造单元装置之间非线性相互作用-动态耦合的机理(如"界面"技术),特别是还包括了制造流程作为整体的动态-有序、协同-连续运行的协同集成机理。植根于动态运行机理的物理模型和源自大数据统计归纳的数学模型在映射事物的真实性效果上有时是会有所不同的。对工程实体系统的运行和调控而言,首选还应是查明该物理系统尽可能确切的物理、化学、生物等机制,只有在物理、化学、生物等机制难以确定时,再采用数据统计、分析、归纳基础上的数据模型。然而,大数据建模中有可能混入"噪声"干扰,应设法合理地排除,以免影响所建立模型映射的真实性。

4.2 生产-物质流-能量流的协同管控

4.2.1 生产过程与物质流、能量流的双向驱动

钢铁工业是典型流程制造业,物流吞吐量大。生产过程能量流、物质流和设备状态信息量大,大量生产信息没有整合,存在不系统、不完善、不全面等问题,有待于进一步有效利用[31]。殷瑞钰院士从钢铁制造流程的现代设计、动态运行和信息化调控的角度分析,认为对钢铁企业的运行规律分析,必须要建立起"流"的概念,对"流"的行为进行动态-有序、连续-紧凑的规范运行,以实现运行过程中的物质、能量"耗散"最小化。而在钢铁制造流程中,"流"有两种载体来体现:即以物质形式为载体的物质流和以能源形式为载体的能量流。物质流是制造过程中被加工的主体,是主要物质产品的加工实现过程;能量流是制造加工过程中驱动力、化学反应介质、热介质等角色的扮演者。而在实际的研究中,能量流和物质流的对象依据自身的研究目的,进行了不同的定义,导致能量流和物质流的理解出现了多种差异。因此,本节主要是从本书的研究目的和需要出发,对能量流和物质流进行了重新定义。

能量流原指用于描述生态系统中能量的流动过程。因此,能量流包括两方面的重要特性,即能量特性和流动特性。首先,力学中关于能量的定义为:物体做

功能力的度量，即物体对外界做功，物体的能量要减少；反之，物体的能量就会增加。生态系统中各组分的存在、变化及其发展过程都是在能量的驱动下完成的，并且遵循一定的能量流动变化规律。按照能量的存在形式划分，主要包括辐射能(主要是指电磁波中电场能量和磁场能量的总和)、化学能(指存储在物质当中的能量，并通过化学变化获得释放)、机械能(指的是动能与势能的总和)、电能(指的是使用电力以各种形式做功的能力)和热能(与温度相联系的一个状态函数)等。依据携带能量的载体不同，可分为含碳能源(如焦炭、各种煤气等)、非含碳能源(如各种耗能介质等)、含有能量的物质流(如高温铁水、钢水等)和辐射能(如各种设备外围结构散热等，且这种能量是无载体的)四类。不同形式的能量在其流动过程中，既不能消失，也不能凭空产生，它只能以严格的当量比例，由一种形式转化为另一种形式。因此，在钢铁企业中，能量流是指各种能量随物质或非物质流动的全过程，其主要包括转换、分配、输送、使用、回收和损失等各种流动过程。而在钢铁制品的制造加工和存储过程中，能量主要以驱动力、化学反应介质、热介质等角色出现。而对能量的转换、分配、输送、使用、回收和损失等环节的分析过程，称为能量流分析。

物质流的概念起源于社会代谢论(Society's Metabolism)，而针对物质流的分析过程一般被称为"社会代谢分析"。物质流分析是以物质守恒定律为基础，对社会经济活动中物质的流动进行定性和定量分析，评价和量化系统的资源投入、产出以及资源利用率，识别环境问题产生的原因，并试图找到降低资源、能源投入量，减少废弃物产生量，提高资源利用率和解决环境问题的途径，其主要涉及的是物质流动的源、路径及汇等。而按照研究的范围来分，可将物质流分为宏观、中观和微观三个层次。宏观层次指的是国家级的物质流核算(national material flow accounting, NMFA)；中观层次指的是区域的物质流核算(local material flow accounting, LMFA)；微观层次指的是企业的物质流核算。按照研究对象的不同划分，可分为整体物质流分析(bulk material flow analysis, bluk-MFA)和元素流分析(substance flow analysis, SFA)。整体物质流分析主要是分析特定时间周期内一个国家、区域经济系统或大的功能系统中物质的吞吐量或强度。而元素流分析主要是识别特定污染问题产生的原因，并试图找到治理和预防这些问题的可能性。

钢铁工业中的物质流研究，最早是由陆钟武院士引入的。在20世纪90年代，根据钢铁企业的生产特点，陆钟武院士提出了系统节能的思想，而为了得到钢铁生产过程中全社会所消耗的能源总量，提出了"载能体"的概念，并把参与钢铁生产过程的物质分为两大类，即第一类载能体和第二类载能体。第一类载能体包括各种原材料、辅助原材料、中间产品、零部件、其他消耗品(以下简称为原材料)以及水、蒸汽、压缩空气、氧、电等(以下简称动力)；第二类载能体为生产直接消耗的各种燃料。并在此基础上建立了仅考虑第一类载能体中铁素体的有时间概念的产品生命周期物质流图及其分析方法，即 e-p 分析方法(e 为工序能耗，即表征生产过程中的能源消耗；p 为钢比系数，即表征生产过程中铁素体的结构参数)，以及大气环境负荷影响的分析方法(v-p 分析法)，讨论各股铁素物质流的流量、流向对钢比系数、工序能耗和大气环境负荷等的影响规律。

由此可见,陆钟武等所研究的物质流主要是钢铁企业中最主要的物质流形式,即铁素物质流。实际上，钢铁企业的物质流概念非常广泛,既包括铁素物质流,也包括非铁素物质流，最典型的非铁素物质流就是生产过程就是碳素物质流。例如，在焦化单元生产过程中,其主要的加工对象是入炉煤炭,产品是焦炭,主要副产品是焦炉煤气。无论是煤炭、焦炭、还是焦炉煤气,其主要成分都是碳素。因此,焦化生产单元的碳素物料构成了其基本的物质流形式。而另一方面,这种碳素物料携带了大量的化学能量。因此，它作为主要的能量提供者,参与到企业内部其他各生产单元的生产过程(如烧结过程、炼铁过程、加热过程等)。而在参与这些生产的过程中,产生其他含碳物(如 CO 或 CO_2 等)流进入产品或排放到大气中。此外,基于环境保护的考虑,对于硫素物质流、氮氧化物的研究也非常广泛(如烧结过程等)。以上都是对于某一特定元素的物质流研究,也有对于全物质流的研究,最典型的就是为了研究生产单元总的投入产出情况,需要分析该生产单元所有的输入原料和输出产品(和废品等)。这种分析过程的特点是考虑系统所有物料输入和输出的质量守恒,而并不考虑某一元素的具体去向。

综上所述,可以按研究对象和研究目标不同,将钢铁企业物质流分为元素物质流和全物质流两种,而对应的两种分析过程分别称为元素物质流分析过程和全物质流分析过程。元素物质流分析是以分析企业内部各元素物质流的流量、流向、流构、流性等流动特性对能耗、成本、环境等的影响规律为主要目标的研究分析过程。比较常见的元素物质流分析包括铁素物质流分析(如主生产系统中各生产单元)、硫素物质流分析(如烧结生产单元)以及碳素物质流分析(如焦化生产单元)。全物质流分析指的是以生产单元所有输入和输出物料为研究对象,以研究其投入产出效率为目标的分析过程。

总的来说,物质流分析是在给定的时-空系统内对物质流动与储存规律进行评价的一种系统分析方法。它是以质量守恒定律为基础,将生产、消费和废弃物处置联系起来,通过对待定系统内一定时-空边界条件下的投入与产出进行平衡、分析,描述系统内物质流动状态和过程,全面了解关于物质来源、路径、中间储存和最终散失的信息,揭示系统行为。钢铁工业的物质流分析与研究也是如此。

利用系统论、控制论和协同论,把流程制造业分散生产单元的物质流和能量流及设备状态构造成一个完整的信息化系统,利用信息化技术,实现能量流和物质流的高效对接、在线调整和动态优化；创建多级、多层次、多视图模型体系，实现物质流和能量流的科学管理与控制；利用智能化方法，实现能源介质运行模式、工艺参数动态优化及集成控制。具体内容如下。

(1) 钢铁企业能源管理系统优化模型的建立：①分层次多维、多视图能耗描述模型的建立；②能源优化数学模型的建立；③能耗描述模型与能耗优化数学模型的验证。

(2) 能源管理中心建设：①能源中心硬件平台构建；②重点能源房所集中管理、分散控制策略研究；③钢铁企业能源管理软件研发。

(3) 开发能源精益化管控系统：①研发钢铁企业能源综合管理系统；②开发能源精益化、智能化的管控工具，实现优化用能参数及合理分配设备，调整能源结构和产品结构及建立能源数据库、模型库及方法库等辅助决策工具。通过能耗描述模型，分工序建立多种能量流和物质流耦合子模型，建立工序与工序之间、系统与系统之间的关系模型；依据各种不同类型的能源消耗、转换及产生的各种关系，建立能耗优化数学模型。能耗描述模型从三个维度对钢铁企业能耗系统进行描述，分别是内容维、方法维和对象维，如图4.2.1所示。

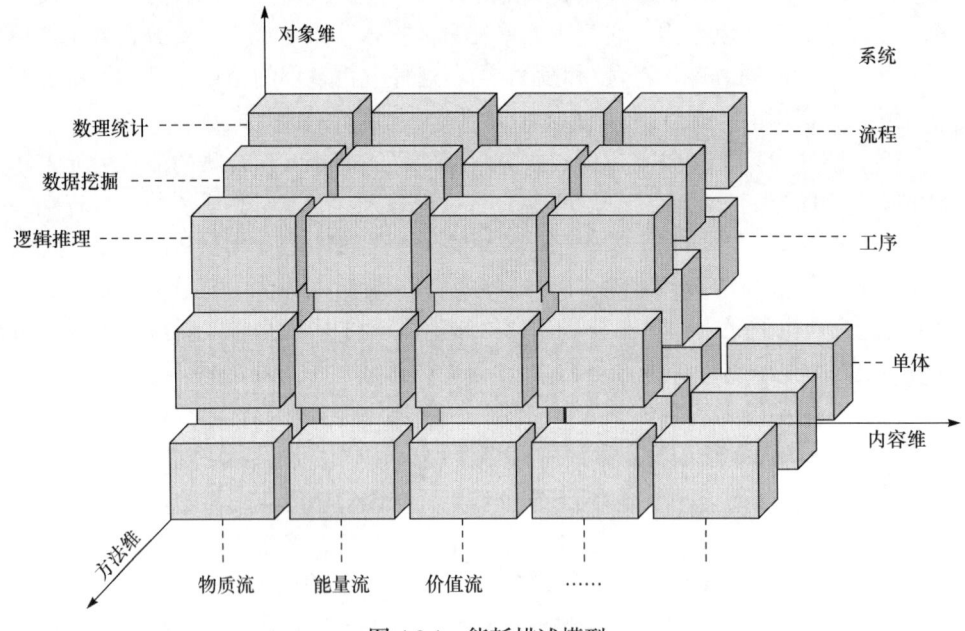

图 4.2.1　能耗描述模型

(1) 工序能耗解析。对每个单元工序进行能耗解析(图4.2.2)，分析其一次能量流、二次能量流、一次物质流和二次物质流，确定影响单元工序能耗的独立因素与相关因素，为建立工序能耗模型奠定基础。

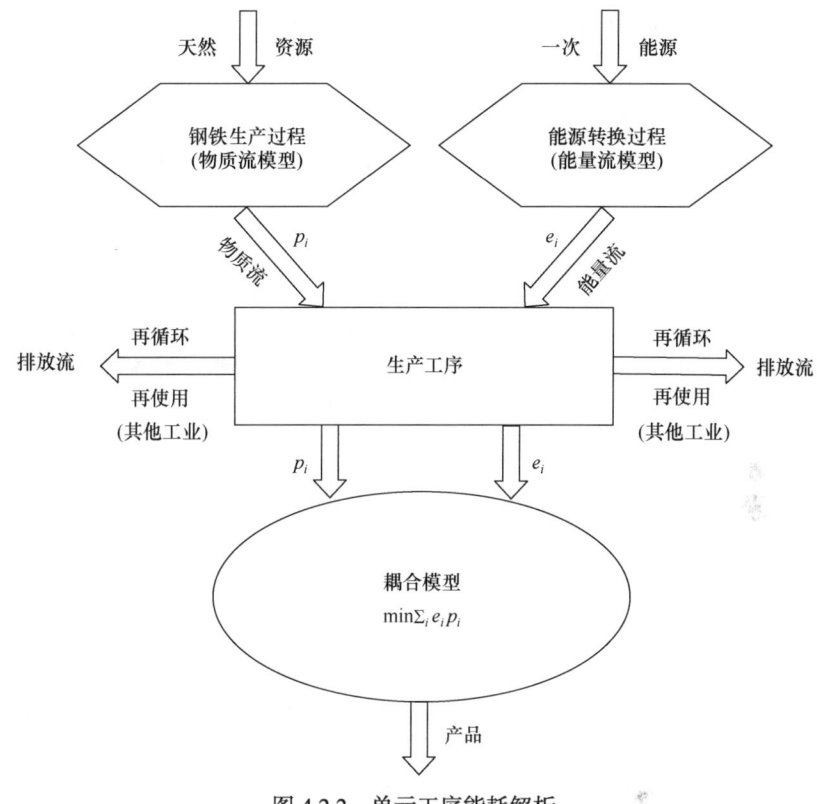

图 4.2.2　单元工序能耗解析

(2) 工序能耗数学模型。工序能耗数学模型是进行工序能源优化的基础,首先理清工序能耗的关键影响因素和工序能量流、物质流的逻辑和数量关系;然后利用经验函数或者通过挖掘历史数据等建立工序能耗数学模型(图 4.2.3)。

图 4.2.3　工序能耗数学模型基本形式

(3) 公司能耗模型。公司能耗模型是进行公司能源优化的基础,首先理清工序间、工序和公司间的能量流、物质流关系,给出工序关联矩阵;然后根据优化目标给出能源和物料间的约束方程;最后对目标函数进行求解。

无论是能量流,还是物质流,都具有一个重要的特性,即流动特性。描述流动特性的最基本物理量就是流量。流量是用来表述流动物质在单位时间流过的体积数或质量数的物理量。它是一个时间函数,即流量的大小随着时间的变化而变化。根据流动的时间特性，可将流量分为连续式和断续式。连续式流量特性主要是指在任何一个时刻流量值都不为零，只是随着生产节奏的变化，流量会在某一特定范围内波动变化，如烧结、高炉的连续给料生产方式都属于连续式流量特性。而断续式流量主要是指在生产过程的进料或出料上，并非连续，而是呈现出时间上断续特点，即流量时有时无或间歇的特性，如转炉、加热炉、轧机等在生产上就呈现出断续特性，而该类特性往往可以体现个体对能耗或成本上的分摊特性。但是有以下两点值得说明：

(1) 对于连续式流量特性来说，若发生了检修(计划的或是非计划的)、故障等导致停产，产生的断流现象，属于停产状态，并不属于断续式流量特性。

(2) 若从时空的宏观角度看，断续式流量特性可认为是连续式流量特性。例如，对加热炉来说，虽然其进料和出料具有明显的断续特性，但若将时间产量扩展到小时产量、日产量或月产量等，可认为其生产具有连续的特点。同样，若将空间扩展到整个轧钢单元，流量也可以认为是连续的。在这种情况下，流量的波动变化规律也是适用的。另外，由以上对单元、工序和流程的铁素物质流分析可知，无论是输入项，还是输出项，都具有多样性，即输入输出的种类较多，如主要原材料、辅助原材料、产品、排放等。而这种不同种类的物质流流量的比例关系，称为流构。对于生产单元、工序来说，流构首先体现了输入各类物料的比例，即原料配比；其次体现了输出产品的比例，即产品结构。对于全流程来说，流构主要体现前后各工序物质流流量的比例。钢比系数是产品结构的集中体现，而铁钢比是其中最主要产品结构参数。无论是配比的波动，还是产品结构的变化，都会引起能耗或成本的变化。因此，流构研究的主要是其变化所带来的能耗或成本的变化规律。

流性主要是指描述流体(能量流或物质流)性质或属性的一系列流体属性参数，这些参数主要包括流体的温度、压力、浓度、密度、成分、强度等，具体来说，如铁水、钢水、钢坯的温度，以及烧结矿品位、烧结矿转鼓指数、焦炭 M40 等。这些流体的性质优劣影响着矿石在冶炼过程中的水平和效率等。最为明显的就是烧结矿品位对产品的能耗、成本及质量的影响，这些都是非常关键的。而烧结矿的其他成分(如锌含量)对于高炉的顺行与否，也起着关键性作用。说明流性指标是描述流体性质的另一类非常重要的参数。

值得说明的是，能量流和物质流的流性指标在强耦合作用(主要是加工性质的"点")下，会发生非常剧烈的变化。例如，烧结矿通过高炉加工后，变成了铁水，其温度水平、成分等流性指标发生了完全的改变；钢坯通过轧机发生了强烈的形变效果，其尺寸等流性指标也发生巨大改变。而这些流性指标变化的程度，正体现了加工过程的能量流和物质流的耦合作用效果。另外，能量流和物质流的流性指标在弱耦合作用(主要是存储性质"点"和输送的"线")下,变化的程度相对较小。这种情况主要体现出来的通常就是,在泄漏、散落或氧化等作用下的衰减特性(即数量的减少等)。

流径是指能量流和物质流输送的途径,既包括能量流和物质流的输送路径,又包括能量流和物质流的输送方式,是描述"线"衰减率的综合参数。顾名思义,输送路径是指能量流和物质流实际输送的线路(即从 A 点到 B 点实际线路连接线),而输送方式是能量流和物质流的运输方式(即从 A 点到 B 点,采用的汽车、辊道、火车等不同的运输方式)。因此,能量流和物质流的流径是输送路径和输送方式的综合物理量,其本质是描述能量流和物质流在输送过程中的衰减率。流径的不同,代表着输送途径的优劣并不相同。因此,不同流径对于能量流和物质流的衰减特性会有比较大的影响。

4.2.2 多智能体协同优化技术

制造流程(物理系统)结构优化要通过工序/装置(节点)的功能、容量和数量优化,工序/装置(节点)间"界面"技术优化,全流程网络简捷化,协同推进,并实现物质流、能量流、信息流三个网络协同优化。这将引起工程设计理论和方法的革新,直接为无人驾驶飞行器的控制、人造卫星簇的控制、水下航行器的控制、突发事件的应对、传染病的防治、生态系统的维护、可持续发展策略的制订提供重要的理论指导。由于多智能体(Agent)网络展现出优良特性及应用前景,使得越来越多来自各个学科领域的学者纷纷投身到多智能体网络的研究中。目前,多智能体网络理论模型及应用研究大体可分为两类基本问题:运动协调(包括一致性、聚集、编队等)和覆盖协调(包括搜救、部署、勘探等)。其中,运动协调主要着眼于智能体之间动态的协调及博弈,而覆盖协调还进一步考虑了环境的因素。本书着重考虑运动协调中的一致性及其在凸优化中的应用。

智能体可以从狭义和广义两方面来定义。从广义上来说,智能体是一种基于 Web 的、相互协作的、自主控制的实体。从狭义上来看,智能体是具有类似人类的智能、感觉、理解和情感能力,有意识和认知能力的实体。

智能体是具有自主性、反应性、前瞻性、适应性、协同性、学习性、进化性、理智性、持续性、移动性、规划推理能力和社会能力的实体。其中:

自主性(autonomy)是指智能体能够自主地感知环境信息。

反应性(reactivity)是指智能体感知到环境信息后能够对获得的信息作出相应一系列反应,这种反应作用于环境、其他智能体或者本身。

前瞻性(proactivity)是指智能体能够分析已有的信息,预测即将发生的事情,通过理性的思考,对情况作出判断,并产生相应的对策。

对象(Object)与智能体有不少的共同点，常常使人混淆。例如，面向智能体编程(AOP)方法有时被认为是特殊的面向对象编程(OOP)方法。在某种程度上，面向对象编程认为系统由互相联系的对象组成，共同完成内部计算；然而面向智能体编程的主体是智能体，它们的内部计算基于信念、能力和选择等，而且智能体之间采用"语言-行为"原理的消息来通信。

Object 与 Agent 的区别主要体现在以下三方面：

(1) 两者的自治程度不同。一般认为，Agent 之间是合作的关系，某个 Agent 不是去调用其他 Agent 的功能，而是向其他 Agent 发出功能请求，接收到请求的 Agent 具有自主性，它可以选择是否接受请求。而在面向 Object 编程里，源 Object 直接调用目的 Object 的功能，执行功能的决定权和时间属于源，目的 Object 没有拒绝的权力。

(2) Agent 具有柔性的自治行为，具有反应性、预测性和社会性；而 Object 只是实现某一功能的模块，不具有自治行为。

(3) 每个 Agent 都有控制线程，整个系统的协调是分布式的，通过多个 Agent 间的协作完成；而在标准的 Object 模型里，整个系统只有一个控制线程，即系统的协调是集中式的。

Agent 个体具备自主性和协作性。自主性能使个体适应动态复杂的外部环境，协作性可以弥补个体的能力和信息量的不足。因此，在设计 Agent 时，要从自主性和协作性考虑单个 Agent 应具备的感知能力、局部规划能力、通信能力、任务分解能力、学习能力、协作能力等。Agent 结构需要解决的问题是 Agent 由哪些模块组成，它们之间如何交互信息，Agent 感知到的信息如何影响它的行为和内部状态，以及如何用软件或硬件将这些模块组合成一个整体(图 4.2.4)。Agent 按内部结构分，可分为慎思型、反应型和混合型。

(1) 慎思型 Agent。慎思型 Agent 能够通过逻辑推理能力感知环境并反映出智能行为，具有以信念-期望-意图构成的 BDI(beliefs-desire-intentions)结构。它继承了人工智能的传统，根据知识对内部信息和数据作出决策。环境模型一般是已知的，主要由知识库构成。

(2) 反应型 Agent。反应型 Agent 内部不包含用数学符号表示的模型，并且不使用复杂的数学推理。它不对环境进行描述，而采用应激响应的方式来响应环境的当前状态。它不考虑历史情况，也不预测未来的情况，而是通过与其他 Agent 简单地交互，使整个 Agent 系统表现出复杂的整体行为。

(3) 混合型 Agent。混合型 Agent 通常拥有一个多层次结构，反应型 Agent 在低层，慎思型 Agent 在高层。混合型 Agent 试图以这种方式将经典和非经典的人工智能融合起来。最典型的方式就是在一个 Agent 中包含两个以上的子系统：一个是慎思子系统，含有用数学符号表示的模型，并利用主流人工智能的方法产生规划和决策；另一个是反应子系统，它不经过复杂的推理就能够对环境中发生的事件作出反应。

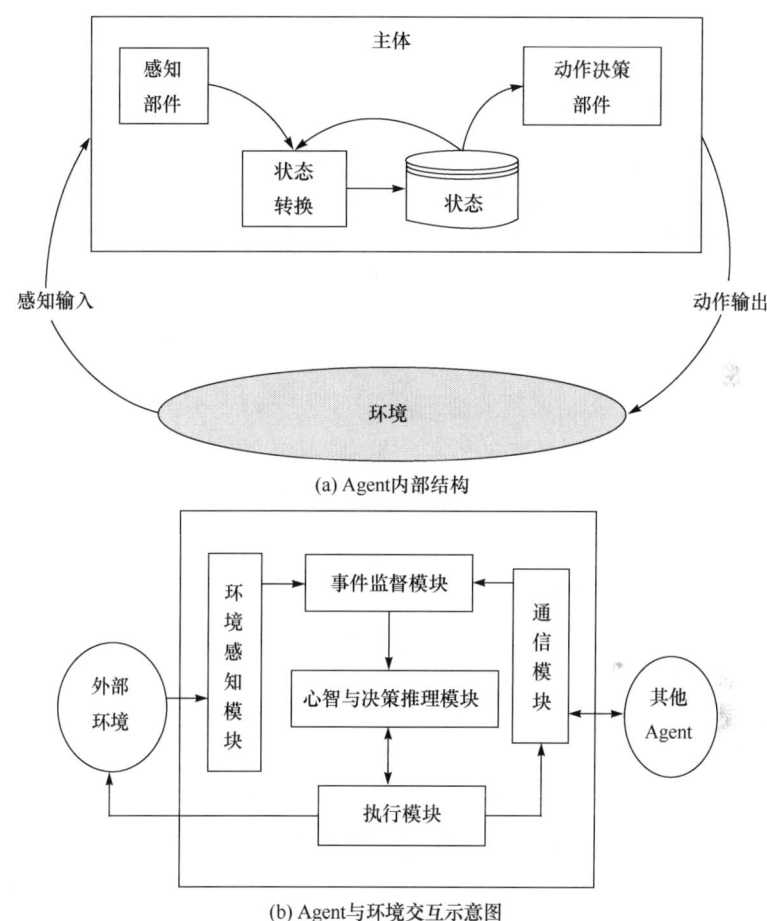

图 4.2.4　Agent 的基本组成

多智能体系统能够完成单个 Agent 不能解决的问题，或者提高单个 Agent 解决问题的效率。多智能体系统通过 Agent 之间的通信，实现整体互动。这种通过互动产生的整体智能所能解决的问题，是再高明的 Agent 也无法实现的。多智能体系统的发展是智能体理论逐渐成熟的过程。

多智能体系统是由多个 Agent 组成的集合。在一个多智能体系统中，各 Agent 通过对环境信息的认识，以及 Agent 之间的信息交流，将系统目标分解成多个子目标，由各 Agent 通过协商分别获得各自的子目标，然后协作求解，最终实现整体目标。

下面从四个方面论述多智能体系统的特点。首先，每个单 Agent 具有解决问题的不完整信息和能力；其次，单个 Agent 没有系统全局控制能力；再次，数据内容是分散存储的，每个 Agent 只存储自己的数据信息，它们通过 Agent 通信得到其他 Agent 的数据信息；最后，在智能体系统中，计算是异步进行的，这为计算大规模问题奠定了良好的基础。

可自组织性是多智能体系统的一个主要特征，这集中体现在 Agent 以协调合作的方式处理复杂任务的时候。在动物社会中，很容易体会到自组织行为的优点和效率，例如，昆虫通过群体生活，实现个体不可能实现的复杂任务。

在一个自组织系统中，简单的规划能够在动态、不可预知的情况下起作用，并且具有适应变化的特点。多智能体系统，通过特定的体系结构来实现这种自组织性。

Agent 之间的信息关系和控制关系体现在系统的体系结构中。体系结构反映了多智能体系统的组织形式，以及为实现共同完成系统任务，单个 Agent 应具有什么样的内部结构。各种体系结构都存在优点与不足，在设计一个多智能体系统的时候，需根据环境的特点和要求，选择合适的体系结构。

多智能体系统的体系结构主要研究如何将多个形态、特点、功能各不相同的单智能体组织为一个群体，并使各 Agent 能够有效地通信、协调、合作，从而实现解决群体问题的能力。

多智能体系统的构成方式有很多种。从构成系统的智能体种类出发，可分为同构型、异构型以及同异构混合型三种方式。

从系统的组织形式来看，多智能体系统可分为集中式多智能体系统、分布式多智能体系统、集中与分布相结合多智能体系统三种类型。

集中式多智能体系统由一个核心 Agent 和多个在结构上与之分散的、相互独立的协作 Agent 构成。核心 Agent 负责任务的动态分配与资源的动态调度，协调各协作 Agent 间的竞争与合作。该类系统比较容易实现系统的管理、控制和调度，但是，一旦核心 Agent 发生故障，其他协作 Agent 将由于失去了管理者，而成为一盘散沙，造成整个多智能体系统瘫痪。

分布式多智能体系统中各 Agent 彼此独立、完全平等、无逻辑上的从属关系，各 Agent 按预先规定的协议，根据系统的目标、状态与自身的状态、能力、资源和知识，利用通信网络相互间通过协商与谈判，确定各自的任务，协调各自的行为活动，实现资源、知识、信息和功能的共享，协作完成共同的任务，以达到整体目标。该系统具有良好的封装性、容错性、开放性和可扩展性。根据系统中 Agent 之间的相对关系来划分，通常可以分为完全型网络结构、层次型网络结构、联盟型网络结构，下面详细介绍一下这三种体系结构的特点、优势和不足。

(1) 完全型网络结构。该结构体系要求各 Agent 均具有通信和控制功能模块，并且要保存系统内所有 Agent 成员的信息和知识。完全型网络在解决复杂问题时效率会大大降低，并呈现出一种无组织的状态，其结构如图 4.2.5 所示。

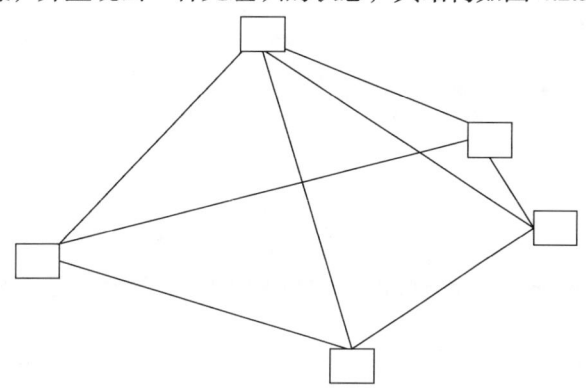

图 4.2.5　完全型网络结构

(2) 层次型网络结构。在该类型系统结构中，Agent 被分为不同的层次，在同一层上的 Agent 彼此不能够直接进行通信，而需要经过其上一层 Agent 来完成。上一层 Agent 负责其下一层 Agent 的决策和控制。该结构中 Agent 不需要保存系统内所有的 Agent 信息，只需要保存下一层 Agent 的相关信息和知识。该结构尽管在通信上不如完全型网络结构简略，但结构层次分明，管理方便。层次型网络结构如图 4.2.6 所示。

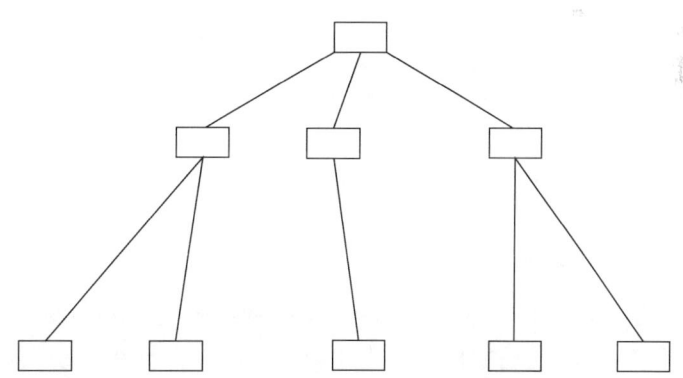

图 4.2.6　层次型网络结构

(3) 联盟型网络结构。该结构系统内的 Agent 按照某种方式(通常按照距离远近、Agent 功能等)，划分为不同的 Agent 联盟。在各联盟内部存在一个协助 Agent，它负责不同联盟之间的通信。不同联盟之间处于对等的关系，类似于完全型网络结构各 Agent 之间的关系，其结构如图 4.2.7 所示。

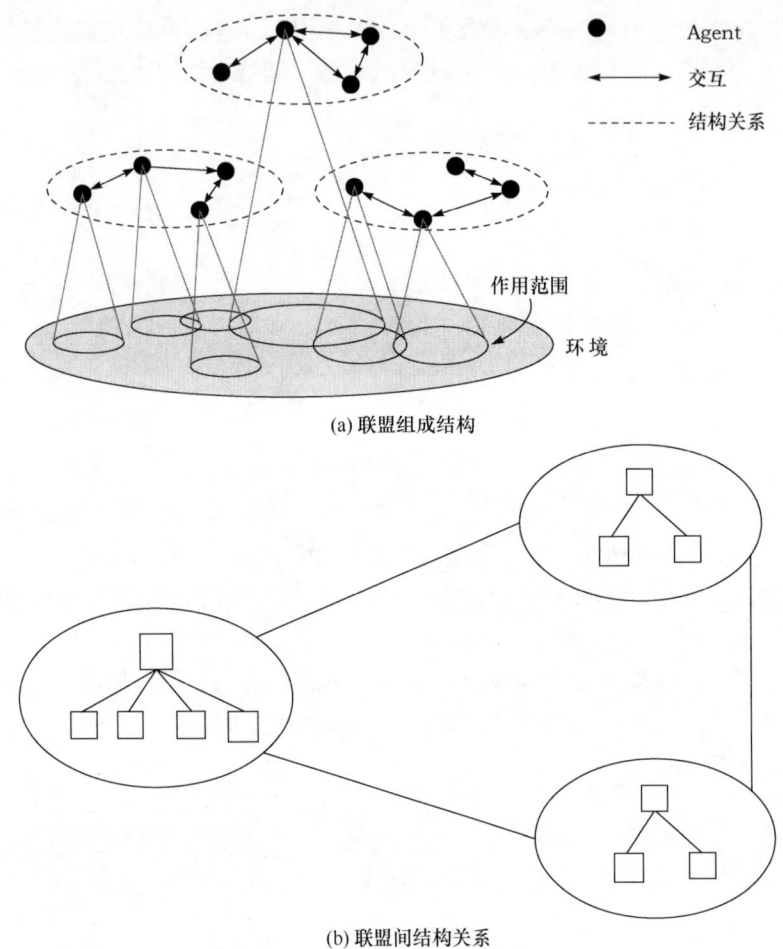

(a) 联盟组成结构

(b) 联盟间结构关系

图 4.2.7　联盟型网络结构

4.2.3　现代钢铁企业协同化管控趋势

物质流能量流协同是将钢铁企业生产优化的制造执行系统(MES)和能源优化的能源管理系统(EMS)进行协同，实现能源的综合智能调控。物质流能量流协同关注与物质流耦合紧密的能量流的产生-转换-缓冲-使用-回收等能量流网络各个环节，通过能源高效转化、适当缓冲能力、减少能量流网络损耗等途径，实现能量流网络动态平衡、能质匹配[32]。

协同管控(图 4.2.8)是在能源管控、生产调度、物流管理、安防及设备监视等功能的基础上，将物质流、能量流、信息流充分结合，并与其他信息化系统，如 ERP、MES 协同运行，通过采用运筹学的线性规划和动态规划方法，以基于规则的分型调度模型为基础构建协同调度。概括来说，就是钢铁厂通过供应链管理

(SCM)及客户关系管理(CRM)获取合同，在 ERP 系统中进行工艺路线和生产标准的评估，形成主生产计划，然后在 MES 中分解成作业计划，同时生产调度需要了解最新的设备和能源运行情况、产品质量判定、产品加工路线以及生产完成情况等。这些信息可以分别由 ERP 的合同管理、实验室信息管理系统(LIMS)的质量管理、ERP 的基础数据管理、MES 的物料跟踪等系统提供，并通过详细的生产计划管理实时反映到物料需求计划当中，供协同管控使用。

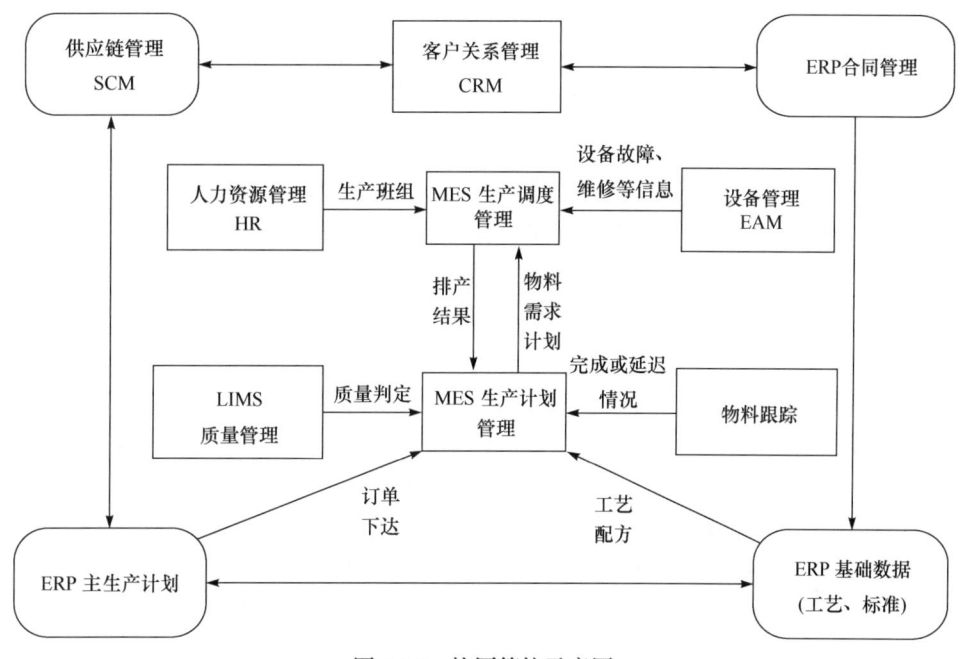

图 4.2.8　协同管控示意图

钢铁企业协同优化就是钢铁制造智能化。钢铁制造将注入"简单、流畅、高效"的智慧基因，方便实现定制化的产品生产、个性化的产品研发和精准化的材料制造。

钢铁企业协同优化将具有最强"智慧大脑"；是基于信息物理系统、大数据、人工智能、边缘计算等新一代信息技术的智能决策与综合管控平台；既是内部生产运营决策的指挥中枢，又是外部产业链智慧协同平台。实时、科学的决策指令将从这里发布，最优化、高效化的资源配置将从这里开始。

钢铁企业协同优化将是"智慧有机体"；是能够自感知、自组织、自决策的智慧体系。能量流、物质流、信息流组成有机体的"血液"，高效、连续、平稳运行的制造系统各个环节组成有机体的"骨骼"，保证物质、能量、信息的动态平衡和运行优化。

钢铁企业协同优化是"智慧材料服务商"。数字孪生技术、大数据与云计算技术可使产品迭代加速。大规模个性化定制模式使得钢厂实现柔性生产。第五代移动通信、大数据及人工智能等技术，能够实现全流程过程质量管控与追溯，满足用户个性化需求，更敏捷、更优质、更高效。

钢铁企业协同优化基于钢铁全生命周期理念，信息技术与先进节能环保技术的结合更紧密，节能、环保、安全领域管控更智能化，钢铁制造更绿色；能够实现产品从设计、生产、应用到回收的闭环追溯。优质、高强、长寿命、可循环的绿色钢铁将引领材料应用的绿色化发展。钢铁材料可循环利用的特点和优势进一步得到体现。

钢铁企业协同优化与上下游产业链共享要素和资源，产业界面将更加融合，将形成极具活力和竞争力的产业生态圈。上、中、下游产业智慧协同，精准衔接，产业链、创新链、金融链等多维要素资源配置更优化、更高效。钢铁未来工厂基于自动化技术、网络技术及钢铁制造技术的发展，集中操控、远程控制和维护得到普遍应用。钢铁未来工厂将被"揣进口袋"，员工将从单调重复的体力劳动更多地转向知识化、技术型工作；将从危险性高、重复性强、难度大、环境恶劣的劳动岗位上解放出来，转变成远离高温、高压、高危、高粉尘的知识型工作者。员工能动性得到更好的发挥，员工个人价值也能够得到更好的体现。钢铁产业将由劳动密集型向技术密集型转变，生产效率的大幅提升使得员工收入水平得到提高。人们对和谐、美好工作生活的向往将在钢铁企业协同优化中得到实现。

加快发展智能制造，是培育钢铁发展新动能的必由之路，对于钢铁工业推动供给侧结构性改革，打造竞争新优势，实现钢铁强国具有重要战略意义。在推进智能制造发展的过程中，既要化解面临的巨大挑战，又要抓住机遇加快转变和创新，需要瞄准新目标、培育新模式、发展新业态、壮大新动能。

到2035年，钢铁智能制造将取得重大突破，企业生产、经营和管理的主要领域、主要环节得到充分有效应用，业务流程优化再造和产业链协同能力显著增强，重点企业实现设计研发创新能力、生产集约化、绿色环保和管理现代化水平大幅度提升。

质量更优：实现产品质量更稳定、更优质，一致性更好。

创新领先：实现产品研发与创新的周期缩短与成本降低，高效满足用户需求。

能效最优：智能化能源管控系统普遍应用，实现全流程水、电、气、汽精准管控，降低能源消耗。

环境更好：智慧环保与智能制造协同管控体系建立，实现钢铁企业更绿色环保。

效率更高：智能化技术与工艺设备、工艺流程、生产操作及辅助工序、全过程控制深度融合，实现制造更顺畅、更稳定，生产效率明显提高。

管理高效：多维度业务优化整合与协同，实现企业管控精准化、决策科学化和运营一体化，管理创新增效明显。

协同共赢：建立产品全生命周期管理、客户关系管理、供应链管理系统，实现产业链上下游企业间共享协同共赢。

钢铁智能制造发展，其自感知、自学习、自决策、自执行、自适应等功能强大，在研发、制造、管控、服务等方面不断实现模式创新。

基于智能制造的大数据，建立材料机理模型，实现从产品的合金元素、组织结构、材料性能到工艺参数的模拟仿真及深度挖掘，指导旧产品改进和新产品研发，实现产品的精确设计。基于智能制造的大数据，建立工厂总体设计、工艺流程及布局的数字化模型，通过模拟仿真，做到生产流程数据可视化和生产自主优化，实现对物质、能量、信息、资产的全流程监控。最终，基于工厂的"智能大脑"，通过在线模拟产品开发、流程设计、生产组织，实现产品快速迭代、工艺持续优化、管控不断精益。

基于新一代信息技术和工业互联网技术，高度集成企业大数据运用，畅通从客户到制造端的衔接，颠覆传统钢铁生产模式，实现生产的精益化、柔性化、智能化，产品交付的敏捷化、准时化，协同服务更快速、更高效、更互动、更便捷，形成完善的基于大数据驱动的企业研发、设计、生产、营销、供应链管理和服务体系，显著提升满足下游用户个性化需求的能力。

基于网络化制造产业链资源协同系统平台，实现钢铁企业同上下游资源和需求的有效对接，实现集团型企业基于订单的内部资源合理调配，以及各产线或厂区和供应链的并行组织生产；建立基于产品、能源、资源全生命周期的管控体系，实现从产品研发、生产制造到使用、循环利用及产业间高效协同；建立基于资源协同的可持续优化制造服务系统，实现钢铁产业链创新资源、生产供给和服务能力高度集成，显著增强资源和服务的动态整合与柔性配置水平。

基于钢铁企业设备检测及控制(PLC)、过程控制、车间及厂级制造执行系统、企业资源计划系统、企业管理及决策支持系统"五级"基础架构，推动大数据技术、数字孪生技术及工业互联网技术融合应用。有条件的钢铁企业率先实现扁平化管控运营发展，实现由五层向两层压缩集成，两层即决策层(整合管理决策系统及 ERP)和制造层(整合 MES/PCS/PLC)。钢铁企业精准化管控、高效化运营得到实现。

钢铁智能制造发展，可建立新型业务架构，开展新型研发创新，构建新型管理决策机制，建成信息共享、业务集成、并行协同的新体系，生产、经营、研发、质量管控实现闭环控制和良性循环，打造现代化、数字化、精益化的"智"造工厂，形成钢铁智能制造新业态。

基于工业互联网，创建由边缘层、平台层、应用层组成的三层技术支撑体系。其中，边缘层实现数据汇集、实时分析、实时监控；平台层(包括数据中心、知识中心)为应用层提供数据、信息、知识的支撑；应用层基于经营、执行、控制等自主智能组件，无缝集成智能制造各项功能。

基于信息物理系统，创建物理系统、信息系统、大数据中心和"数字孪生"四位一体的业务架构。新的业务架构打破了多层条块分割的"孤岛"，实现上下游联动、全流程智慧决策和精准执行。通过数据实时汇集、信息按需流动、知识充分分享，实现流程横向贯通、管控纵向协同、高效快速响应、全局统筹优化。

推动研发、技术、质量、服务在线协同。以客户需求为导向，个性化定制为目标，实现定向精益研发。产品性能预判、工艺过程质量控制、质量风险管控智慧化，实现产品质量预报。上下游企业"零库存""零距离"成为常态，实现智能营销。通过产品全生命周期智能质量管控和检测，为研发生产提供数据支撑，实现产品快速定向研发和质量改善。

建立采购、生产、质量、销售、财务等全要素的大数据分析平台，搭建分析与预测功能架构，构建新型管理决策机制，实现经营绩效状况的科学分析与直观展示，及时发现经营中的短板问题，实现智能精准化管理，大幅度提高管理效能。

基于钢铁生产、能源转换、废弃物消纳处理三大基本功能，融合智能制造新技术，实现横向集成、纵向集成和端端集成，从新材料、新技术、新流程、新管控、新运营、新形态，多维度培育钢铁工业发展新动能。

建立基于物联网、大数据、人工智能等技术的数字化研发、全流程质量管控体系，实现从产品设计、制造控制、质量追溯、质量预测、质量分析至质量改进的闭环，推动钢铁材料加速迭代升级和更新、更高、更优的钢铁新材料研发。智能制造将成为引领用钢需求，开拓市场空间的新动能。

将以装备自感知、自执行，工艺自适应，生产自决策，知识自积累，技能自学习为特点的新技术广泛应用于钢铁制造，排除人为干预，规避随机事件的发生。智能制造将成为保证生产平稳、效率提升的新动能。

实现产品研发、设计、生产到服务全过程协同优化；实现物质流、能量流、信息流三流协同，生产全流程紧凑连续、动态有序；通过网络协同，实现供应链的优化，向上保证生产供应需求，向下提供有效、及时供给。新流程更高效、更安全、更节约，成为显著降低生产成本的新动能。

基于数学模型的市场资源平衡计划，实现科学制订生产指标，建立基于动态平衡的产供销一体化计划，科学指导采购、销售与生产，实现产供销协同，适应市场变化；基于设备高度自动化和智能化，实现操作岗位自动化、危险岗位自动化、高负荷岗位自动化，让员工从事简单的重复性劳动转变为更多地从事知识性、技术性工作，增强员工的幸福感和获得感；基于大数据和各类模型，具备全流程精准预测能力，使企业内无随机事件发生。钢铁企业管控智能化成为保障全流程顺畅、平稳、高效运行的新动能。

全球定位系统、物联网、人工智能、大数据分析、数字孪生、机器视觉等技术融合于物质流、能量流中，实现高精度、高智能的自主导航与无人驾驶作业，实现厂外物流可视化、厂内物流无人化，提高物质流、能量流运转效率，降低物质流、能量流运输成本，降低安全事故发生率。基于大数据平台，钢厂经营情况更加迅速、透明、全面地得到反映，实现资金使用更高效，资金调配更科学，资金流转更通畅，大幅降低财务成本。钢铁企业运营智能化成为提高效率、降低成本、保障安全的新动能。

物联网、人工智能、大数据分析等技术的应用，以及大规模定制新模式、网络协同制造新模式、扁平化精准管控新模式、研发生产数字化新模式的建立，打造出钢铁行业发展的新形态。

服务型制造新形态，从以产品生产为中心向以用户需求为中心转变，突出材料服务功能，增加钢铁附加值。平台型制造新形态，以数据平台为支撑，打破企业、行业乃至国家的藩篱，支撑企业依托产业链或企业集群竞争，统筹国内外两个市场，增强企业竞争力。绿色化制造新形态，依托智能型节能、环保、安全管控系统实现钢铁低碳绿色制造，让钢厂与城市和自然更融洽。服务型、平台型、绿色化钢铁制造新形态将成为实现钢铁企业转型升级的新动能。

4.3 全流程动态-协同-连续-优化的智能制造系统

4.3.1 钢铁生产的耗散过程和耗散特征

钢铁全流程生产过程生产周期长，涉及很多道工序，每个工序都包含多个不同的机组，工序之间的物料流向十分复杂，资源需求量大并且资源需求在大时间尺度上具有波动性等特征。为了保证钢铁生产的连续性，在对各工序间的物料进行决策时，首先要考虑机组的产能，其次要考虑库存能力约束。因此，本书从全流程物流优化的角度对多种工序间的物流配置进行优化，以便使钢铁企业的物流成本、库存费用及产能损失都得到最优化。

从热力学角度分析钢铁生产流程，可将研究对象概括成三种不同条件下的热力学系统：孤立系统、封闭系统和开放系统(图 4.3.1)。

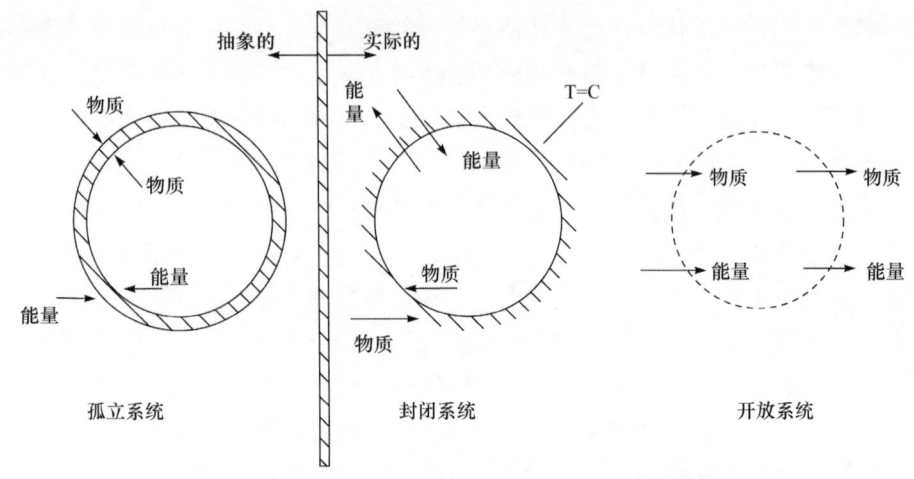

图 4.3.1 孤立系统、封闭系统和开放系统关系图

孤立系统的特征是与外界环境既没有物质交换也没有能量交换，这种系统是一种理论抽象的模型。宏观看待孤立系统，其过程的终极趋向是系统的熵增为零，系统达到最高的均匀度和静态平衡。在经典热力学研究中，通过孤立系统的平衡计算判据，以判断发生在孤立系统中各类过程进行的方向和限度。需要指出的是，在回答过程进行的可能性、方向和限度时，并没有给出时间因素的影响。

封闭系统是在给定温度条件下与外界环境有能量交换，但没有物质交换。从宏观看，其自发趋势：一是向某种近平衡状态转变，其过程转变的结果与能量交换的多少有关；二是达到非平衡的稳定态，该状态的特征参数不再随时间变化。可以看出，在研究封闭系统的变化过程时，已经需要考虑时间因素及其带来的影响效果了，因而较为接近某些现实情况。钢铁生产中现实的例证有，与外界不进行物质交换的感应加热系统或电磁搅拌系统等。

开放系统和外界环境之间是敞开的，即系统与外界环境之间既有物质交换，又有能量交换，这是自然界中最为普遍的现象。从宏观看，当该系统处于远离平衡态的非线性变化区域时，可通过某些干预措施和利用其内在的"涨落"及非线性相互作用机制，使该系统由某种混沌状态转变到动态-有序状态，形成"活结构"。这种动态-有序状态的维持需要不断地与外界环境进行能量、物质交换(输入、输出)，并使系统的结构状态保持一定的稳定性，不会因外界微小的扰动而消失。既然开放系统需要与外界有持续的物质和能量交换，必然导致"流通量"(物质流和能量流)的介入和时间因素的全程参与。改变"流通量"和变换干预措施(即他组织手段)，都可能使系统从一个动态-有序状态跃迁到另一个动态-有序状态。其中，已经体现出维持系统运行所必需的物质消耗和能量消耗的深刻内涵。在钢铁生产过程中，开放系统随处可见，可具体到某一单元工序的生产过程(如高炉炼铁过程、连铸过程、钢厂生产流程等过程),也可扩展到钢铁制造的全流程。对于钢厂的实际生产过程的优化而言,则期望获得消耗成本较低的动态-有序状态的持续保持。

普里高金把远离平衡的非线性区内形成的动态稳定的有序结构称为耗散结构。耗散结构必须在开放系统中才能形成,也必须和外界环境持续地发生能量、物质和信息的交换,进而通过过程系统内部各组成单元的特征参数适度、合理的"涨落"和各单元之间的非线性相互作用(包括网络化整合、程序化协同等),耗散外界流入的负熵,在各组成单元之间产生协同作用和相干效应,形成动态-有序运行的耗散结构,使系统从混沌状态转向动态-有序状态,并获得自组织性和不同的自组织化程度。

钢铁制造流程具有诸多功能不同的组成单元、复杂的结构和与此相关的运行规律。它具有多层次性(原子和分子、场域及装置、区段过程、整体流程)、多尺度性(时间、空间、质量等方面)、有序性和混沌性(在功能、时间、空间等方面),也具有多种可能的联结-匹配和缓冲-协调(动态)方式。钢铁制造流程整体效率/效益的提升,是以不断地追求最佳化的动态-有序新结构和连续(准连续)-紧凑方式运行为目标,并实现流程运行过程中耗散的"最小化"。

可以看出,研究钢铁制造流程的工程优化和技术提升问题,不能仅靠用孤立系统/封闭系统的概念、方法来解决,以往人们习惯使用的对单元工序或过程的质-能恒算方法,只能为研究者获得维持单元工序或单元过程可以进行的静态平衡关系,却忽视了对所研究对象系统的本质——耗散结构的输入-输出特征以及各构成单元之间复杂关联关系的认识,因而在某种程度上掩盖了对研究对象持续改进的方向;在解决全流程系统优化问题时,拘泥于片面地追求局部"平衡"或某一单元工序某一特征指标"最佳",在生产实践中过分追求单元工序中某一指标"最佳",可能反而会导致全流程运行过程中耗散的增大,引起得不偿失的效果。

由于"流"的运动具有时-空上的动态性和过程性,"流"在动态运行过程中输出/输入具有矢量特征,为了减少运行过程耗散,必然要求"流程网络"简捷化、紧凑化。作为流程制造业工厂的"硬件"之一,优化的"流程网络"是十分必要的,否则就会导致"流"的运行过程出现无序或混沌。这一点在钢厂的新建或技术改造中应作为重要的指导原则之一(图 4.3.2)。

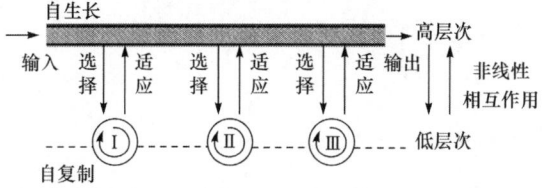

图 4.3.2 不同层次的非线性相互作用

"流"的动态过程性质,必然蕴含着"运行程序"。"运行程序"合理,则促进"流"进入动态-有序、稳定状态;反之,如果"运行程序"不合理或是失稳,则将导致"流"不时进入混沌、失稳状态。在开放系统的持续不断地输入/输出过程中,建立起合理的"流程网络"和优化的"运行程序"可以使开放系统运行过程中的广义"力"和广义"流"之间通过非线性相互作用,实现功能的、空间的、时间的自组织系统——动态有序化的运行系统。也就是说,通过构建一个合理、优化的"流程网络"(如平面图等),随着"流程网络"中各个"节点"运动的"涨落"以及各"节点"涨落之间的协同关系,可以形成一个优化的非线性相互作用的场域(结构),并通过编制一个反映流程动态运行物理本质的自组织、他组织调控程序,实现开放系统中各运行工序/装置之间的非线性"耦合",使"流"在动态-有序运行过程中物质/能量的耗散最小化,从而形成开放系统合理的"耗散结构"(图4.3.3)。

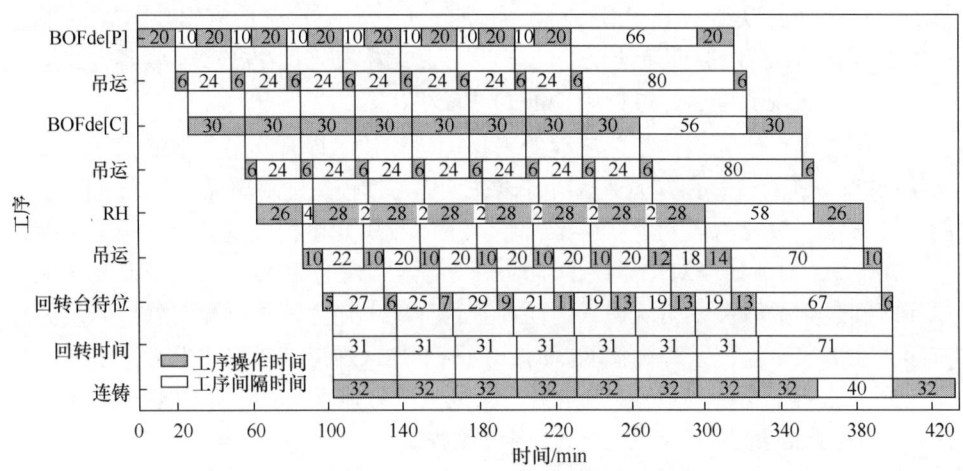

图4.3.3 钢铁冶炼全流程甘特图(非线性相互作用,间歇运行服从连续运行)

智能化钢厂"结构"优化为智能钢厂"程序"优化奠定了基础,是智能化的必要条件,智能化钢厂"程序"优化是智能化的充分条件,两者有机结合,相互促进。智能化钢厂"程序"优化侧重全局性集成优化,通过物质流、能量流、信息流三网协同运行,实现多目标优化,使得过程耗散"最小化"。主要优化内容包括全流程产品质量管控、一体化计划调度、物质能量协同、多工序协调优化等。

4.3.2 基于信息物理系统的集成优化

先进制造技术与信息技术深度融合,正推动钢铁工业不断向智能化方向发展,实现钢铁工业由大变强的历史跨越。因为钢铁企业物理系统是由异质、异构的组成单元(子系统)构建而成的,要实现智能化须理解制造流程的本构性特征及其动态运行的物理本质和机理,必须充分理解制造流程动态-有序、协同-连续运行过程的耗散过程和耗散特征,必须解决异质-异构的子系统之间的相互辨识、相互感知、相互作用、相互协同的关系,从而以优化的"嵌入"件的方式融入数字物理系统之中,促进全流程的优化、协同[33]。在此基础上,实现基于 CPS 的集成优化。

在信息物理系统的推动下,大数据驱动知识学习、跨媒体协同处理、人机协同增强智能、群体集成智能正在成为发展重点,为人类提供认识复杂系统的新思维、改造自然和社会的新技术。其中进一步突出了人的中心地位,是统筹协调"人"、"信息系统"和"物理系统"的综合集成大系统。在 HCPS 中,人类智慧的潜能将得以极大释放。HCPS 最本质的特征是其信息系统扩充了学习认知功能,使系统不仅具有强大的感知、计算分析与控制能力,更具有学习提升、产生知识的能力。

结合钢铁制造流程动态运行的物理本质可以看出,流程运行过程有三个要素,即"流"、"流程网络"和"运行程序",与 CPS 的概念是一致的。即钢铁制造流程是由融合着复杂的物理输入/输出的物质流网络、能量流网络和信息流网络所组成的数字物理系统。钢铁企业智能化不只是数字信息系统,不能仅从数字化一侧来推动钢厂智能化,要与数字化物理融合系统的概念相对接,突出"流"、"流程网络"和"运行程序"的概念,特别是优化的物质流网络、能量流网络和信息流网络之间的协同运行,实现全厂性动态运行、管理、服务等过程的自感知、自决策、自执行、自适应。

将智能制造的理念融入钢铁企业物流管理中,建立基于 HCPS 的钢铁物流管理架构,如图 4.3.4 所示。在工业互联网和云平台的支撑下,人、信息系统、物理系统三者有机结合。其中,系统的"知识库"是由系统研发人员和智能学习认知系统共同建立,它不仅包含系统研发人员所能获取的各种知识,同时还包含研发人员难以掌握或难以描述的知识规律,而且在系统使用过程中还可通过自学习而不断成长和完善。HCPS 的核心关键技术是具有学习发现有关知识规律并有效实现人机协同的能力。

信息物理系统是一个大系统,主要由智能产品、智能生产和智能服务三大功能系统以及工业智联网和智能制造云两大支撑系统集合而成(图 4.3.5)。信息物理系统技术是一种核心使能技术,可广泛应用于离散型制造和流程型制造的产品创新、生产创新、服务创新等制造价值链全过程的创新与优化。

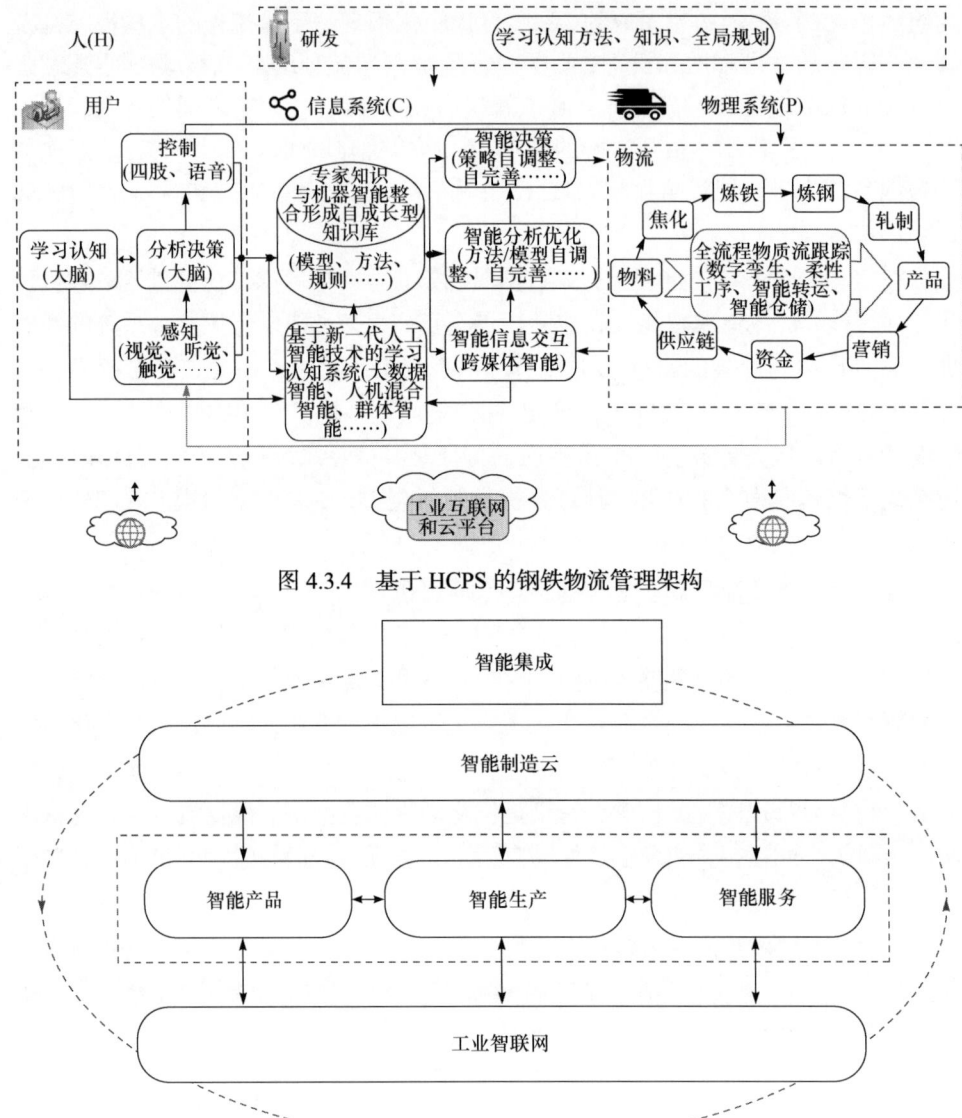

图 4.3.4 基于 HCPS 的钢铁物流管理架构

图 4.3.5 信息物理系统的系统集成

产品和制造装备是智能制造的主体,其中,产品是智能制造的价值载体,制造装备是实施智能制造的前提和基础。新一代人工智能和信息物理系统将给产品与制造装备创新带来无限空间,使产品与制造装备产生革命性变化,从"数字一代"整体跃升至"智能一代"。从技术机理看,"智能一代"产品和制造装备也就是具有新一代 HCPS 特征的,即高度智能化、宜人化、高质量、高性价比的产品与制造装备。设计是产品创新的最重要环节,智能优化设计、智能协同设计、与用户交互的智能定制、基于群体智能的"众创"等都是智能设计的重要内容。研发具有新一代 HCPS 特征的智能设计系统也是发展信息物理系统的核心内容之一。智能生产是信息物理系统的主线。智能产线、智能车间、智能工厂是智能生产的主要载体。信息物理系统将解决复杂系统的精确建模、实时优化决策等关键问题，形成自学习、自感知、自适应、自控制的智能产线、智能车间和智能工厂，实现产品制造的高质、柔性、高效、安全与绿色。以智能服务为核心的产业模式变革是信息物理系统的主题。在智能时代，市场、销售、供应、运营维护等产品全生命周期服务，均因物联网、大数据、人工智能等新技术而赋予其全新的内容。新一代人工智能技术的应用将催生制造业新模式、新业态：一是从大规模流水线生产转向规模化定制生产；二是从生产型制造向服务型制造转变，推动服务型制造业与生产性服务业大发展，共同形成大制造新业态。制造业产业模式将实现从以产品为中心向以用户为中心的根本性转变，完成深刻的供给侧结构性改革。智能制造云和工业智联网是支撑信息物理系统的基础。随着新一代通信技术、网络技术、云技术和人工智能技术的发展和应用，智能制造云和工业智联网将实现质的飞跃。智能制造云和工业智联网将由智能网络体系、智能平台体系和智能安全体系组成，为信息物理系统生产力和生产方式变革提供发展的空间和可靠的保障。

基于信息物理系统的集成优化具体可分为"结构"优化和"程序"优化。流程结构是指工序功能集合、工序关系集合的适应(协调)性，系统运行的动态可调性，结构优化包括流程工序功能集解析-优化、工序关系集协调-优化、流程系统工序集重构-优化多个层次。流程模型化是流程优化的前提。首先基于流程机理建立物理系统模型，在对流程进行结构化(形成合理的流程网络)、概念化(对多因子物质流运行性质的描述)理解基础上，进行整体物理描述(包括"程序"描述)。进而，基于物理模型建立数字化模型，包括工序数学模型、地理信息系统(GIS)平面布置图、工序关联语义网络和运行"程序"数字化。信息是动态调控流程中各个功能因素的纽带，是制造流程集成优化的重要基础之一。流程中各个工序的输入集(I)，在经过流程中各个工序(X)作用后形成相应的输出集(O)，从输入集到输出集的转变受工序功能集(F)和工序关系集(R)控制，并经过控制策略集(C)的调控。在这个过程的各个层面形成对应的信息子系统，进而集成到决策中心并形成制造流程信息系统。融入信息流的流程结构优化过程如图 4.3.6 所示。

"结构"优化为智能钢厂"程序"优化奠定了基础，是智能化的必要条件，智能化钢厂"程序"优化是智能化的充分条件，两者有机结合、相互促进。智能化钢厂"程序"优化侧重全局性集成优化，通过物质流、能量流、信息流"三网"协同运行，实现多目标优化，使得过程耗散"最小化"。主要优化内容包括全流程产品质量管控、一体化计划调度、物质能量协同、多工序协调优化等。

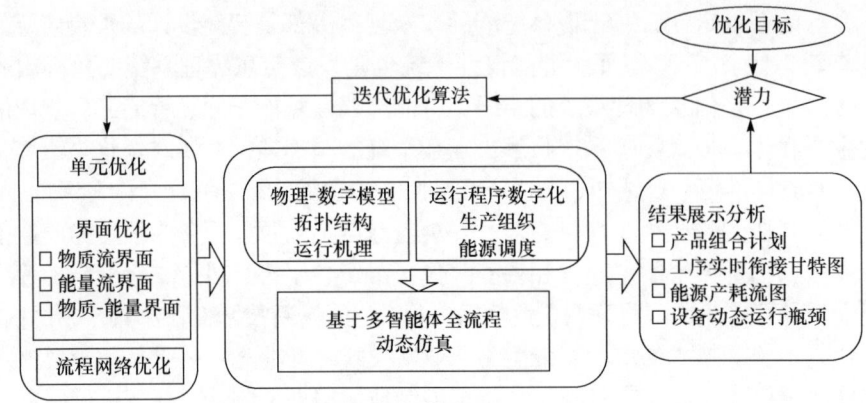

图 4.3.6 融入信息流的流程结构优化过程

综上所述,信息物理系统内部和外部均呈现出前所未有的系统"大集成"特征。一方面是制造系统内部的"大集成":企业内部设计、生产、销售、服务、管理过程等实现动态智能集成,即纵向集成;企业与企业之间基于工业智联网与智能云平台,实现集成、共享、协作和优化,即横向集成。另一方面是制造系统外部的"大集成":制造业与金融业、上下游产业的深度融合形成服务型制造业和生产性服务业共同发展的新业态。智能制造与智能城市、智能农业、智能医疗等交融集成,共同形成智能生态大系统——智能社会。信息物理系统大集成具有大开放的显著特征,具有集中与分布、统筹与精准、包容与共享的特性,具有广阔的发展前景。以 HCPS 为基础,以生产高度数字化、网络化、机器自组织为标志的第四次工业革命为制造业提供了一次难得的机遇,同时也为钢铁企业转型发展指明了道路。在一场新的工业革命到来之际,需要正确认识智能制造,提高智能制造推进整体水平,明确企业自身与智能制造之间的差距和实现路径,更科学、更合理地配置资源,使企业竞争力在推进过程中得到充分体现。

第5章　钢铁智能制造系统的未来

5.1　知识的生产与管理

5.1.1　隐性工艺知识挖掘

工艺知识管理面向产品的全生命周期，涉及企业产品设计、生产和管理的各个环节，尤其是对工艺决策、工艺设计的重要支持。工艺知识的实时共享、安全传递和快速准确的查询，可以实现工艺知识的高效利用，保障产品工艺的合理、快速设计，从而缩短产品的开发试制、投入市场的时间，节约成本，增强企业的竞争力。相反，不注意知识的积累、管理和重用而导致的知识资源流失，已经成为困扰企业发展的瓶颈。因此，分析工艺知识管理的特点，建立工艺知识管理系统体系结构是实现钢铁智能制造的关键技术。

知识是人们在生活、劳动和在与自然界做生存斗争的过程中，获得的对客观世界的认识和事物之间的联系，以及改变客观事物的能力和经验，通过提炼和升华形成有系统的数据、信息和规律。知识产生于人类的实践和思维活动，是信息经过加工整理、解释、挑选和改造而形成的，是人们进行决策的基础。知识是对信息的提炼和归纳，信息是原始数据经过加工处理而得到的，数据来源于生产实践和对客观世界改变和发现，而知识又用来指导生产实践。数据、信息和知识三者之间是层层递进的关系，同时又相互影响，如图 5.1.1 所示。

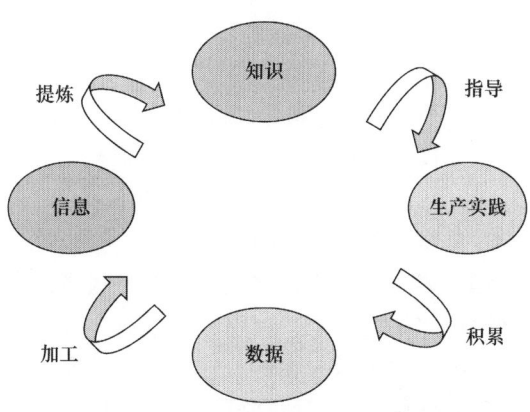

图 5.1.1　数据、信息、知识三者的关系

知识具有以下的特性：

(1) 共享性。知识可被多个用户同时使用。随着网络技术的发展，不同的用户可以借助网络在不同的地点和不同时间同时使用同一项知识，但并不会造成知识的减少。

(2) 可传播性。知识可以在无限的范围内传播，可以借助多种媒介进行传播，其传播速度之快、范围之广是其他物质所无法替代的。

(3) 可存储性。知识是信息的一种，而信息又来源于数据，因此，知识也可以存储，以方便用户随时使用。

(4) 可检索性。当知识积累并存储到一定的数量以后，会给知识的使用带来意想不到的困难，要想从众多的知识当中找到需要的、适合的内容，必须通过某种方法和工具进行检索。

(5) 可挖掘性。知识来源于纷繁杂乱的数据，而数据可能是无序的、无规律的，因此可用一定的工具进行挖掘，从中找出隐含的、有用的和有规律的知识来。

知识管理是一个从知识积累、知识创造、知识应用、形成知识平台，到再积累、再创造、再应用、形成新的知识平台的不断循环的过程。工艺知识作为保持企业核心竞争力的重要组成部分，对于新产品研发、保证产品质量以及提高企业管理水平具有重要作用。因此，如何将工艺知识有效地形成记录并实现再利用，是企业不断追求的目标。对于制造企业而言，工艺知识分散在人、机、料、法、环、测各个环节，涉及产品开发、原材料、加工设备和工艺装备、加工方法与加工参数等多方面的知识，甚至包括工艺及生产人员丰富的实践经验，种类多种多样，给工艺知识的获取和管理带来很大难度。

大量工艺知识产生于产品研制阶段，主要表现形式为工艺规程、工艺技术总结、工艺总方案等工艺文件。它们主要以非结构化的文档形式存储在数据库中，通过企业现有的工艺系统进行管理和维护。航天产品在由研制转为批生产过程中，针对已形成的工艺文件进行知识采集和再利用。在工艺知识被利用时，需根据用户要求对工艺文件进行分析、对比、综合、推理，从而形成新的知识并进行有序管理和存储，利用知识地图、分析代理等技术实现知识共享。企业工艺知识管理过程如图 5.1.2 所示。

近年来，随着信息技术和网络技术的飞速发展，学者针对工艺知识的数据挖掘技术进行了大量的相关研究：利用数据挖掘与神经网络结合的方法进行工艺参数优化，利用关联规则描述工艺知识，利用数据挖掘技术提取工艺知识，基于语义结构产生式规则的工艺知识表示方法等。这些研究对推动工艺知识管理技术的研究与应用起到了积极的作用。应用数据挖掘技术处理工艺知识是一个比较复杂的过程，不仅涉及众多的算法，而且通过数据挖掘得到的规则需整理成一定的表

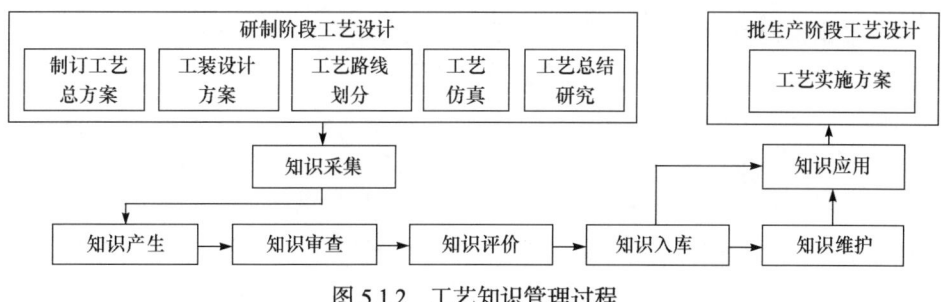

图 5.1.2 工艺知识管理过程

现形式,并建立基于工艺知识的评价机制,然后转换为可用的工艺知识存入工艺知识库。有学者针对航天制造企业工艺知识的管理现状,利用数据挖掘技术提出了工艺知识管理框架。

(1) 制造知识管理的特点。知识管理主要由知识的获取、产生、储存与维护、传递、应用、评估等几个核心流程组成,其关键是在以人为基础的方法、技术与工具之间找到适当的组合及有效的平衡。制造企业的知识管理主要是对生产过程中积累的工艺知识进行有效整合,并优化各个环节之间的关联,形成完整的知识管理体系。

在航天制造企业的知识管理过程中,面对多品种、小批量的生产模式,每一次产品制造过程交付的各类管理和技术资料都需要进行整理与收集,工艺知识资源庞大且零散。因此,可利用信息技术,从梳理企业核心业务入手,在企业各类管理信息系统的基础上进行系统集成和综合应用。在知识获取的过程中,对工艺知识的分类方法进行研究,设定知识点所具有的分类特征和知识属性,在此基础上按照多个维度设计知识获取模型。

在知识采集过程中,使用数据挖掘技术建立工艺知识获取模型,利用挖掘模型分析工艺设计、产品制造、产品装配等过程因素与产品质量之间的相互关系,找出工艺参数设定、操作过程等因素对产品质量的影响程度,从而有效地提高工艺水平,缩短产品的研制生产周期,提高产品质量,降低生产成本。

(2) 数据挖掘的过程模式。数据挖掘是许多学科的交叉应用技术,不仅是面向特定数据库的检索和查询,更重要的是对数据进行微观和宏观的统计分析,并进行综合推理,从而发现事件之间的相互关联关系,甚至利用已有数据对未来活动进行分析和预测。

数据挖掘的过程主要包括数据分析、数据准备、模型建立、数据挖掘、结果分析与知识应用几个阶段,这些阶段在具体实施过程中可能需要重复多次,在完成数据挖掘的过程中,需要业务分析、数据分析和数据管理等人员的参与。

数据挖掘首先要通过简单的数据分析明确数据挖掘对象,认清数据挖掘的目标。在数据挖掘的过程中,虽然最终结果或最终结构是不可预测的,但对数据挖掘分析的目标问题要明确。模型的建立应从数据分析开始,选择合适的变量可提高挖掘的效率和准确性。

在模型建立过程中,通过对多种可选模型进行应用分析,最终找出能解决目标问题的最优模型。在确定模型的过程中,需要根据试验结果对设定的参数不断进行调整。经过数据分析得到的结果要进行评估和判断,实际数据分析结果与建模时的结果相比往往有一些差异,还需通过可视化工具展示数据挖掘结果,并进一步分析数据挖掘结果的差异性和可用性。

工艺知识包含的类型一般分为工艺实例、工艺规则、工艺资源等,知识获取就是抽取领域知识并将其形式化的过程,通过业务流程和应用系统进行工艺知识的数据交换与共享,从而获得全面、系统、有针对性的工艺知识信息。工艺数据库存储的信息主要是非结构化的文档,主要包括通用规程、工艺规范、工艺成果攻关、典型工艺方法等,在知识积累阶段对非结构化的文档进行有序管理并进行存储。利用知识发现技术生成有用的知识是一项复杂的工作,需根据用户的需求对有关信息进行分析、对比、综合、推理等形成新的知识。基于数据挖掘的工艺知识管理框架如图 5.1.3 所示。

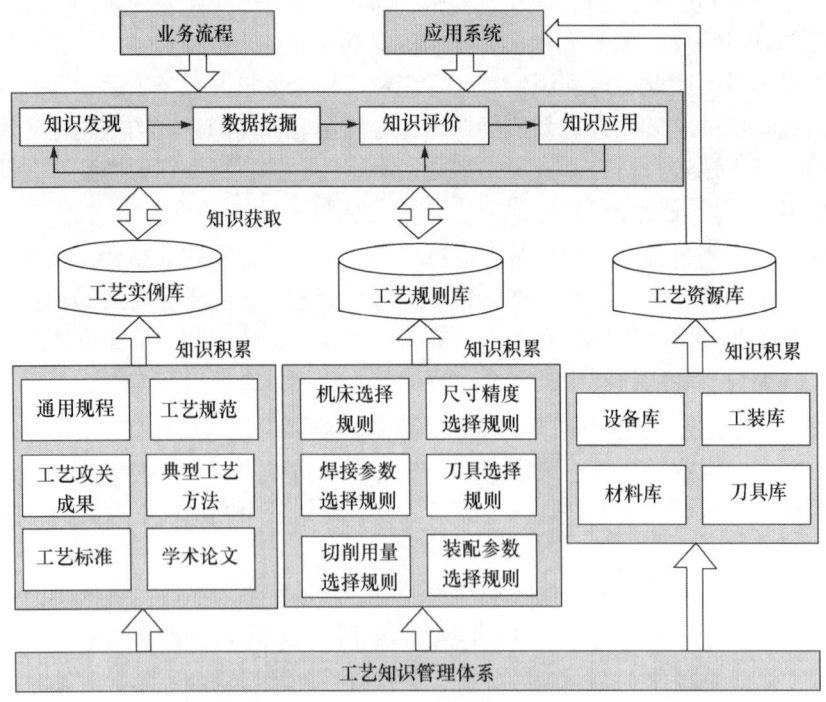

图 5.1.3 基于数据挖掘的工艺知识管理框架

工艺知识管理框架以工艺实例库、工艺规则库和工艺资源库为基础,以数据挖掘为核心,通过对企业业务流程和应用系统的数据集成,以及以非结构化的文档存储的知识库进行知识发现。通过对隐性知识的挖掘,所获得的经验和知识通过知识评价确认后进行固化,存储在工艺实例库和工艺规则库中,实现工艺知识的应用。通过数据集成,实现工艺知识的桌面推送,搭建基于知识和规则的工艺设计信息系统等。

5.1.2 钢铁制造知识的结构化管理

为了实现智能制造的目标,就要搞清楚两类问题:要感知什么、如何决策。其实,在 MES、ERP 等传统信息系统中也要解决这两类问题。在钢铁行业,这两类问题的答案体现在各种标准中,如产品标准、工艺标准、操作标准等。这些标准明确了操作端收到什么信息、如何执行。这些标准是与产品和生产相关的、企业的核心知识。在智能制造时代,要管理的知识仍然是与产品和生产相关的、企业的核心知识,但针对的问题有所不同。在作者看来,智能制造对应的知识,几乎都可以看成是对已有"标准知识"的修订或拓展。例如,新产品开发需要设计新标准、新用户来了要选择标准、标准要不断优化、生产参数超出标准要及时处理、产品的使用方法可以标准化等。这些知识过去是存在于专家的脑子中。在智能制造时代,则需要将它们显性化、规范化,最好能变成程序或标准的数据结构,以便于协同甚至被计算机直接应用。所以,"知识管理"是智能制造的重要内容[34]。

知识管理能力作为企业经营与发展能力的高级阶段,国内外众多专家学者从不同角度对其进行界定。Chuang[35]将知识管理能力定义为一个企业创造、组织、转移并应用知识资源的能力,一种将知识与其他资源和能力综合的过程所表现出来的能力。Tanriverdi[36]认为,一个企业可能在不同领域分别具有不同的知识管理能力,因此将知识管理能力分解为产品知识管理能力、客户知识管理能力和运作知识管理能力;而在每一领域内,知识管理能力又被分解为创造能力、转移能力、整合能力和杠杆能力。总体来说,知识管理是一种全新的管理理念和管理方法,是通过利用组织内外的知识资产开展一系列有利于知识创新的知识活动。知识管理主要是对知识本身的管理,包括对知识的创造、获取、加工、存储、传播和应用的管理;当然从广义看也包括对与知识有关的各种资源和无形资产的管理,涉及知识组织、设备、知识资产、知识活动、知识人员的全方位和全过程的管理。

通过对知识管理狭义与广义的分析,不难发现企业的知识管理和知识供应链有着共性,都是基于知识这个平台,以用户需求为导向,以知识创新为核心,两者的共同点为它们之间的相互应用提供了可能性和可行性。一方面,企业的发展不仅需要内部各部门所提供的信息与知识,同时广泛需要与企业有着往来的其他组织提供的知识,如图 5.1.4 所示;另一方面,知识供应链提供了知识供需市场中的动态知识网络,正是企业知识管理所迫切需要的。因此,知识供应链能够将企业置身于更广阔的知识空间中,在顾客需求的导向下,企业不仅可从物流供应链的成员主体获取知识,同时可从知识供应链中的知识中介等获取知识;而且各主体之间发生着联系,滋生着各种新的知识,为企业知识创新提供着丰富的知识源泉。因此,利用知识供应链能够有效提升企业知识管理的能力,不断提升企业的知识和技术含量,利于企业获取知识的竞争优势。

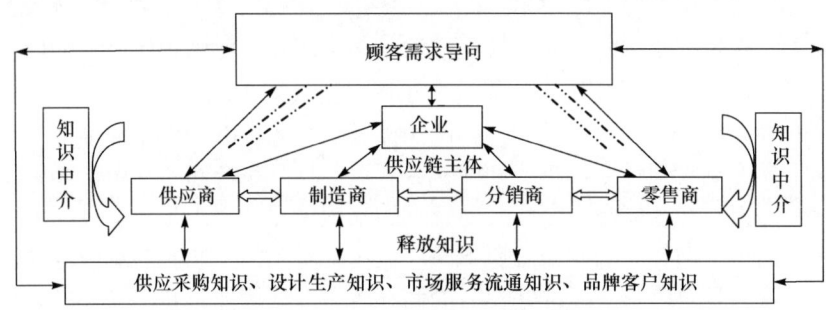

图 5.1.4　知识供应链中的知识分布

从知识角度分析,企业在经营发展的过程中,不论是知识数量还是知识层次都难以与行业或是供应链的知识总量相抗衡。因此,要想实现企业知识供需的平衡就需要求企业置身于整个知识供应链中,通过企业内外的知识分析,构建企业知识管理的结构化模型(图 5.1.5)。企业在进行知识管理的过程中,由于知识爆炸导致知识的数量呈几何级数的增长,这就决定了企业在面对知识时应该有一定的取舍,企业可以根据自己的优势、弱点与面临的外部机会、威胁确定本组织的知识缺口,如图 5.1.6 所示。一方面,企业的发展受制于政治、经济、社会、科技、自然、人文等外部因素,企业通过收集外部环境的知识信息,把握环境给予企业的知识机会和知识威胁,然后与已经拥有的知识进行比较,得出知识需求 A;另一方面,企业的发展要立足于企业内部所拥有的各种资源总和,从战略层、管理层、操作层等层面分析自身的知识优势和知识劣势,同样和已经拥有的知识进行比较,得出知识需求 B;然后再将 A 与 B 进行比较,最后确定下来企业发展过程中的知识缺口,这是企业进行知识管理的出发点和起点。

从宏观角度看,企业的知识管理不是孤立的,而是处于整个社会知识链条中的某个环节,它与供应商、制造商、分销商、零售商等物流供应链,以及知识代理、科研院所、高等院校等知识中介发生着各种各样的联系。因此,要想实现提升企业知识管理的能力和效率,就必须将企业置身于宏观环境中,面向整个知识供应链进行不同层次性的知识活动,才能为企业自身的知识管理活动提供广阔的视角和能量。基于这样的背景和原因，企业应根据市场用户的不同需求，确定需要的特定知识内容和形式，建立知识节点之间的必然联系。在建立知识供应链的过程中，需要论证建立的必要性和可行性，明确建立的原则，分析建设过程中存在的难点和障碍，并提出攻克的途径和方法。在具体实施之前，需要对已建立的知识供应链进行测试。如果不能实现企业的知识目标，则需要修正和调整，直至符合企业的要求和目标。根据具体实施的效果，如果正向良性发展，可以将之逐渐规范化，建立稳定的知识联盟；反之，则需要放弃已建立的联系，进一步进行论证，发挥企业与知识供应链之间的良性互动。

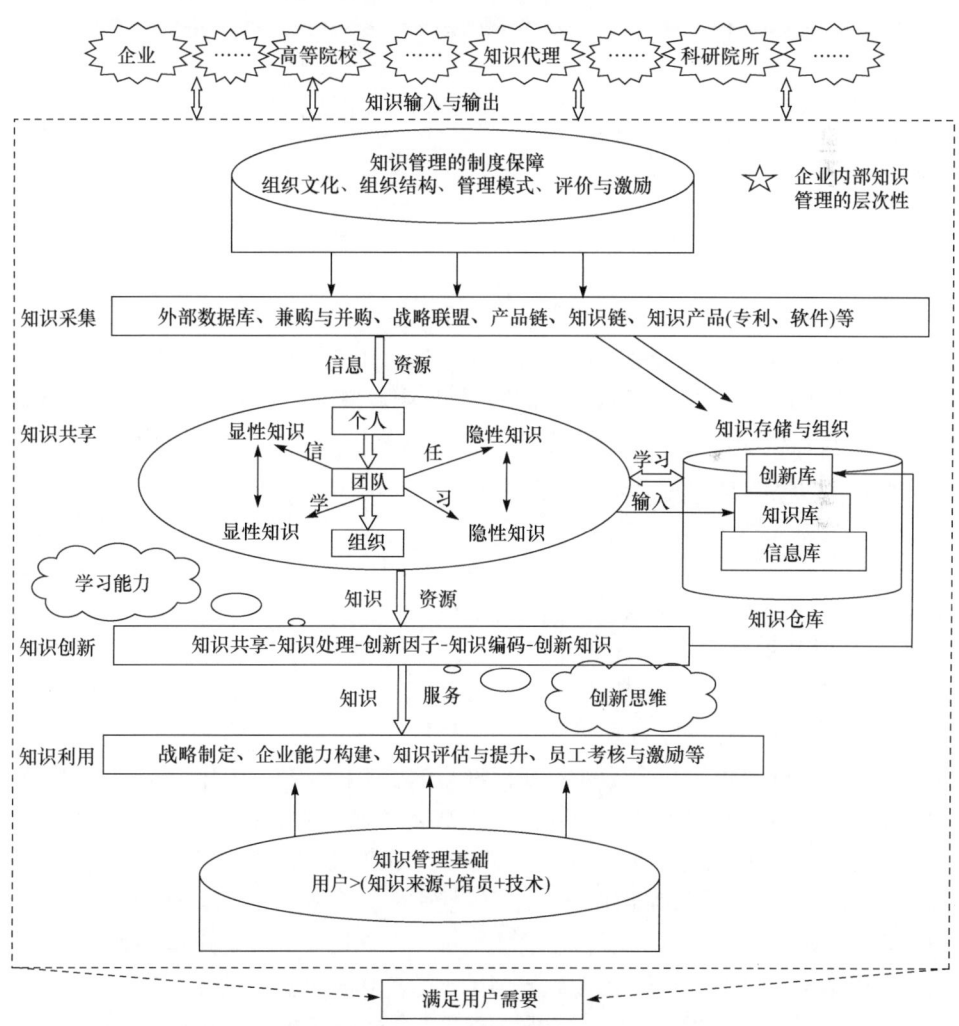

图 5.1.5　企业知识管理的结构化模型

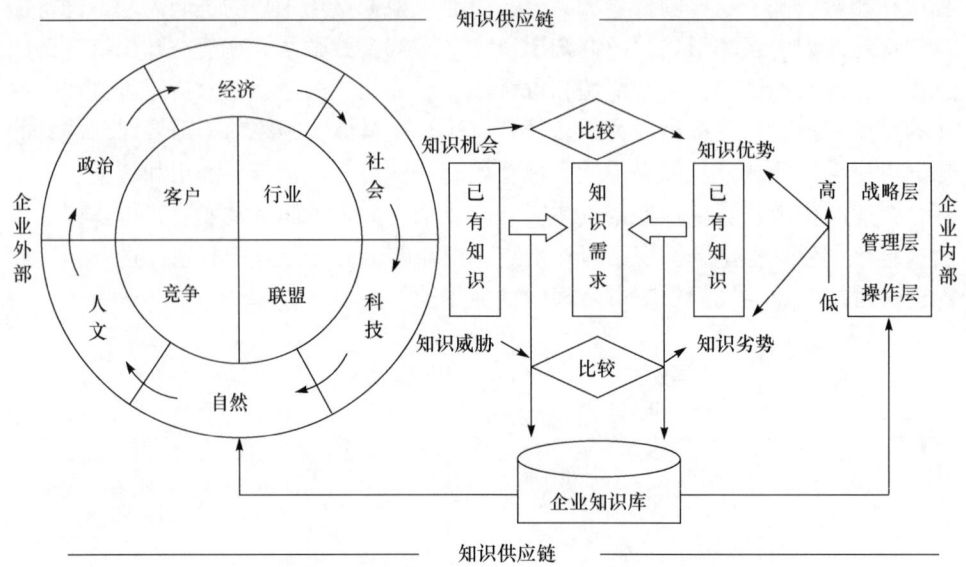

图 5.1.6　企业知识管理与知识供应链的供需关系

企业知识管理能力的培养具有过程性，分为知识采集、知识存储与组织、知识共享、知识创新、知识利用五个部分。企业从知识供应链中获取知识或在此基础上开发新知识形成知识管理的第一个阶段即知识采集阶段，企业借助各种手段获取外部知识，如外部数据库、兼购与并购、战略联盟、产品链、知识链、知识产品(专利、软件)等，这是知识管理的信息基础，也是开展后续知识进程的平台。第二阶段，知识存储与组织阶段，本阶段可分为信息库、知识库、创新库，从低到高三个层次的组织活动。首先应用多元渠道采集来的信息资源建立基本信息库(原始数据库)，然后针对知识的特定性、用户需求性、可转化性形成知识库或更高的创新库，注意各库之间是互动的，而且与知识管理的其他环节也是互动的，不同层次的数据库具有变化性和发展性。第三阶段，知识共享阶段，即在员工个体、团队与组织三个层面对知识进行综合、社会化、内化、外化的知识转化，从而产生新的显性知识、隐性知识或默会知识。为了更好地实现知识共享，有必要建设相应的配套体制和学习氛围，如上述提及的组织文化、组织结构、管理模式、评价与激励等。第四阶段，知识创新阶段，这是知识管理的核心和目标。一方面，该阶段基于知识共享和知识处理构建创新因子，这是知识基础；另一方面，思维基础，即建立起从市场需求、用户需求出发的创新思维，综合运用发散思维，探求解决问题的多个解，不断培养不同层次员工的创新思维，这样才能从硬软两个角度共同提升创新能力。第五阶段，知识利用阶段，即员工根据用户的潜在需求和现实需求，将知识用于战略制定、企业能力构建、知识评估与提升、员工考核与激励等方面，借助知识管理转化为生产力与竞争力，从而实现企业的可持续发展。

企业进行高效率的知识管理，需要从制度上进行保障，即需要高效率的管理体制和管理模式，从组织文化、组织结构、管理模式、评价与激励四个层面进行建设。首先，组织文化是精髓和根本，作为全体员工认同的价值观，应从知识就是生产力、知识就是企业发展的动力、用户至上、知识管理效率提升企业能力等角度建设组织文化。其次，建立知识型、学习型的组织结构。通过培养整个组织的持续不断的学习气氛，充分发挥员工的创造性思维能力，从而建立起一种有机的、高度弹性的、符合人性的和能持续发展的组织。建设途径有：领导的示范行为、全体员工的知识培训、不同层次员工的知识沙龙、非正式组织的交流俱乐部等。再次，建立柔性的团队管理模式，即建立以专业、技术型员工为主体的专家团队。该团队要具备广博的学科基础知识和一门专深的专业知识、良好的沟通与合作能力、接洽和熟悉信息资源技能、熟练操作计算机和良好的查询能力等，能够有效针对企业知识缺口进行合理、高效的知识资源配置与利用。同时可借助互动机制、悬赏机制、激励机制、评分机制等，广泛吸收有专业知识并愿意分享知识的企业内外用户，走合作化道路，吸收志愿者参与。最后，企业应制定减少员工惰性和提升员工工作效能的各种制度，包括激励制度、惩罚制度、考核制度等，包括保健和激励两个层次。保健层次主要解决员工为开展工作所需要的基本条件的补偿，如工作制度、人事制度、工资制度、工作条件等；激励制度保障包括工作中的成就感、工作挑战性和兴趣、个人成长发展机会等，评价与激励的方法应该具有价值性、多元性与发展性。

5.2 全流程优化的大规模定制化生产

5.2.1 智能化订单管理和快速计划排产

钢铁企业厂内运输物流管理参与单位众多，资源不能共享，弊端较多。传统生产计划存在资源利用率不高、频繁的计划变更、交货不及时、库存成本高等问题。

物流运输计划与作业的智能优化是物流调度和管理的重点。钢铁生产制造是由各生产设备的有机衔接而成的，前后工序在供料和生产上存在着相互依赖关系，因此，有必要从全流程的角度出发，合理安排工序间的物流关系，从而提高企业的整体生产效率。随着钢铁工业的全球化发展，客户的需求已经从过去的单品种、大批量转变为多品种、小批量、个性化。为了争取更多的市场份额，钢铁企业必须按合同投料，灵活组织生产，这样就导致物料流向流量更加繁杂，与巨大的生产规模和复杂的工艺流程形成了尖锐的矛盾,导致生产过程中部分工序频频出现生产量超过合同需求量的情况。在电子化物流阶段,纸质信息演变为电子信息,信息流成为串联物流各环节的桥梁,但获取和利用信息数据的技术还停留在较低水平。随着钢铁企业信息化水平的飞速发展,在全面的工业互联网、信息化技术的支撑下,对生产、物流的全过程进行统一优化将对企业整体效益的提升做出巨大贡献。

如图 5.2.1 所示,利用物流协同优化与决策支持关键技术(如物流调度计划智能决策模型),融合大数据、物联网、云计算、区块链等技术,通过对物流赋能实现厂内不同车间、不同运输物资和不同运载工具协调优化调度的同时,与其他信息系统无缝衔接,使物流优化决策协同 MES、ERP、远程计量系统等其他管理系统作业,实现人与物、物与物之间的交互优化,并将整个物流价值链上的生产、仓储、包装、运输、配送等环节进行协调统一,最终改善钢铁物流产业的决策模式,实现物流的智能化、一体化管控。

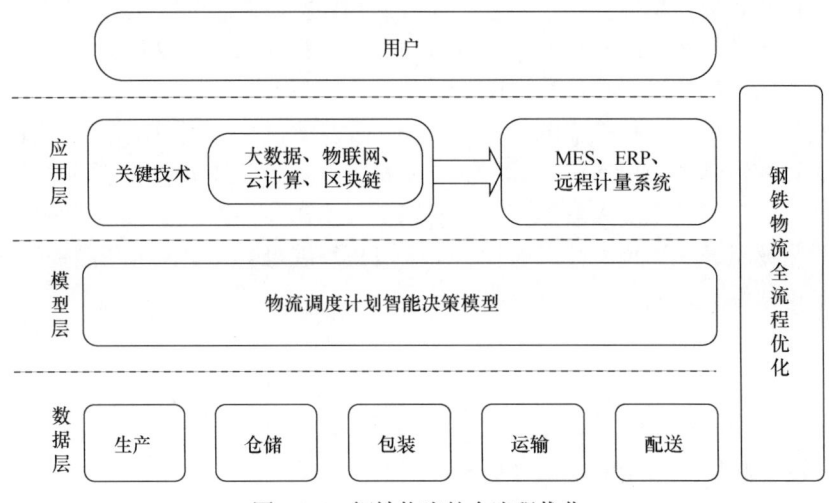

图 5.2.1 钢铁物流的全流程优化

一体化生产管理涉及钢铁生产全流程,系统涵盖了钢铁企业复杂的生产环境下进行生产计划与作业排程的需求,使前后工序计划同步,物流运行准时,所有的模块都采用先进的基于约束的运算规则和优化算法,以确定物料资源和生产能力的配置顺序(图 5.2.2)。高级计划和排程(APS)系统的计划过程是以订单为中心,主要关注对最终物料的需求并确定能够在特定时期内满足多少需求,也就是如何向各个工序(炼钢、连铸、热轧、冷轧)分配特定作业及其如何设定作业顺序。由于所包括的计划时间范围有可能出现中断,预测可能不准确,交货可能延迟,设备可能发生故障,还可能会收到无法预期的紧急订单,因此可以将各台设备合计到各个工序内,而不确定具体哪一个订单使用哪台设备,尤其是在瓶颈设备上进行处理之前,从而能够允许可能发生的中断,最终的结果是由具有能力和物料约束的计划模块产生一个"可排程"的计划。智能优化排程根据用户对基础数据设置的多种条件,如交付优先、产能优先、准时产付等,综合考虑设备/人员效率、前置时间、后置时间、工作日历等不同条件综合考虑,通过排程计算,进行最优排程,并对排程的过程进行实时监控,对排程的结果进行分析,给出基于用户选定参数情况下的排程质量分析(交付率、延误量、设备利用率等),以及根据超期订单情况、系统给出的建议加班时间,以此达到要求的订单交付率。

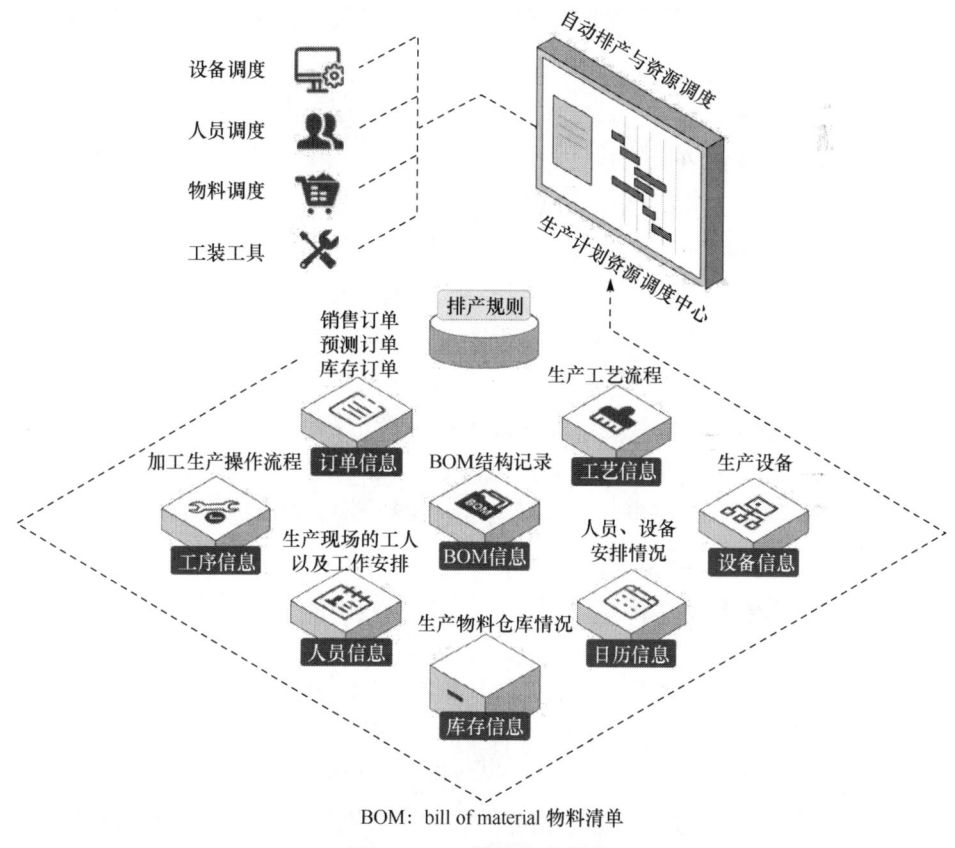

BOM: bill of material 物料清单

图 5.2.2 一体化生产管理

系统在记录实际生产信息之后,将对计划排程数据进行修正,并重新核对各个订单交货期,对超过交货期的订单进行相应的提醒。系统读取到相应的实时生产数据,会对当前的计划排程数据做符合实际情况的修正(订单各个工艺步骤分配到各个车间的完成时间会做提前\延后的处理)。现实生产过程中,在计划安排完成的情况下,经常会出现插单的情况,此时需要快速响应客户要求。在传统模式当中，计划排程人员只能根据经验进行确认，很难进行准确的评估。一体化管理系统可以根据此种情况，快速、准确、多方案进行评估。在一体化管理系统当中，各个车间管理人员或其他人员，除了可以记录实际生产数据之外，还能对外委加工、设备故障、临时停产、订单取消等情况做相应的操作：设备故障，不影响该订单的交付，系统自动延长该订单任务的生产时间；设备故障，可能影响该订单的交付，系统自动更换其他空闲设备进行生产。系统能够帮助车间管理人员对车间工人的具体工作内容进行分配，能够将生产计划对应到具体人员，显示其每一天的工作任务，包括工位、生产订单信息、数量，以及生产每份订单的具体时长。在一体化管理系统当中，系统提供直观的资源负荷图，可用于查看每个资源、每天的产能负荷，以及未来可能出现的资源瓶颈。系统还可使计划人员及时调整工人数量或修改工作日历，消减不必要的人力成本。在产能负荷图中，计划人员可以查看到相应的设备/车间，在计划期内的日平均产能负荷。如图 5.2.2 中，该设备/车间，使用当前设备、人员、效率的情况下，已用产能达到 90%，管理人员可根据实际情况，对当前的产能进行调整。如果产能剩余空间较大，可以适当地减少工人及开机设备，或调整工作日历，减少成本支出。如果产能过于吃紧，可适当增加工人及开机设备，或调整生产日历，已满足当前生产要求及订单波动的情况。一体化管理系统的排程计算模块，可以根据维护的基础信息，并根据相关限制条件，对实际生产任务进行计划排程，得到满足生产要求的、较为平均的生产计划信息，并针对性地的生成订单视图、订单-工序视图及设备视图数据。在三个视图当中，管理人员可以从不同角度，详细了解当前任务的排程计划情况，用户可根据排程结果，对任务进行手动调整，以达到满足特殊要求任务计划的目的。由于生产现场的复杂情况，计划生产的信息与实际生产情况之间，往往会有较大的偏差。因为生产过程是连续的，下一次的生产计划是在现有剩余产能的基础上进行滚动排程的，所以会造成后续计划与实际情况的差异越来越大。为了解决此种难题，一体化管理系统提供基于实际生产数据的计划排程修正；系统可以读取用户实际生产数据，然后对比计划数据。如果实际延后/提前，一体化管理系统将对订单的计划排程数据做相应的修改，并对受其影响的后续订单做相应变化，以达到计划排程数据的准确性。通过读取第三方系统，或通过录单人员数据录入的操作，系统会同步显示每份订单的实际完成情况与计划数据的对比信息。在设备视图界面，也同步显示实际及计划数据对比量。系统自动对计划生产数据进行更新，对生产发生延误并影响订单交货期的情况，做出相应的提示，用户可采用手动调整的方式，对订单做相应的处理。

5.2.2 生产智能管控与全流程追溯系统

面对产业迈向全球价值链中高端的新要求、建设质量强国的新任务、日趋激烈的国际竞争新形势、绿色发展和建设美丽中国的新使命，以及我国钢铁工业在产品质量和服务方面存在的主要问题，钢铁工业必须把提高供给质量作为主攻方向，不断提升产品和服务质量，显著增强钢铁工业质量优势。钢铁企业应以供给侧结构性改革为主线，推动发展质量变革、效率变革、动力变革，提高全要素生产率，率先转向高质量发展阶段，发展先进装备制造业用钢，特别是高质量(优特钢)、低成本、绿色化(生态)基础件用钢，形成高性能、功能化、差别化的先进基础材料供给能力，支撑下游用钢行业和经济社会的发展[37]。

借助物联网、云计算、大数据、人工智能算法等智能化技术实现钢铁企业全流程质量管控，是实现钢铁行业高质量发展的有效途径。全流程质量管控是指从接受客户订单进行质量设计开始，在生产过程中进行在线质量监控、质量预测、质量判定以及离线质量追溯，质量大数据分析以及质量改进，最终实现PDCA(plan, do, check, act)质量管理提升，如图5.2.3、图5.2.4所示。

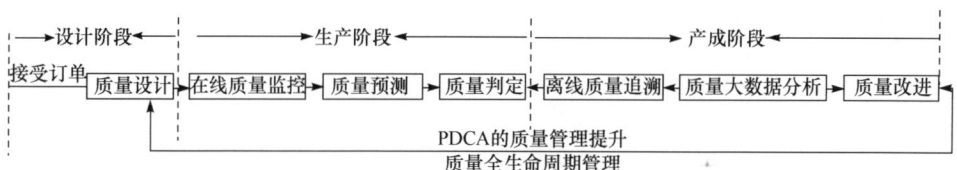

图 5.2.3　全流程质量管控流程示意图

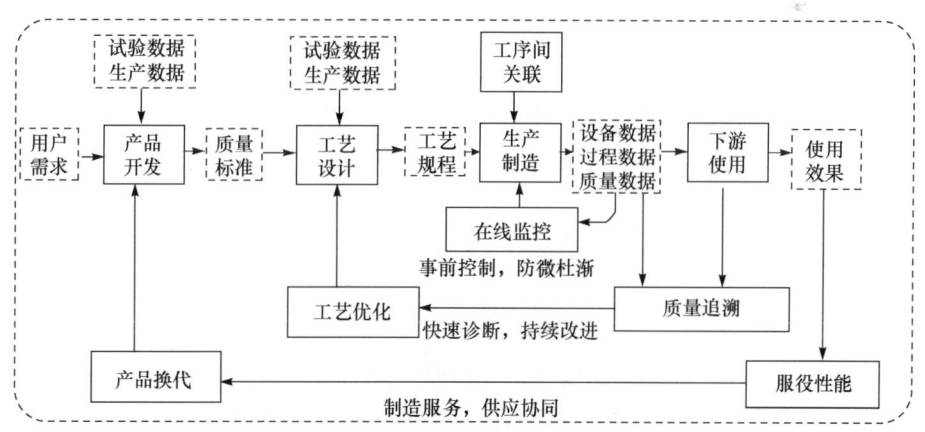

图 5.2.4　产品质量管控的多回路 PDCA 闭环

当前市场竞争日益激烈，用户对品种、质量、成本、服务等方面的要求更加苛刻。产品的生产应以用户满意为最高标准和最终要求，生产组织也应由符合标准向满足用户需求转变。所以大多钢厂按照"标准+α"(α就是用户在标准以外提出的附加技术条件)的原则组织生产,在质量管理各项功能的设计中都充分考虑用户的特殊要求。

系统接到客户订单以后,首先进行质量设计,即根据用户的需求确定实施的产品规范及工艺规范。产品规范指产品的品种、规格及产品质量判定标准(从原材料采购到烧结、球团、铁水以至于最终产品,每一步都有质量判定标准,包括物理性能、化学成分及尺寸公差等产品参数,以及各工序的检验计划);工艺规范指轧钢工艺路线选择及各工序工艺参数的设计,各工序的操作要点等,如图5.2.5所示。

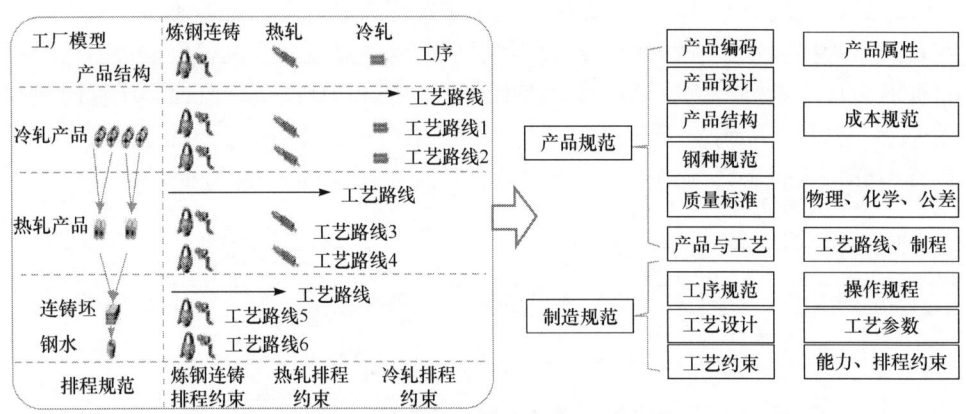

图 5.2.5 冶金规范模型

质量监控是指对每道工序的质量数据(包括几何尺寸形状、表面质量、力学性能等)以及与质量数据相关的工艺参数、设备运行状态参数等进行在线数据采集及监控,并依据工艺标准对过程数据进行符合性诊断。质量大数据分析平台根据获取的生产实际质量信息,进行实时在线分析,对产品质量进行预测,向现场操作人员、质检人员等提供实时制造过程工艺参数与质量参数判定与预警信息,便于其在后续操作进行工序补救动态调整,确保产品性能更加平稳。根据检验要求与质量规范,对产成品进行现场检验。综合化学、物理、现场检验的结果进行在线质量判定,并生成质保书。全流程产品质量追溯在离线状态下进行,针对质量问题和客户投诉,找出过程控制存在的波动和质量设计、质量决策存在的问题,制定相应的措施,为工艺优化提供过程参数分析工具,达到稳定过程控制保证最终产品质量、满足客户需求的目的。质量追溯系统集成产品和过程质量相关的数据,展示了各产线的过程工艺曲线、表面检测缺陷及过程参数、质量特性单值表。根据需求可以按照订单、批次/卷次、钢种、时间段等信息对各工序关键工艺参数、产品质量检验特性、表面缺陷、判定结果等各类质量特性进行追溯，通过每个物料号对应的上游相应的物料号，追踪到各产线实际生产过程的工序及工序采集点，导出详细数据，精确分析影响产品质量的因素。技术人员通过该系统可直观地分析与产品质量相关的过程因素，同时还可追溯上下游工序的过程质量，可进行单工序多参数、单参数多批次、多工序多参数在位置轴或时间轴上的对比分析，以及上下游工序钢卷表面缺陷和工艺曲线对比分析等。质量追溯按信息的流向主要分为两类，即横向追溯和纵向追溯。横向追溯：当钢铁产品质量出现问题，依据成品编号信息，按照生产工艺流程的逆序追溯精整、轧钢、加热、炼钢等工序，并依据各种信息的关联内容，将质量追溯的信息横向展开，锁定质量问题的具体环节，对同一坯号的产品组的该项性能参数进行复验。纵向追溯：当产品出现质量问题，并通过横向追溯锁定出现问题的工序后，针对该工序进行纵向追溯，即对具体问题进行具体分析。首先根据质量缺陷原因确定问题产品批次，然后追查同一批次产品库存、生产部门等信息，锁定问题产品范围。然后着重分析造成质量缺陷的明确原因，进而改进质量控制方法，从而提高产品质量。质量分析包括基于统计工序控制(statistical process control, SPC)的方法和基于大数据分析的方法。SPC 利用系统平台提供的样本散点图、样本运行图、均值运行图、箱线图、等值线图、相关性散点图、频度分布图、Pareto 图等多种常用统计分析图进行数据探索性分析，进行质量诊断、质量控制及质量改进。大数据分析的方法指利用聚类算法、关联规则、决策树分类、参数差异性分析、序列模式分析，以及神经网络、深度学习等分析工具和方法，实现产品各工序工艺参数分析，定位质量问题，确定成品缺陷与工艺参数之间的关系。根据质量分析的结果，确定更优的工艺参数区间，以及规则知识的优化，实现产品质量的持续改进，全面提升钢铁企业各工序产品质量，降低企业生产成本。

如图 5.2.6 所示，全流程质量管理的功能分布在 L1 至 L5 级。首先(L1 级)是质量实时数据采集，与质量相关的数据既有来自 PLC、DCS(分散控制系统)的数据，也有来自 MES 及 ERP 的数据。L2 级是各种质量控制模型，如铸坯的铸流跟踪模型、优化切割模型、结晶器漏钢预报模型、动态二冷控制与动态轻压下控制模型等。在 L3 级，与质量相关的有质量在线监控、质量预测、质量判定。质量主数据管理可以在 L3 级，也有的放在 L4 级的 ERP 中进行管理。质量分析与优化是基于大数据的决策支持优化，属于 L5 级，可以对质量主数据中的工艺参数进行优化，也可对二级控制模型进行优化。

以扁平材为例，其全流程生产制造环节需研究开发的主要技术内容包括：全制造周期集成质量信息平台、全流程产品质量在线监控、质量在线综合评判诊断、全流程产品质量的溯源分析和质量优化(图5.2.7)。

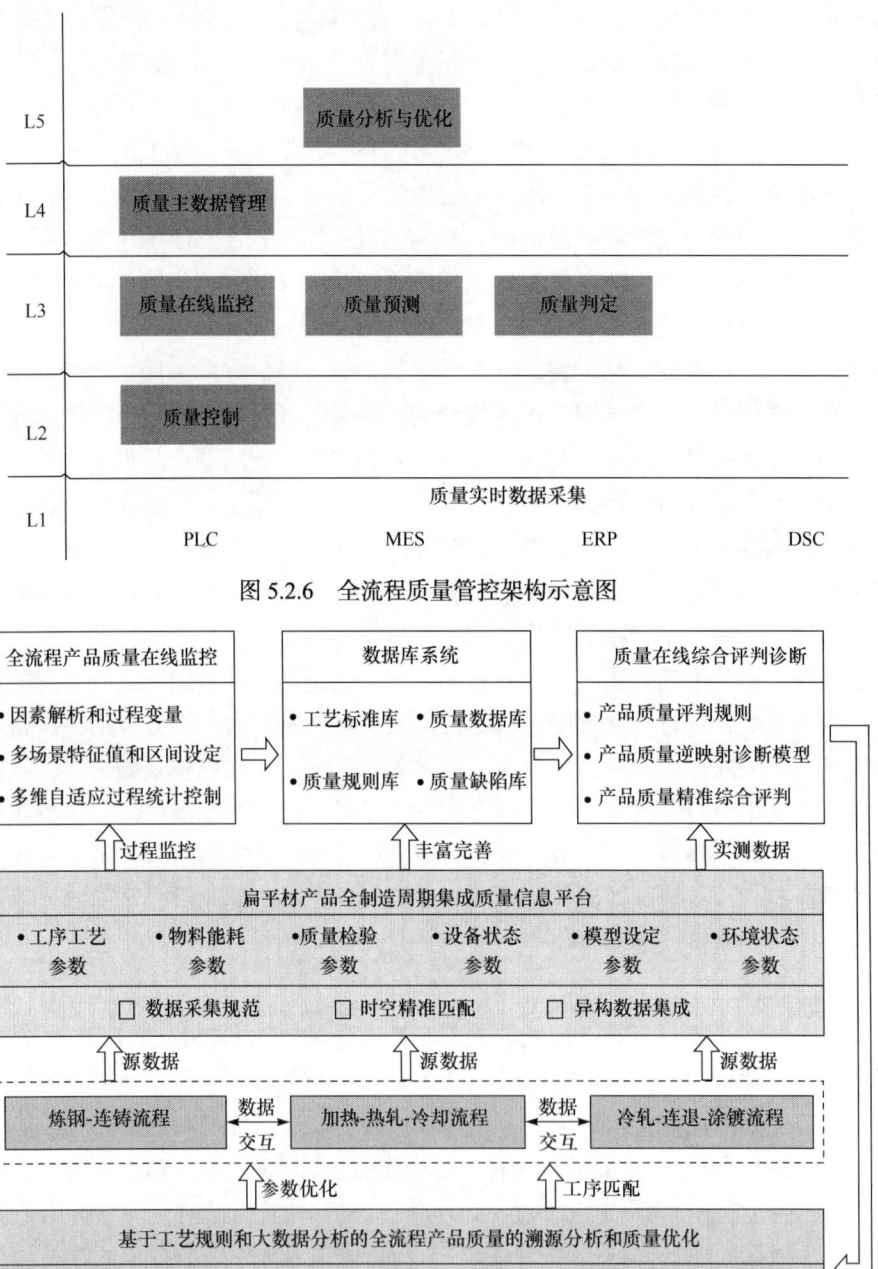

图 5.2.6　全流程质量管控架构示意图

图 5.2.7　扁平材全流程产品质量管控技术

5.2.3 面向产品、能效、资源的结构和程序优化

目前，先进制造技术与信息技术深度融合，正推动钢铁工业不断向智能化方向发展，实现钢铁工业由大变强的历史跨越。要实现钢铁工业智能制造，必须深入理解制造流程的本构性特征及其动态运行的物理本质和机理，必须充分理解制造流程动态-有序、协同-连续运行过程的耗散过程和耗散特征，在此基础上，实现基于信息物理系统的集成优化。

根据冶金流程学理论，钢铁工业制造流程的动态运行过程是耗散结构内的耗散过程，物质流在能量流的驱动和作用下，按照设定的"程序"，沿着特定的"流程网络"做开放性、非平衡运行，随"流"而"动"、随"流"而"变"。流程中各自复制单元通过界面相互关联、非线性耦合，在运行规则约束下联网运行。通过各个自复制单元和它们之间"界面"技术的整体性优化、联网结构优化、动态运行过程优化，实现制造流程功能的多目标优化。制造流程需要外界"他组织力"与流程本身"自组织性"结合，化随机变化为受控有序变化。

钢铁工业智能制造的目的是围绕钢铁流程"钢铁产品制造、能源高效转换、废弃物消纳处理与再生资源化"三个功能，提升"他组织力"，进行结构优化与程序优化，实现全流程动态-有序、协同-连续运行和多目标整体优化(图5.2.8)。

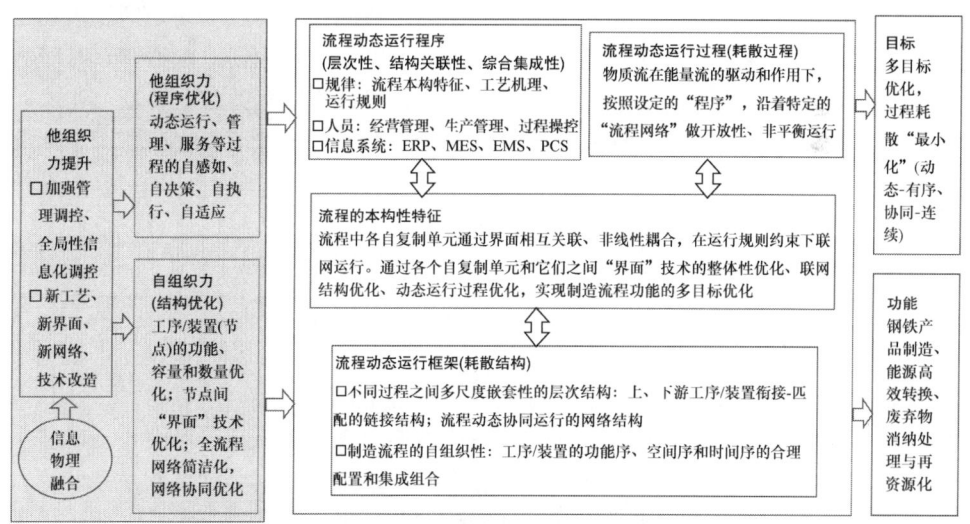

图 5.2.8 钢铁工业智能化的结构优化和程序优化

钢铁工业智能制造的主要内容为物质流网络、能量流网络、信息流网络三网优化及协同运行。物质流网络优化的方向是动态-有序、协同-连续，主要内容包括三个层次：炼铁、炼钢、轧钢等各工序优化；炼铁与炼钢、炼钢与连铸、连铸与

轧钢之间界面优化；全流程物流网络优化等。能量流网络优化的方向是动态平衡、能质匹配，主要内容包括余热余能高效回收利用、多能源介质之间高效转化、能源管网能力适当缓冲、能量流网络损耗减少。信息流网络优化的方向是自感知、自决策、自执行，主要内容包括在线监测、工业互联、数据集成、数字模型、优化设定和精准控制，实现全流程质量管控、一体化计划调度、物质能量协同优化、多工序优化控制等。

5.3 远程运维与信息安全

5.3.1 基于工业互联网的远程运维模式创新

深入实施工业互联网创新发展战略，是关乎我国从制造大国向制造强国战略转型的关键领域。包括流程工业在内的工业企业正加速走向数字化、网络化、智能化；其中，设备远程运维的水平不仅直接影响企业的生产成本(维修维护、人力资源、物料消耗等)，也影响生产效率和产品质量。宝钢技术通过建设面向钢铁行业设备远程运维的工业互联网平台，形成了基于远程运维新技术的工业技术服务新模式，与用户共享"状态稳定、费用可控、效率提升"的双赢成果，助推流程工业企业远程运维服务模式的创新转型；促进设备维修实现从被动处理到主动管控、从单一数据专项分析到大数据综合分析、从基于经验的预防性维修到基于数据的预测性维修、从单纯反馈设备状态到提供整体解决方案的四个转变，初步实现与现实映射的装备运行信息的有效集成与分析挖掘，实现了远程监测、诊断等全生命周期服务支持。智能运维不是简单地引入自动化的设备，而是包括数据积累、新技术应用、模式变革等在内的设备管理变革；智能运维也没有标准答案，需要全行业设备人才、生态圈相关方，不断地去颠覆和创新。

从传统运维到智能运维，实际上一个核心的变化是：从以人为核心的设备管理方式，转变为以数据为核心的管理模式，如图 5.3.1 所示。在传统的"点检定修制"里，设备维护人员通过五感的方式去检查这个地方，然后依靠自己多年积累的经验判断设备是不是有异常，在哪些方面可能出现问题，然后结合设备的整个维修计划、维修模型去排定什么时候来检查维修；定好之后，现场的设备管理人员会手工去派一些单子，然后组织具体的检修队伍来对设备进行维护，维护之后再由这些设备管理人员到现场对整个维护质量去进行验证。

以数据为核心的智能运维体现在，所有与设备状态相关的数据都是自动通过在线方式来获取的。有学者表示，这是基于专家、设备管理人员的经验知识转化成计算规律，通过计算机中自动化的判断规则和模型，来对设备状态进行智能判断和智能诊断；并且，会和整个生产系统的生产计划、维修计划去自动结合，排定什么时候可以停机、什么时候可以去实施维修；然后系统会把相应委托单的检修任务和维护任务，通过系统的方式，自动地推送到相关的资源方等；同时还能把维修方案通过系统推送给对应的人员。如果在维护和修理的过程中，出现了一些疑难杂症的问题，那么通过基于平台的远程方式去对它进行支撑，整个设备维护和修理完毕后，再由这种各类在线的数据对它自动地进行校验，来判断整个状态是好是坏，如图 5.3.1 所示。

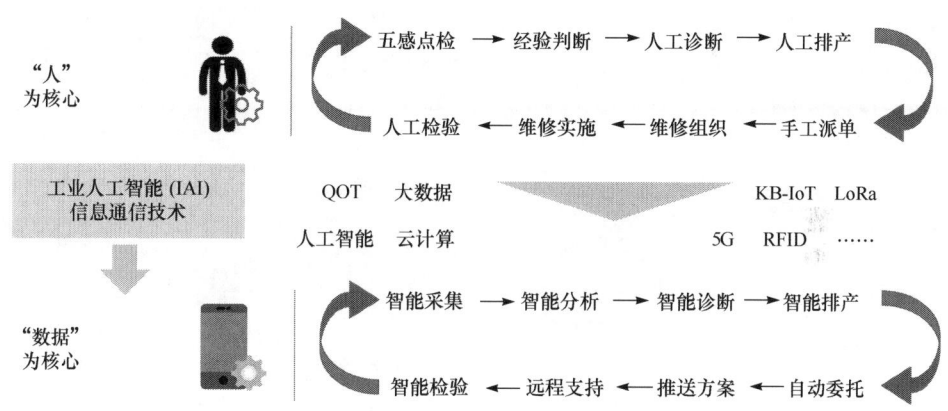

QOT：quality operational technology 高质量运营技术；KB-IoT：KBytes-internet of things，一种物联专网平台；LoRa：long-range 广域

图 5.3.1　运维的核心

智能运维的整体架构，有三个关键组成部分：一个平台、一个专家系统和一套标准化体系(图 5.3.2)。在大工业系统里面，涉及的设备门类特别多，整个维护、保养设备的管理流程是相对复杂的，涉及的人员众多，如与设备直接相关的管理人员、技术人员等，这就很有必要为大家提供一个通用的、共同的工作平台；同时，也方便展现同类型的一些设备，基于这样的一个平台去进行管控和对比，相互之间取长补短，提供一些经验。另外一个是专家系统，这部分在目前或者在比较长一段时间内，实际上是人机混合的一个专家系统。要把现场的设备管理人员、工艺人员头脑中那些知识转化成规则，转化成基于机理的模型，可以利用一些大数据、机器学习的方式去对它进行深度挖掘和预测。但到目前为止，还没有办法把人脑中的所有知识全部转化成自动判断。通过规则和模型，然后结合专家的经验，系统能够解决掉的就系统解决掉；如果系统不能自动判断，这时候专家可以适当介入，去做一些确认和远程支持。那么，这些模型也好，规则也好，都是融入整个智能运维平台中，然后所有的这些专家也都基于这个平台工作(图 5.3.3)。最后是标准化体系，不管是制造产品，还是提供服务，最难的是怎么保证最终产品和服务，稳定、高质量地去交付；而在设备维护领域，如当去修理一台发动机，

不同的队伍由于技能水平的差异，最终出来的效果可能不同，这是一个客观的现实。如果把维护、维修的要点，一些工序步骤全都标准化数字化之后，对相应的队伍进行适当的培训和辅导的话，就有可能确保无论是哪支队伍来修理，最后出来的服务、整个维修的交付指标都能够保证统一。总的来说，一个平台、一个专家系统和一个标准化体系，最终能够使得设备管理体系人员的管理效率大大提高，而停机时间会大幅度下降，突发故障趋向于零。当与设备维护流程管理去结合，还能带来这种备件库存的共享和大幅下降，以及维修负荷的下降等。不管是物联网，还是工业互联网，基于这种工业互联网的概念，基本上都是三层架构，从边缘、云端到应用。

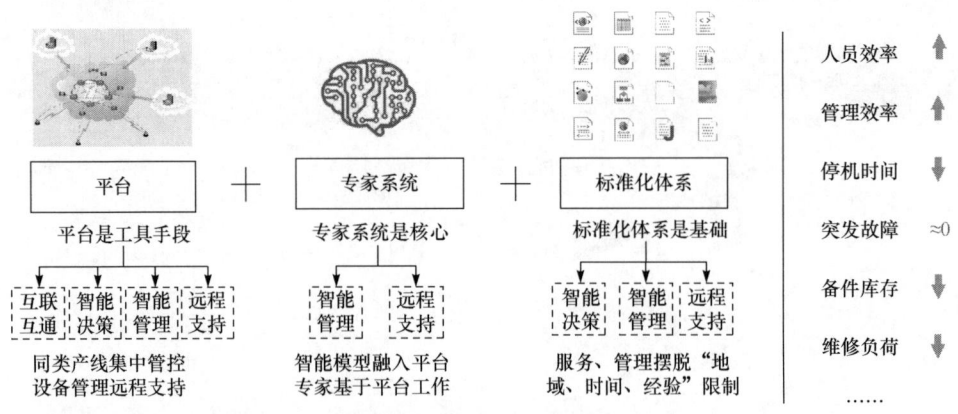

图 5.3.2　智能运维的整体架构

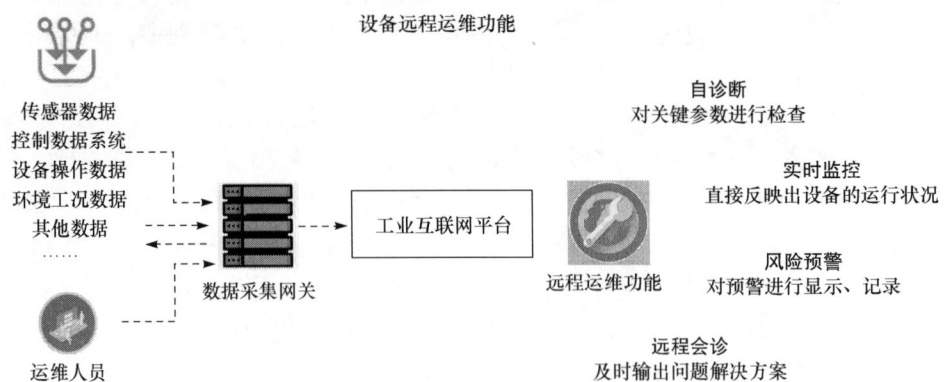

图 5.3.3　远程运维平台

在设备智能运维上，前几年更多是在具体的点上对个别技术的应用。但从近年来开始有了变化，围绕着"点、线、面"做一些探索和实践。围绕智慧制造，以四个"一律"作为手段：操作室一律集控、操作岗位一律机器人、运维一律远程、服务一律在线。在"面"上，针对炼铁全厂从原料到烧结、到高炉等，全厂区域做了一个大面积的探索，在热轧做了整条"线"的探索，同时针对风机这类专业设备做了"点"上的探索。针对炼铁的探索，对四大关键工序区域，接入了大量生产设备，目前整个在炼铁的关键设备的覆盖率在14%~15%。在热轧的智能运维上，打造智慧车间，进行在线监测诊断的探索。针对2150生产线，在监测诊断的基础上进一步往前去延伸完整的、实践整个智能运维的链条，从监测、诊断、数据的采集与获取到判断，然后再到跟后续设备维护流程、管理流程的关联，自动方案的推送，自动维护决策规则，诊断、维修等远程支持，都在这条生产线上做了一个实践。通过产线的建设，产线核心关键设备100%在线监控，而数据分析是100%通过这种系统来实现，业务流程全部自动触发，所有的业务流程自动上线，同时所有的数据解决方案都能够自动地推送到相关方。针对风机设备，在线采集测点数据。基于这种在线数据的获取，建立了自动化的预警模型和诊断模型，同时把封闭的设备状态跟相应系统能效评估、运营效能评估做勾连，整体地、及时地把握设备的状态；同时还能通过这种跟工艺的结合来促进风机系统的排放、节能达标。因此，工业领域设备智能运维必须要由专业化的工业企业来引领，只有深入理解行业、掌握数据、掌握场景、掌握需求，才能真正实现智能运维的价值。

5.3.2 工业信息安全技术与挑战

工业信息安全已成为国家安全的重要组成部分，是制造强国与网络强国战略实施的基础支撑，其重要性日益凸显[38]。当前，制造强国的大势刮来了两化融合的风潮，在工业制造业奔腾发展的道路上，工业信息安全形势日趋严峻，安全风险持续攀升，安全事件层出不穷，亟须引起高度重视。现阶段工业信息安全主要存在管理机制不健全、安全防护不到位、安全技术和产业支撑能力不足、安全主体意识薄弱等诸多问题，加快提升工业信息安全保障能力迫在眉睫。工业信息安全指工业运行过程中的信息安全，涉及工业领域各个环节，包括工业控制系统信息安全(以下简称工控安全)、工业互联网安全、工业大数据安全、工业云安全、工业电子商务安全等。与传统网络安全相比，工业信息安全需适应工业环境下系统和设备的实时性、高可靠性需求以及工业协议众多等行业特征，防护难度更大。当前，新一代信息技术在加速信息化和工业化深度融合发展的同时，也带来了日趋严峻的工业信息安全问题。

在信息化发展的浪潮中，工业企业如逆水行舟，不进则退。全球各国各地区工业企业在奔腾的数字化浪潮中只有通过信息化变革，创新绿色供应链，改善企业内部的生存环境，在战略上实现订单驱动型向创新驱动型的转变，才能不断发展壮大。以我国为例，自2007年10月起，党的十七大报告正式将信息化列入"五化",并提出两化融合概念后,新型工业化转型道路一直在摸索中前进。2017 年,党的十九大提出"推动互联网、大数据、人工智能和实体经济深度融合",标志着两化融合进入了新阶段。截至 2019 年 3 月,全国参加两化融合贯标评定企业已达 13 万家,其中 4400 余家企业通过评定,贯标咨询服务机构数量过千家。截至 2019 年 1 月 31 日,全国已有 13 万家企业开展自评估、自诊断、自对标,通过实施两化融合管理标准体系提升了市场竞争力。与此同时,一批又一批先进而出色的企业、基地相继涌现,如"互联网+工业"的山东即墨模式,成功探索出了一条区域产业转型升级之路,实现了质量效益"双提升"。安全是发展的前提,发展是安全的保障,安全和发展势必要同步推进。随着两化融合这条道路不断拓宽,企业发展机遇前所未有,相伴而生的工业信息安全问题也成为焦点,工业信息安全重要性愈加凸显。工业是国民经济主体,是实现发展升级的"国之重器",是推进供给侧结构性改革的主战场。工业信息化、自动化、网络化、智能化等基础设施是工业的核心组成部分,是工业各行业、企业的神经中枢。工业信息安全的核心任务就是要确保这些工业神经中枢的安全,没有工业信息安全,两化融合的推进则是空中楼阁。工业信息安全事关经济发展、社会稳定和国家安全,是网络安全的重要组成,工业信息安全防护已成为推进各国网络强国和制造强国战略实施的重要抓手。

随着网络信息技术的迅猛发展和广泛应用,工业互联持续深入趋势愈发明显,病毒、木马等传统网络威胁持续向工业控制系统(以下简称工控系统)蔓延,勒索攻击等新型攻击模式不断涌现,安全事件频发,整体安全形势严峻。自 2010 年"震网"事件爆发以来,全球工业信息安全事件屡屡发生,极大地冲击了当事国的经济、社会乃至国家安全。2010 年 9 月,伊朗全境 3 万余个网络终端感染"震网"病毒,攻击目标直指核设施;2012 年 4 月,伊朗石油部和国家石油公司内部电脑遭受网络病毒攻击,部分用户数据遭窃取;2015 年 6 月,波兰航空公司地面操作系统遭遇黑客袭击,致使系统瘫痪长达 5h,至少 10 个班次的航班被取消,1400 多名乘客滞留机场;同年 12 月,乌克兰电力部门至少三个电力区域遭受恶意代码攻击,造成数小时的停电事故;2016 年 2 月,日本关键基础设施遭遇代号"沙尘暴"的黑客攻击活动,电力、石油、天然气、交通运输等诸多组织机构的网络被攻陷;2017 年 6 月,乌克兰境内发生大规模"Petwrap"勒索病毒感染事件,并迅速在全球范围内扩散,涉及电力、轨道交通、石油、金融、电信等多个领域;同年 10 月,新型勒索软件"Bad Rabbit"袭击东欧诸国,基辅地铁、敖德萨机场等交通系统及政府机构遭网络攻击;2017 年 12 月,火眼公司披露最新一款专门针对工控系统的恶意软件 Triton,中东某能源工厂的安全仪表系统遭攻击,并导致工业生产线停运;2018 年 6 月,三一重工泵车失踪案宣判,犯罪分子通过源代码找到远程监控系统的漏洞，得以解锁设备，间接造成企业约 10 亿元的经济损失；同年 8 月，我国台湾地区集成电路制造三大厂区出现电脑大规模勒索病毒事件，约造成巨额的营收损失。

当前，全球工业信息安全形势十分严峻，主要表现在以下三个方面：一是漏洞数量逐年增长，中高危漏洞居高不下，漏洞修复进度迟缓，漏洞利用技术门槛不断降低；二是针对工业企业的定向攻击行为增多、攻击手段愈发新型多样，制造、建筑、交通运输及工程行业成重点风险领域；三是暴露在互联网上的工控系统及设备数量与日俱增，成为世界各国工业信息安全软肋，亚非拉美等国家和地区遭攻击比例最高，我国超半数工控系统曾遭攻击。

我国工业信息安全面临的主要挑战：一方面，网络安全问题不断从传统领域渗透到工业领域，传统的防护手段已经无法有效保障工业信息安全；另一方面，由于问题矛盾的不断发展，当前的工业信息安全管理机制、技术能力以及产业支撑力、企业安全责任意识都存在不足，具有较大安全隐患。

(1) 工业信息安全管理机制不健全。大多数工控系统在初始设计、建设、运营等过程中均未考虑网络安全问题，导致工控系统联网后安全风险严重，相对应的安全建设面临很大挑战。我国对工业信息安全的管理相对薄弱，管理机制很不健全，严重滞后于工业互联应用推广的步伐，难以适应当前工业信息安全形势发展的需要。一方面，我国各行业工业企业数量众多，体制及管理机制关系复杂，许多核心工业领域的工控系统涵盖了大量国外的工控系统产品，在对行业和产品的管理上，主管部门在制度建设和法规制定中，缺乏系统的、完善的法律体制和管理机制。另一方面，在具有复杂管理机制的一些混合所有制或私有制企业中，地区、行业主管部门的安全管理政策无法对企业和社会进行有效的统筹管理，无法有效指导大多数工业企业建立和执行较为完善的信息安全管理制度，相关问题持续困扰工业信息安全的健康有序发展。综合来看，各地区、各部门、各工业企业对工业信息安全问题重视程度依旧不足，工业信息安全管理机制尚不健全，亟须探索建立行之有效的工作机制和管理体系。

(2) 工业信息安全隐患凸显。传统信息安全防护方式难以有效保障工业信息安全工控系统在发展之初相对封闭和独立。而随着工业生产环境对管理和控制一体化需求的不断升级，以及网络、通信等信息技术应用的指数型增长，工控系统正日益走向开放、互联、互通，从而使得工控系统原有相对封闭的使用环境逐渐被打破，导致工控系统设备、网络、控制、数据等方面的安全隐患充分暴露、风险凸显。两化融合的深度发展和工业互联网的不断推进，使得业务系统之间的信息壁垒被打通，工业网络与企业内网、互联网的界限越来越模糊，传统信息安全威胁迅速扩散至工业控制领域，且攻击者常常利用病毒、漏洞等实施攻击，工控系统日益面临与互联网相似的乃至更为严峻的安全形势，工业控制环境所面临的安全威胁挑战不断升级。工控系统使用环境基本以内网为主，形成内部工控系统局域网，并通常是以孤岛形式存在，导致传统杀毒软件或防火墙无法有效解决工控安全问题。传统信息安全保护范围主要是信息系统，未建立专门针对工控系统的安全防护手段，现有防护方式缺乏针对性且不能全覆盖。而以往采用的物理隔离等安全防护方式在日益集成、开放、一体化的工业生产环境中已不再适用，且随着通过便携式媒介等实现入侵的新型攻击手段不断涌现，单纯依靠物理隔离已无法规避安全风险。此外，工控系统对可用性、实时性要求较高，其操作环境更为严格，因此工控安全防护手段必须适应系统特点，且应严格保证不会影响工控系统的实时响应能力，以免造成系统宕机、业务中断等严重后果；工控系统与行业的关键业务紧密相关，系统复杂，且工控协议众多，很难有统一适用的安全防护方法，需针对各类工业控制协议的特点采取有针对性的安全防护措施。因此，传统的信息安全防护手段已不足以有效地保障工业信息安全，需要采取全新的理念来解决工业信息安全问题。

(3) 工业信息安全技术和产业支撑能力不足。自主可控的设备产品、技术和服务是保障重点行业工业信息安全的基石，工业信息安全技术和产业支撑能力的欠缺将很大程度上限制工业信息安全保障能力的提升。从市场情况来看，当前中国工业行业所运用的重要关键设备和基础软件绝大多数来自国外产品，以工业可编程逻辑控制器(PLC)为例，西门子、三菱、欧姆龙、罗克韦尔、施耐德等国外厂商占据国内超过80%的市场份额，受制于人的局面尚未得到根本改变；从技术能力来看，中国工业信息安全测试、评估、验证等共性技术能力不强且分散，经过实践检验的工业级信息安全技术产品缺乏，企业工业信息安全防护水平普遍不高。技术、产品、服务的核心技术受制于人，安全防护技术和产品欠缺，导致难以从根源处着手处理安全问题，难以支撑中国工业生产和应对安全威胁挑战，中国工业信息安全领域存在着核心技术掌控能力与日趋严峻的安全风险形势无法适应的困境。此外，中国工业信息安全产业发展不充分，严重滞后于工业信息安全发展的需求。中国工业信息安全在产业结构、资源配置、市场环境、业态发展等方面存在明显不足，仍未形成良性发展的产业链；安全防护产品尚未实现产业化应用、相关技术积累不足、专业技术人才缺乏、宣传教育培训工作不到位等问题也严重影响了工业信息安全产业的发展。

(4) 工业企业信息安全主体意识薄弱。据近几年全国工控安全检查工作发现，在被检查的几千家工业企业中，部分企业的信息安全意识仍显薄弱：一是信息安全管理制度不够完善、现行制度未能有效执行，出现工业信息安全管理混乱、责任不明、生产数据等敏感信息外泄等问题，严重制约企业工业信息安全整体水平的健康发展。二是工业企业信息安全人才力量不足，拥有信息安全专业背景和技术能力的人员严重匮乏，一方面制约着信息安全意识和技术的提升；另一方面也造成一定程度的安全风险，一旦企业出现工业信息安全问题，将很可能无法及时采取有效应对措施。三是宣传培训教育工作不到位，员工的信息安全意识相对欠缺，既无法在日常工作中采取措施降低安全风险，也缺乏意识和手段及时发现企业存在的安全隐患。四是大量业务系统、数据库使用弱口令，大大降低了黑客等不法分子突破企业边界的难度，使企业被攻击的安全风险急剧上升。

针对我国当前存在的工业信息安全管理机制不健全、关键核心技术能力不足、产业发展基础薄弱、工业企业安全意识不强等问题和短板，综合安全与发展，建议从以下四个方面做好新时期新形势下的工业信息安全工作，切实为制造强国和网络强国战略的有效实施保驾护航。

(1) 建立健全工业信息安全顶层设计。政策文件、标准指南等顶层设计是工业信息安全发展的指路明灯，要加强政府监督和指导，持续完善工业信息安全政策制度和标准体系建设。制定《工业信息安全管理办法》《工业互联网安全指导意见》《工业信息安全风险信息报送与通报管理办法》《工业信息安全产业发展指导意见》等政策文件，建立健全工业信息安全责任制，完善风险通报、产业发展等安全指导和管理制度，进一步加强工业信息安全顶层设计。坚持安全是发展的前提，重点研究新一代信息技术与工业生产活动融合产生的安全保障需求，适时发布工业互联网、工业云、工业大数据等领域相关的信息安全指导性政策文件。标准体系是顶层设计落地实施的重要基础，围绕评估、监测、预警、响应、处置等需求，加强标准体系建设研究，推动编制《工业信息安全标准体系建设指南》《工业控制系统信息安全防护能力评价方法》等相关国家标准，建立完善工业信息安全标准体系。

(2) 督促落实工业信息安全主体责任。"安全为重，责任为先"，工业信息安全保障需要工业企业切实肩负起安全主体责任。一是深入学习贯彻《国务院关于深化"互联网+先进制造业"发展工业互联网的指导意见》《工业控制系统信息安全行动计划(2018—2020年)》《工业控制系统信息安全防护指南》等政策文件，依据文件要求指导企业开展工业信息安全防护工作。二是建立"以查促建、以查促改、以查促防"的常态化工作机制，在全国范围内组织开展工控安全检查评估工作。三是坚持企业承诺与社会监督相结合，第三方评价与政府持续监管相结合，持续推动工业产品和服务的网络安全审查工作。四是强化开展工业信息安全意识和基本技能培训，推动工业信息安全意识培训、事件演练、技能竞赛等活动举办，全面深入贯彻落实工业信息安全责任制，切实加强工业企业安全意识和责任义务。

(3) 着力加强工业信息安全保障能力。支持国家级工业信息安全专业技术机构，不断强化覆盖工业生产全生命周期的态势感知、仿真演练、应急响应、信息共享与通报以及综合保障等能力。一是深化态势感知能力，建设工业信息安全态势感知监测网络，通过情报收集、主动监测、被动诱捕等技术手段，实现全天候全方位态势感知。二是增强仿真演练能力，建设工业信息安全靶场、仿真测试等共性技术平台，研发工业信息安全防护技术工具集，加强分区隔离、安全交换、协议管控等关键技术攻关。三是提升应急响应能力，支持建设应急资源库，实现信息采集、辅助决策、预案演练等功能。四是加强信息共享与通报能力，建设工控安全信息通报预警平台，及时发布风险预警信息，跟踪风险防范工作进展，形成快速高效、各方联动的信息通报预警体系。五是建设国家工业信息安全综合保障网络，指导地方/行业技术支撑机构、重点工业企业建设区域级/行业级的工业信息安全保障分平台或防护分平台，实现与国家级保障平台的信息交互共享，打造威胁风险隐患的群防共治能力。

(4) 全方位提升工业互联网安全水平。支持建设以国家工信安全中心为核心节点，横向连接行业、纵向连接地区、定点连接企业的工业互联网安全保障体系，分步骤、分阶段开展设备接入安全、平台运行安全、应用服务安全、标识解析系统安全和数据安全等保障能力建设。贯彻落实《国务院关于深化"互联网+先进制造业"发展工业互联网的指导意见》要求，从提升安全防护能力、建立数据安全保护体系、推动安全技术手段建设三方面，构建覆盖平台安全、设备安全、控制安全、数据安全和网络安全的工业互联网安全保障体系，指导企业提升工业互联网安全防护水平。

(5) 大力推动工业信息安全产业发展。良好健康的工业信息安全产业，对国家工业信息安全发展起着巨大的推动作用。一是坚持政府引导与市场机制相结合，建立健全工业信息安全市场服务体系，为产业发展创造良好的市场环境。二是推动建设 3~5 家国家新型工业化产业示范基地(工业信息安全)，促进产业集聚发展；培育一批核心技术能力突出、市场竞争力强、辐射带动面广的工业信息安全龙头企业，增强安全产品和服务供给能力。三是加快自主可控的工业信息安全产品研发，组织开展产品示范应用，推动产品规模化、产业化应用。四是加强工业信息安全产业"走出去"，以与"一带一路"沿线国家合作为切入点，构建工业信息安全国际治理体系,建设工业信息安全命运共同体。

为了有效保证工控系统的安全,需要采用纵深防御的安全理念,以被保护的控制系统为基础,构建全方位、多层次的纵深防御体系,如图 5.3.4 所示。

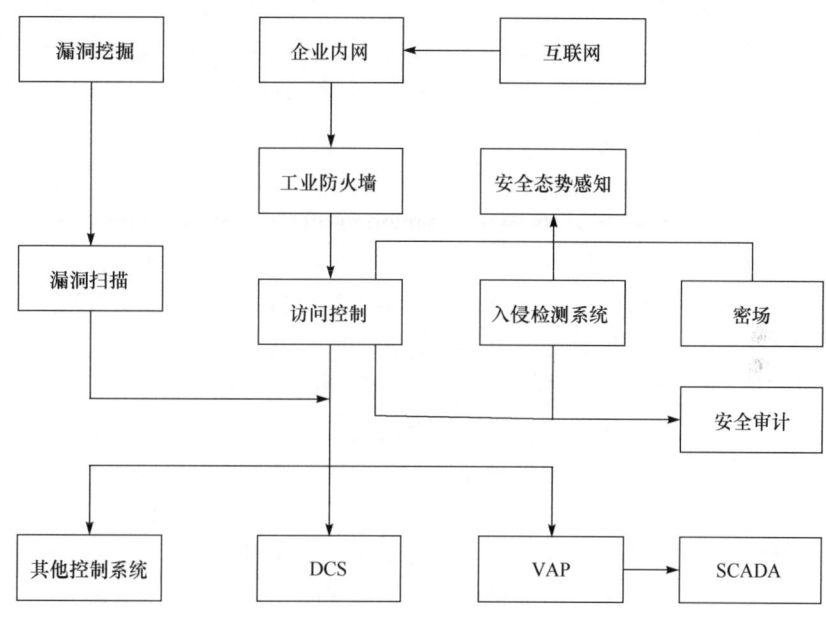

VAP: virtual access point 虚拟接入点

图 5.3.4　工控系统纵深防御体系图

首先可将"边界系统"建立在工控系统对外边界上,结合工控系统的性能特点,利用相关的安全隔离设施,如工业控制网关、工业控制防火墙等,有效构建系统边界的安全防线。其次可将全面的防御系统纳入工控系统中,这是因为防御系统包括许多安全部件,如安全态势感知、入侵诱捕系统和入侵检测系统等,能够有效检测和抵御入侵攻击行为。最后可将性能良好、反应迅速和可靠性高的防危系统有效纳入工控系统中,这样即便攻击者或攻击行为突破了边界系统与防御系统,入侵到工控系统内部,也能够保证工控系统物理安全。

5.3.3　基于边缘计算的智能制造及信息安全

随着信息物理融合系统及物联网的发展,数据已经成为制造业发展的重要因素。世界各地间的连接正变得日益紧密,数以十亿计的智能设备和机器产生大量的数据,在虚拟世界和现实世界之间搭起了桥梁。全球的制造业企业都在努力转变为数字化企业,使产品更加智能,使生产产品的机器更加智能[39]。智能制造的发展方向就是生产过程中的每一步都将在虚拟世界被设计、仿真及优化,为真实的物理世界，包括物料、产品、工厂等建立起一个高度仿真的数字化"双胞胎"。借助大数据技术，通过云端边缘计算和优化分析，实现智能数据，这正是智能制造的发展动力。工业制造企业数字化转型面临的挑战在于数字化技术引起的传统生产模式和生产管理体系的变革，不能简单地以物理存在的工厂为蓝本构建数字化"双胞胎"。在数字化转型过程中采用标准的、安全可靠的、低成本的信息与通信技术和产品，构建信息物理系统，特别是信息物理生产系统(cyber-physical production system, CPPS)，能够有效提高生产制造的质量、效益和柔性，提高企业的市场竞争力。

移动边缘计算(multi-access edge computing/mobile edge computing，MEC)起源于 2013 年，并在 2014 年 12 月由欧洲电信标准协会移动边缘计算规范工作组(Industry Specification Group for Multi-access Edge Computing, ISGMEC)正式负责其标准化工作[40]。边缘计算的发展与云计算、大数据及物联网技术的发展息息相关，其核心是如何保障网络边缘侧应用的实时性问题。不同领域应用实时性挑战的来源不同，因此各个领域研究边缘计算的侧重点并不相同。例如，人工智能标准化机构将可穿戴式计算列为边缘计算的一个核心场景。2016 美国韦恩州立大学施巍松教授给出了边缘计算的一般性的定义："边缘计算是指在网络边缘执行计算的一种新型计算模型，边缘计算操作的对象包括来自云服务的下行数据和来自万物互联服务的上行数据，而边缘计算的边缘是指从数据源到云计算中心路径之间的任意计算和网络资源"。边缘计算为应用开发者和内容提供商在网络边缘提供云计算能力和信息技术(IT)服务环境。边缘计算在诞生伊始就和移动蜂窝网络密切联系在一起，是 IT 和通信技术(communication technology，CT)融合发展的产物，可以有效增加移动宽带网络的弹性，以满足用户在吞吐率、延迟、可扩展性和自动化等方面的要求。MEC 概念出现时，LTE(long term evolution，长期演进)4G 标准已经冻结，在 LTE 网络中 MEC 经常作为一个"附加项"部署。而 5G 标准最初设计就已经将 MEC 视作一个关键项，5G 的标准化组织 3GPP(3rd Generation Partnership Project)明确定义了 MEC 相关的功能。电磁波在光纤中的传播速度为 200km/ms，在 5G 网络中，数据要在相距数百千米的终端和核心网之间来回传送，显然无法满足 5G 毫秒级时延的要求。因此，需将内容下沉后分布式地部署于接入网侧(边缘数据中心)，使之更接近用户，降低时延和网络回传负荷。此外，物联网的爆发加剧了网络拥塞，运营商必须在保证用户体验和优化资源利用两者之间找到平衡点。5G 超密网络对回程线路的容量和能效提出了巨大的挑战，如何降低承载网的压力是运营商亟待解决的问题。MEC 作为一种天然具有运营商特色的技术，同网络功能虚拟化(NFV)、软件定义网络(SDN)一起普遍被认为是 5G 业务使能三大技术。5G 同 MEC 技术紧密联系，以达到预定的性能和可扩展性，最突出

第 5 章　钢铁智能制造系统的未来

的就是低时延的特性。可以说 5G 自带 MEC 属性，二者生态共通，特别是在 2B(企业对企业)垂直行业应用领域。

如图 5.3.5 所示，2003 年国际商业机器公司(IBM)已经开始在 WebSphere 上提供基于 Edge 的服务，2004 年新加坡信息通信研究所发表关于边缘计算的学术论文。近年来，随着 5G 和物联网的发展、智能终端设备不断普及、网络边缘侧数据的爆发式增长推动了边缘计算的发展。2014 年欧洲电信标准化协会(ETSI)成立移动边缘计算(MEC)标准化工作组，同年，美国电话电报公司(AT&T)、思科公司、通用电气公司、IBM 和英特尔公司成立工业互联网联盟(Industrial Internet Consortium, IIC)；2015 年，ARM 公司、思科公司、戴尔公司、英特尔公司、微软公司和普林斯顿大学建立开放雾(OpenFog)联盟；2016 年，电气和电子工程师协会(Institute of Electrical and Electronics Engineers, IEEE) 和国际计算机学会(Association for Computing Machinery, ACM)共同发起了边缘计算研讨会，中国工业、信息通信业、互联网等领域百余家单位共同发起成立工业互联网产业联盟，同年，由中国科学院沈阳自动化研究所(沈自所)等单位联合倡议发起了边缘计算产业联盟(Edge Computing Consortium, ECC)。在学术科研方面，中国自动化学会于 2017 年率先成立了边缘计算专业委员会，并在 *IEEE Communications Surveys and Tutorials* 等著名学术期刊上发表了很多边缘计算综述性文章。在标准制定方面，国际电信

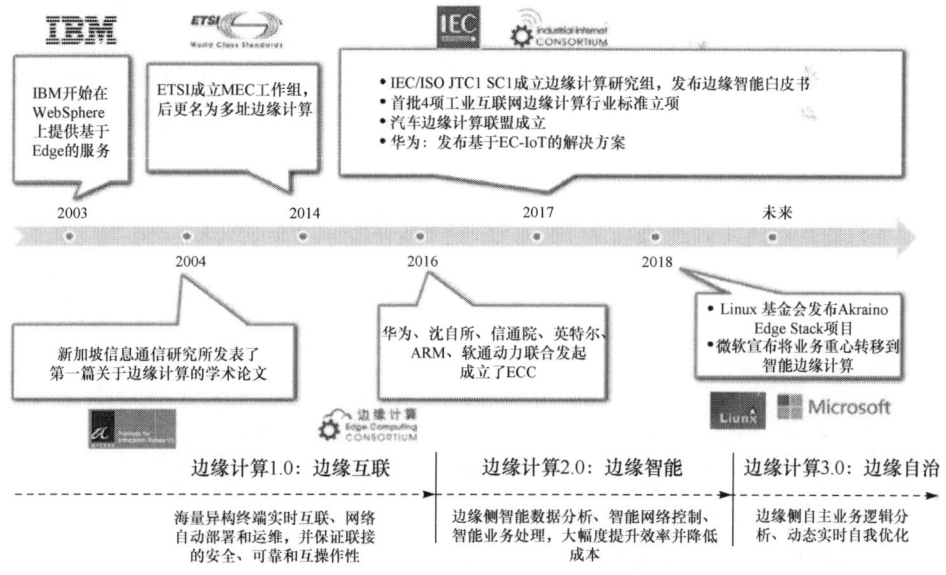

图 5.3.5　边缘计算发展历程

联盟电信标准分局第 20 研究组(SG20)发起了"边缘计算需求和能力要求"的国际标准立项，中国通信标准化协会也陆续开展了多项边缘计算行业标准立项。2018 年是边缘计算蓬勃发展的一年：在 2018 年度开发者大会上，微软公司发布"Azure IoT Edge"等边缘侧产品，将业务重心从 Windows 操作系统转移到智能边缘计算方面；亚马逊公司发布"AWS Greengrass"边缘侧软件，将亚马逊云服务(AWS)无缝扩展至边缘设备；阿里云宣布 2018 年将战略投入边缘计算技术领域并推出边缘计算产品 Link Edge[41]。

作为物联网固有局限性的解决方案，各组织正在探索利用边缘计算实现智能制造。边缘计算意味着物联网网络的大部分处理和存储元件都靠近数据收集点和需要采取行动的地方。这意味着将工业物联网的思维和决策能力分配到更接近感知和行动能力的地点。使用这种体系结构，制造商可以最大化物联网带来的好处，并将其局限性带来的风险和影响降至最低。以下是制造商通过使用边缘计算可以获得的一些好处[42]：

一是提高响应能力。为智能制造实施边缘计算的主要好处是使网络延迟最小化，即请求传输到数据中心所用的时间、数据中心对信息的处理时间及返回端点的响应时间最短。在边缘计算中，最经常需要处理的模块离端点更近，因此延迟大大减少。体系结构的这种变化使得制造业对变化的反应更加迅速，因此也更加敏捷。因此，制造设施可以承载处理现场日常操作所需的核心模块，而很少使用的模块可以存储在中央云服务器上。这些系统可以定期将日志和其他关键信息上传到集中式云服务器，以进行分析和其他高级业务功能。决定将哪些功能留在中心云上，哪些功能将带到边缘，可能会因业务而不同。

二是提高可靠性。在使用边缘计算实现智能制造的工厂中，所有运营工厂所必需的处理组件都可以在现场获得。因此，分布式制造单元不再依赖于与中央数据中心的持续连接。尽管与云的连接是可取的，但它已不再像边缘计算那样重要。因此，沟通的失误不会影响生产运营，并确保不间断的运营。边缘计算网络中存在多个存储点和数据处理点，因此这些网络不会因硬件故障和网络攻击等其他原因而丢失数据。

三是成本最小化。由于处理和存储能力分布在整个供应链中，制造商可以避免拥有大容量云服务器和大容量数据传输能力的成本。由于使用了边缘计算，企业网络上的数据不需要远距离和大量传输，这将设置、维护或订阅高带宽连接的成本降至最低。

一谈到智能制造就会提到三个集成，即在生产制造领域的纵向集成、在价值链领域的横向集成，以及产品全生命周期的数字化端到端集成[43]。我们在这里主要关注生产制造领域的纵向集成，即如何使现在的生产制造系统适应未来大规模的定制化生产的需求。在生产制造领域，目前的传统方式是采用分层的架构，其核心思想是：把复杂的问题逐一分层，每个部分解决一部分问题，最后构建一个整体的系统。传统方式的特点是简捷高效，但同时也会带来信息孤岛等很多其他的问题。现在有了更强大的通信和计算的能力，有了云计算和人工智能，我们能够通过更丰富的信息手段和计算能力来提升跨层次、跨领域的更深层次的优化。基于以上观点，未来的工业控制系统将会是一个以物联网、云计算、大数据分析为技术核心的开放平台。在该领域的发展过程中，边缘计算可以在工业控制系统中的 IT 与运营技术 (operational technology，OT)系统的融合方面得到充分的价值体现。

据不完全数据统计，到 2020 年有超过 500 亿的终端与设备联网。未来超过 50%的数据需要在网络边缘侧分析、处理与储存。面对行业数字化转型的趋势，我们需要全面物联海量的传感数据；将 OT 与信息和通信技术 (information and communications technology，ICT)融合，形成数据驱动的分布式智能控制；应用需具有高实时性；与物理系统的交互具备高安全性。而边缘计算正是充分利用物端的嵌入式计算能力，以分布式信息处理的方式实现物端的智能和自治，并与云计算结合，通过云端的交互协作，实现系统整体的智能化。在智能互联的网络边缘侧，面向分布式的感知、决策与控制的通信与计算将迎来革命性的发展机遇。边缘计算是在靠近物或数据源头的网络边缘侧，融合网络、计算、存储、应用核心能力的开放平台，就近提供边缘智能服务，满足行业数字化在敏捷联接、实时业务、数据优化、应用智能、安全与隐私保护等方面的关键需求。换言之，边缘计算接近于工业上的分布式自律的概念，在基于互联网的异构分布式计算环境下，集中与分散相结合，既有效利用互联网的资源，又保证了用户系统的自律性、安全性和健壮性。众所周知，"工业 4.0" 的核心是 CPS，融合了网络、计算、存储、应用核心能力的边缘计算，显然又是 CPS 的核心。因此，边缘计算被看作 "工业 4.0" 核心之核心、关键之关键一点也不为过。通过边缘计算的资源和能力，可实实在在地将虚拟空间(C)和物理实体(P)紧密融合在一起。在工业制造领域，要实现数字化制造、网络化协同、智能化转型，离不开物联网、大数据和云计算，更离不开边缘计算。边缘计算与云计算互相协同，共同使能行业数字化转型。云计算聚焦非实时、长周期数据的大数据分析，能够在周期性维护、业务决策支撑等领域发挥特长。边缘计算聚焦实时、短周期数据的分析，能更好地支撑本地业务的实时智能化处理与执行。此外，两者还存在紧密的互动协同关系。边缘计算既靠近执行单元，更是云端所需高价值数据的采集单元，可以更好地支撑云端应用的大数据分析；反之，云计算通过大数据分析优化输出的业务规则也可以下发到边缘侧，边缘计算基于新的业务规则进行业务执行的优化处理。可以肯定的是，未来在大部分的应用场景，边缘计算和云计算将同时出现，相互补充、相互促进、相得益彰，联手解决大数据时代的计算问题。一方面支撑行业商业模式创新，实现从产品向服务的价值延伸；另一方面支撑实现产品和服务的定制化与智能化。预测性维护、能效管理、智能制造是比较典型的行业应用场景。作为边缘计算的具体表现形式，工业 CPS 在底层通过工业服务适配器，将现场设备封装成 Web 服务；在基础设施层，通过工业无线和工业 SDN 网络将现场设备以扁平互联的方式联接到工业数据平台中；在数据平台中，根据产线的工艺和工序模型，通过服务组合对现场设备进行动态管理和组合，并与 MES 等系统对接。工业 CPS 系统能够支撑生产计划灵活适应产线资源的变化，旧的制造设备快速替换与新设备上线。

在工业互联网智能制造领域，边缘计算整体架构如图 5.3.6 所示。

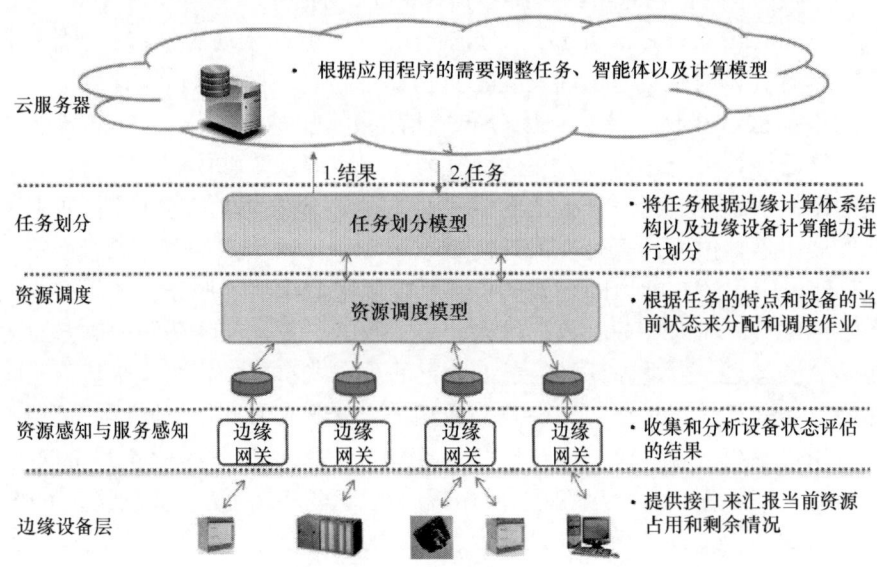

图 5.3.6　工业互联网智能制造边缘计算整体架构

工业互联网智能制造边缘计算模型主要包括了边缘资源和服务状态感知模型、边缘资源调度模型、边缘数据协同模型、边缘多视图模型等[44]。基于智能任务划分，通过对边缘资源和服务状态的感知进行边缘资源调度，实现云-边缘的协同计算，将计算任务根据最小化能耗、最小化系统延迟以及负载均衡等目标，在云和边缘处进行计算卸载，提升系统的整体性能。工业互联网智能制造边缘计算模型的具体内容如图 5.3.7 所示。

第 5 章 钢铁智能制造系统的未来

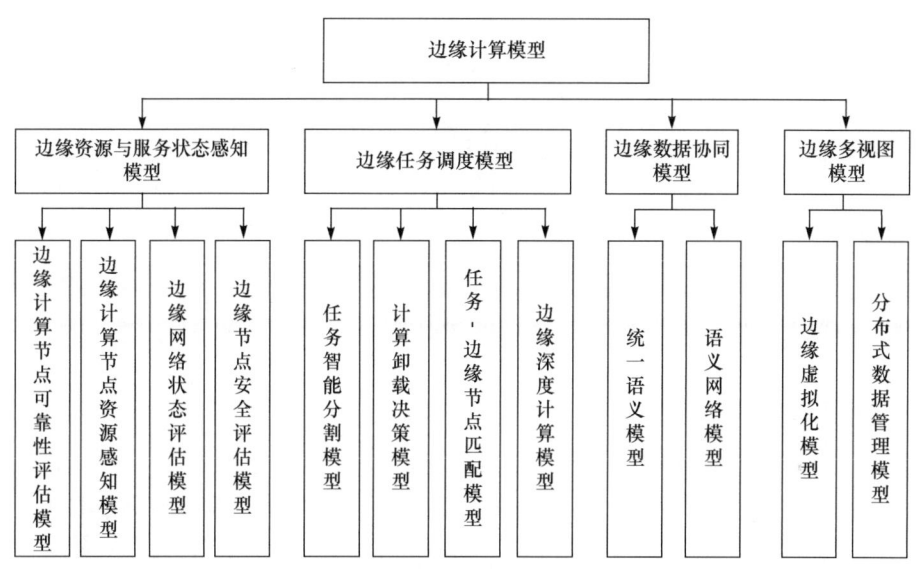

图 5.3.7　工业互联网智能制造边缘计算模型

1) 边缘资源与服务状态感知模型

边缘资源与服务状态感知模型主要用来感知每个边缘计算节点的 ICT 资源状态(如网络联接的质量、中央处理器(CPU)占有率等)、性能规格(如实时性)、位置等物理信息等，为计算负载在边缘侧的分配和调度提供关键输入。边缘资源与服务状态感知模型主要包括边缘计算节点可靠性评估模型、边缘计算节点资源感知模型、边缘网络状态评估模型、边缘节点安全性评估模型。边缘计算节点资源与服务状态评估如图 5.3.8 所示。

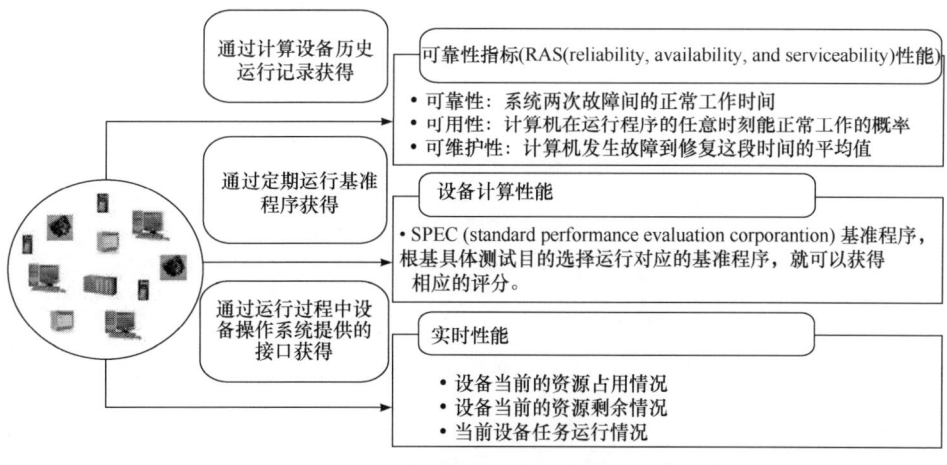

图 5.3.8　边缘计算节点资源与服务状态评估

(1) 边缘计算节点可靠性评估模型。边缘计算节点可靠性指在规定条件下和给定时间内边缘计算节点正确运行(计算)的概率,包括可靠性、可用性和可维性。

(2) 边缘计算节点资源感知模型。对边缘计算节点的计算资源和存储资源进行实时感知。计算资源感知标准包括响应时间和CPU时间等。响应时间是指边缘计算节点接收到计算任务直至给出计算结果所需的时间。其中包括访问外存储器时间、访问主存储器时间、CPU运算时间、I/O动作时间以及操作系统工作的时间开销等。

(3) 边缘网络状态评估模型。边缘网络状态评估模型主要评估指标包括速率、带宽、吞吐量、时延、往返时间(RTT)、利用率。

(4) 边缘节点安全性评估模型。边缘节点安全性评估模型主要内容包括设备安全、网络安全、控制安全、应用安全和数据安全。

2) 边缘任务调度模型

边缘任务调度模型支持主动的任务调度,能够根据资源状态、服务感知、边缘计算节点间的联接带宽、计算任务的时延要求等,自动地在将任务拆分成多个子任务并分配到多个边缘计算节点上协同计算,也支持把计算资源、服务资源等通过开放接口对业务开放,业务能够主动地控制计算任务的调度过程,如图5.3.9所示。

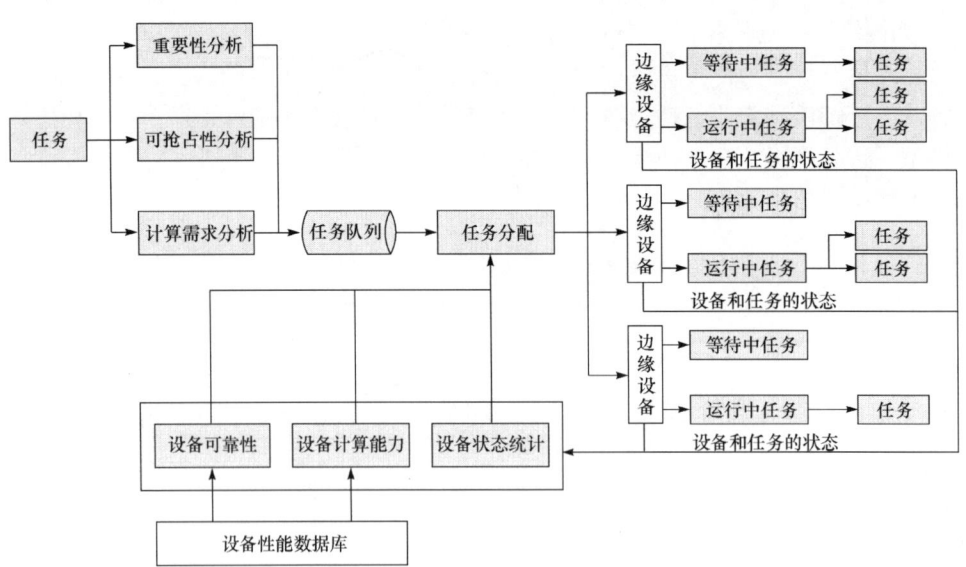

图 5.3.9 边缘计算边缘任务调度模型

边缘任务调度模型主要包括任务智能分割模型、计算卸载决策模型、任务-边缘节点匹配模型、边缘深度计算模型。

(1) 任务智能分割模型。任务分割的粒度有方法级别、模块级别和线程级别。在任务分割时，移动应用将会被分为本地执行代码和云端执行代码两个部分。其中涉及本地 I/O、涉及用户交互的代码必须在本地执行，而与本地设备交互少、代码量少、计算量大的代码则可以上传到云端执行。

(2) 计算卸载决策模型。卸载决策是边缘计算任务调度的核心问题。卸载决策主要关注是否进行计算卸载。卸载决策分为静态决策和动态决策两种。对于静态决策，应用在运行前就已经决定某个模块是否应该上传到服务器执行。动态决策的运行时负载比较高，需要实时监控移动设备的运行状况和网络状况。

(3) 任务-边缘节点匹配模型。任务-边缘节点匹配模型主要解决如何根据计算任务和节点当前的状态，来决定计算任务放置在哪个节点上运行的问题。针对于不同的卸载任务，任务-边缘节点匹配模型主要基于能量消耗模型、时间延迟模型和负载均衡模型。

(4) 边缘深度计算模型。针对深度学习模型等计算密集同时难以用分布式优化的智能算法对边缘侧有限的计算资源进行调整，建立边缘设备计算资源评估方法，在此基础上设计基于边缘设备计算资源的智能算法优化方法，解决边缘智能系统的实时性和可靠性，降低能耗、网络带宽需求，以及信息泄露的可能性。

3) 边缘数据协同模型

边缘数据协同模型研究边缘计算节点对南向的协议适配，边缘计算节点之间的东西联接使用统一的数据联接协议。通过数据协同，节点间可以相互交互数据、知识的模型。边缘计算节点需要知道特定的数据需要在哪些节点间共享，共享的方式包括简单的广播、Pub-Sub 模式等。边缘数据协同模型主要包括数据统一语义模型和语义网络模型。其中，数据统一语义模型具有明显优势，可兼容既有工业信息模型的通用数据语义描述框架并进行建模，包括面向工业互联网控制数据、管理数据、设计/工艺数据的关键属性分类与提取。此外，针对智能制造底层跨域、上层综合应用的需求，该模型通过对制造流程多层次数据关联关系的分析，按照"人-机-料-法-环"模型分别制定内部及相互间关联关系数据字典标准化研究，实现基于数据业务关联、时空关联的涵盖工厂采购、设计、生产、制造以及物流等领域环节的数据关系字典。

工业互联网实现的是全要素、全产业链、全价值链的全面连接。中国高度重视工业互联网的创新发展，目前已取得一系列显著成果，广覆盖、高可靠的工业互联网网络体系正在加快建设，能力多样、特色鲜明的工业互联网平台体系已逐渐成形，国家、省、企业三级联动工业互联网安全监测平台正加速构建。移动边缘计算具有低时延迟、大带宽以及安全等技术优越性，适用于工业互联网场景。为了更好地支持增强移动带宽、低时延高可靠、大规模终端连接三大业务场景需求,5G 网络引入了移动边缘计算以提供本地分流、灵活路由、高速计算和大存储能力。同时,边缘计算在工业互联网环境的应用也带来新的安全风险。边缘计算服务距离终端用户更近,甚至直接在终端设备上运行,大大降低了网络路由造成的延迟,对于时延较为敏感的业务应用,用户体验改善非常明显。边缘计算服务靠近信息源,可以在本地进行数据处理和缓冲,极大缓解了回传压力。数据集中存储安全与用户隐私风险增大,边缘计算可以在本地捕获和分析关键信息,并在本地处理和过滤,具有较好的数据隐私和安全性。但是边缘计算平台及其应用部署在靠近网络边缘的通用服务器上,物理位靠近用户侧,处于相对不安全的物理环境,使得运营商的控制能力、管理能力减弱,导致移动边缘计算平台面临非授权访问、敏感数据泄露、拒绝服务(DoS)攻击、物理攻击等安全风险[45]。随着 5G 的发展,现有网络将会面临更多业务场景下业务连接与处理能力的需求与挑战。各行业对网络通信技术的依赖程度越高,5G 网络的安全机制越重要。5G 网络与传统的网络相比同样面临着数据与信令的窃听、数据及用户隐私泄露、用户数据的篡改和伪造、未授权访问、安全算法受限使用及 DoS 攻击。相比传统的移动通信网络,5G 网络采用服务化架构,网络服务之间采用了 HTTP2.0 协议进行通信,将互联网的安全风险引入了 5G 网络,网络服务功能存在非法网络服务功能访问的风险。5G 网络提供了网络能力功能,这也可能引入非授权访问和使用的风险。此外,虚拟化、网络切片等新技术将会引入物理防护边界虚拟化以及未授权访问等安全风险。因此,5G 网络的安全将是 5G 网络架构设计、网络建设与部署以及其他国家关键基础设施正常运行的关键。在智能制造信息物理系统中,存在以下信息安全问题[46]。

(1) 干扰通信。在智能制造信息物理系统中,产生的干扰通信是由于攻击者对通信的连接与数据进行干扰或者阻断,使系统丧失实时管控能力,从而对系统的运行和性能造成破坏。攻击者的目的是破坏系统通信,干扰甚至截断系统的信息流,因此这种攻击方式对攻击者相关知识要求较低,攻击者只需要从一般化的通信信道着手就可实施攻击,甚至不需要了解系统中物理对象的相关信息。此外,由于攻击者并不关心通信中传递的数据内容,所以对数据进行加密传输很难对这种攻击构成挑战。干扰通信最主要的方式就是 DoS 攻击。DoS 攻击一般通过向网络发送大量的数据,使网络忙于处理这些无意义的数据从而无法响应正常服务请求。

(2) 入侵攻击。对于功能强大的攻击者,若其已经掌握了系统大量相关知识,就可以侵入系统内部,干扰或破坏其他节点的正常运行、劫持或瘫痪系统运行、制造系统性破坏等。例如,若攻击者已经获得相关通信密钥和节点地址信息,就可以通过修改地址数据伪装成正常节点甚至系统管理者,发送有害信息对系统进行破坏。地址解析协议(ARP)攻击就是通过伪造 IP 地址和 MAC 地址实现 ARP 欺骗的,它能够在网络中产生大量的 ARP 通信量使网络拥塞,攻击者只要持续不断地发出伪造的 ARP 响应包就能更改目标主机 ARP 缓存中的条目,造成网络中断或中间人攻击。另一种典型的入侵攻击是网络钓鱼攻击,它将恶意邮件或者网站伪装成合法的样子,然后欺骗用户输入自己的个人信息,或者欺骗用户下载、安装恶意软件,然后通过该软件来扫描甚至监控用户的设备以获取其隐私信息。

(3) 获取隐私。攻击者对系统中节点间的通信数据、数据流向及流量等信息进行监听,经过适当的数据分析技术,窃取系统中的关键参数、运行数据等隐私信息,理解并掌握系统的运行状态,从而有利于其采取进一步的入侵式攻击。窃听者需要对系统具有一定的相关知识,才能从监听到的数据中分析得到想要的、有价值的信息。攻击者可以通过特殊的设备和软件来窃听系统正在使用的信道,捕获其中传输的数据。此外,攻击者可以实施中间人攻击,即在通信双方都不知情的情况下介入他们的通信,分别伪装二者各自正确的通信对象,从而不仅可以窃听二者的通信数据,甚至还可以转发经过篡改的数据以达到破坏目的。

新基建将工业互联网列入重点发展的关键基础设施,工业互联网的安全问题日益凸显,越来越多的工控系统暴露在互联网上,安全隐患不断增加。与基于传统互联网的信息安全战略重要性一样,工业互联网安全是工业互联网发展的前提,是国家深入推进"互联网+先进制造业"的重要保障。作为新工业革命的关键基础设施,工业互联网代表着国家新一代信息基础设施重要发展方向,已经成为涉及国家经济命脉的工业体系的神经中枢。工业智能化和工业互联网的发展既是我国经济变革难得的战略窗口期,又面临着严峻的安全形势挑战,工业互联网安全显得尤为重要。我国关键基础设施网络的安全保障能力已经严重滞后,网络攻击的风险日益加剧,工控网络安全面临着严峻挑战,加强关键基础设施及工业网络的安全防护能力和威胁感知能力迫在眉睫,保护国家基础设施安全已经刻不容缓。

在网络的设计和部署中,需要引入边缘计算在移动通信网络架构的设计中实现本地分流和路由的进一步优化处理、高速移动连接的连续性、将节点下沉或本地应用化,减少网络拓扑复杂度。同时,通过边缘计算可以将移动通信网络的一些服务开放给应用层及业务方,有助于提升移动网络的应用价值,进一步实现与行业应用业务的深度融合。边缘计算服务距离终端用户更近,甚至直接在终端设备上运行,大大降低了网络路由造成的延迟,对于时延较为敏感的业务应用,用户体验改善非常明显。边缘计算服务靠近信息源,可以在本地进行数据处理和缓冲,极大缓解了回传压力。数据集中存储安全与用户隐私风险增大,边缘计算可以在本地捕获和分析关键信息,并在本地处理和过滤,具有较好的数据隐私和安全性,因此适合工业互联网场景的应用。移动边缘计算平台和移动边缘计算应用部署在通用服务器上,并且靠近用户,处于相对不安全的物理环境,管理控制能力减弱等,导致其存在可能遭受非授权访问、敏感数据泄露、DoS 攻击、物理设备遭受物理攻击等安全问题。为应对这些安全威胁,在设计整体架构的初始阶段应该同步考虑相应的安全解决方案,在架构顶层设计中充分体现安全需求,避免安全问题带来的不必要的损失。

移动边缘计算的安全防护框架是以"内生安全"理念为指导,开发层次清晰、定位明确、融合联动的网络安全防护技术,包括移动通信(核心网和基站)安全增强、边缘计算环境安全加固、工业互联网网络安全防护、统一安全管理和自动编排、安全能力边云联动等。面向工业互联网安全需求,开发移动通信核心网安全、基站安全和边缘安全协同组件,实现移动通信安全增强,并与边缘安全能力协同。核心网实现服务化架构安全、网络切片安全、终端接入安全和网络传输安全增强,基站实现信令与用户面安全、无线接入网络(RAN)切片隔离、密码应用安全和通信接口安全,边缘安全协同实现核心网边缘分流、用户身份协同认证、边缘用户面功能(UPF)安全防护、网络安全管理同步。从控制的角度出发,加强物理空间的安全性。目前,针对信息攻击下的信息物理系统控制安全性,相关研究主要考虑拒绝服务攻击、重放攻击、注入错误数据等,研究攻击方的最优攻击策略和防御方(被攻击系统)的稳定性及安全控制方法。例如,假设攻击者可以通过注入数据来篡改状态估计器的测量值,考虑在这种情况下攻击者和防御者之间可以进行的博弈——因为无论攻击者还是防御者都不能完全掌握所有节点,双方都试图增加或者减少错误数据的注入。从计算和通信的角度出发,加强信息空间的安全性从计算角度出发,现有方法很多集中于数据的加密及其相关的密钥分配与管理等技术,通过对系统信息和隐私数据的加密,使其免于泄露和免受外界入侵。例如,提出基于公共密钥的方法对智能电网通信数据包进行加密以保护隐私,这种发送方用公共密钥加密然后接收方用私人密钥解密的方法不仅能实现双向验证,还能确保共享密钥的语义安全。此外,由于在加密信息中带有时间戳,这种方法还可以有效防止重放攻击。网络通信标准都提供了数据加密协议。然而,由于加密本身带来的复杂度,计算和通信的代价为之提高,因此,相关研究提出了通过代理和协同验证等方式,在保护隐私的同时降低加密成本。因为信息物理系统本身都和其所处的物理环境紧密相连,环境感知的综合安全技术切实地考虑系统与环境的相互作用,也有利于提高系统安全性。一种解决方案考虑了传统的安全因素与环境信息的交互,利用信息物理系统所自带的监控能力来保证系统安全。该方案研究的是在体域网的场景下,提出了一种基于生理信号的密钥协商方法,利用生理信号(如心电图)来达成体域网中两个传感器的对称密钥协商。

建设边缘计算安全防护平台是在统一虚拟化安全资源池基础上,开发虚拟化安全防护系统、边缘接入网关系统和安全管理与自动编排系统。该系统面向边缘计算虚拟化环境，实现通过虚拟补丁和漏洞管理防护已知网元漏洞，查杀病毒、木马、蠕虫、钓鱼等威胁，实现微隔离，加强东西向访问控制，实现 7 层内容过滤、入侵防御、应用程序白名单控制、流量监控与可视化等功能，能够自动执行响应策略，实现危害隔离和损害清除。MEC 虚拟化安全防护能够依照安全功能支持不同的 MEC 网元，支持自动部署，适配多类型网元加载不同的安全功能，面向边缘计算虚拟化环境，采用无代理虚拟化安全防护系统实现边缘计算环境安全加固。无代理虚拟化安全防护分系统针对云平台特性，在虚拟机监视器(hypervisor)虚拟化层及网络虚拟化层安装无代理安全组件。在 Openv Switch 虚拟交换机和虚拟机网络中间，植入网络安全组件，细粒度地检查每台虚拟机的流量，清洗恶意攻击行为，实现每台虚拟机的微隔离。在虚拟机监视器层安装安全组件，而不是在每台虚拟机上去安装传统的杀毒软件，通过虚拟机和虚拟化层的文件系统数据交换专用通道，在虚拟化层检测病毒、蠕虫及勒索软件等。无代理虚拟化安全防护分系统主要由管理中心子系统和无代理安全组件两大部分组成。管理中心子系统主要完成整个系统的管理控制、分析展现工作；无代理安全组件由通信控制子系统和另外 11 个安全子系统组成，每个安全子系统分别完成特定功能的安全防护。边缘安全接入网关在不影响业务的前提下，实现终端资产的发现、安全检查、状态监控、安全准入、合规检查、访问控制等安全检测与异常处置流程，提前发现各类网络攻击活动，变静态防护为动态监测，变单点防护为综合防控和整体防范，逐步形成事前预警、事中取证、事后查处的新型接入安全监测工作模式。安全接入网关系统由边缘安全接入网关(硬件设备)与统一管理平台(软件平台)两部分组成。边缘安全接入网关是系统组成的核心，机架式软硬一体设备，采用 Linux 系统，硬件为全内置封闭结构。为适应不同规模客户场景，边缘安全接入网关提供多种规格硬件设备，最高支持 40Gb/s 数据流量，同时提供丰富的扩展板卡，适应不同的网络环境。边缘安全接入网关支持统一管理平台采用浏览器和服务器(B/S)架构，管理员可以随时随地的通过浏览器打开访问，对安全接入网关进行统一策略配置、操作和监测管理。该平台由设备识别、设备管控及告警、安检合规、网络访问控制等功能构成，能够对网络边界的安全风险和安全事件进行实时的监视和在线的管理；适配运营商的云环境，支持多级部署和统一管理，支持多租户管理，支持用户监控与审计，兼容 OAuth2NFV 身份认证系统；实现可疑威胁检测，利用用户和实体行为分析(user and entity behavior analytics, UEBA)检测恶意威胁行为、利用机器学习检测威胁事件，具备调查取证能力。统一安全管理和自动编排系统能够与移动边缘计算管理和协调(mobile edge computing management and orchestration, MECMANO)集成，并与云端安全能力协同，支持边云协同的精密编排响应策略。安全管理中心可以对多种云环境进行统一安全管理，配置每个虚拟机的安全策略。管理中心系统接收无代理安全组件上传的安全事件和网络流量日志，通过多维度、细粒度的大数据分析，并以可视化的形式展现给用户，从而帮助用户对已知威胁进行溯源，并对未知威胁进行预警。工业安全大数据分析MEC采集关键数据并通过流量传感器传送到大数据分析平台，实现智能分析，生成威胁情报。工业安全态势感知平台赋能MEC，实现监测预警、高级持续性威胁(APT)响应和应急处置能力。对于移动通信安全增强组件、MEC虚拟化工作负载安全防护、边缘安全接入网关、统一安全管理系统、态势感知系统等一系列产品进行适配，并与移动通信核心网、基站、MEC平台集成，实现安全能力与信息通信和业务应用的融合。

参 考 文 献

[1] 孙彦广, 梁青艳, 李文兵, 等. 基于能量流网络仿真的钢铁工业多能源介质优化调配[J]. 自动化学报, 2017, 43(6): 1065-1079.

[2] 柴天佑. 制造流程智能化对人工智能的挑战[J]. 中国科学基金, 2018, 3: 251-256.

[3] 周济, 李培根, 周艳红. 中国工程院提出新一代智能制造[J]. 产城, 2018, (2): 59-64.

[4] 殷瑞钰. "流"、流程网络与耗散结构——关于流程制造型制造流程物理系统的认识[J]. 中国科学: 技术科学, 2018, 48(2): 136-142.

[5] 孙彦广. 钢铁工业智能制造的集成优化[J]. 科技导报, 2018, 36(21): 30-37.

[6] 殷瑞钰. 关于智能化钢厂的讨论——从物理系统一侧出发讨论钢厂智能化[J]. 钢铁, 2017, 52(6): 1-12.

[7] 周济, 李培根, 周艳红, 等. 走向新一代智能制造[J]. 工程(英文版), 2018, 4(1): 11-20.

[8] 殷瑞钰. 过程工程与制造流程[J]. 钢铁, 2014, 49(7): 15-22.

[9] 王军生, 熊鑫, 董军. 钢铁流程工业互联网体系框架的思考[J]. 冶金自动化, 2019, 43(1): 42-46.

[10] 唐建勋, 汪恭书, 唐立新. 钢铁企业全流程物流优化问题的建模及分支-定价算法[J]. 自动化学报, 2013, 39(9): 1492-1501.

[11] 张琦, 张薇, 王玉洁, 等. 中国钢铁工业节能减排潜力及能效提升途径[J]. 钢铁, 2019, 54(2): 7-14.

[12] 张建良, 周芸, 徐润生, 等. 智慧钢铁工厂的互联网+CPPS 模式[J]. 钢铁, 2016, 51(4): 1-7.

[13] 苏建军. 混合流程型生产调度策略的应用研究[D]. 北京: 中国地质大学 (北京), 2006.

[14] 刘清雄. 基于钢铁生产混合流程知识网系统研究[D]. 武汉: 武汉科技大学, 2016.

[15] 王强, 吕政, 王霖青, 等. 基于深度去噪核映射的长期预测模型[J]. 控制与决策, 2019, 34(5): 989-996.

[16] 盛春阳. 基于数据的钢铁企业二次能源系统预测方法及应用[D]. 大连: 大连理工大学, 2014.

[17] 吕政. 基于数据的高炉煤气系统建模与调度应用研究[D]. 大连: 大连理工大学, 2016.

[18] 韩中洋. 炼钢过程气体能源系统预测与调度方法及应用[D]. 大连: 大连理工大学, 2016.

[19] Zhao J, Han Z, Pedrycz W, et al. Granular model of long-term prediction for energy system in steel industry[J]. IEEE Transactions on Cybernetics, 2015, 46(2): 388-400.

[20] Wang T, Leung H, Zhao J, et al. Multiseries featural LSTM for partial periodic time-series prediction: A case study for steel industry[J]. IEEE Transactions on Instrumentation and Measurement, 2020, 69(9): 5994-6003.

[21] Wang T, Zhao J, Sheng C, et al. Multi-layer encoding genetic algorithm-based granular fuzzy inference for blast furnace gas scheduling[J]. IFAC-Papers on Line, 2016, 49(20): 132-137.

[22] Jin F, Wang L, Zhao J, et al. Granular-causality-based byproduct energy scheduling for energy-intensive enterprise[J]. IEEE Transactions on Automation Science and Engineering, 2020, (99): 1.

[23] Lv Z, Zhao J, Zhai Y, et al. Non-iterative T-S fuzzy modeling with random hidden-layer structure for BFG pipeline pressure prediction[J]. Control Engineering Practice, 2018, 76: 96-103.

[24] 翟延伟, 吕政, 赵珺, 等. 多能流系统合作协同的不确定多目标决策[J]. 控制理论与应用, 2020, 37(6): 1326-1334.

[25] 徐钢, 黎敏, 徐金梧, 等. 基于函数型数字孪生模型的转炉炼钢终点碳控制技术[J]. 北京科技大学学报, 2019, 41(4): 521-527.

[26] 孟庆新. 基于流程仿真的炼钢生产与物流的计划方法[D]. 沈阳: 东北大学, 2009.

[27] 卢山, 苏宏业, 朱理, 等. 基于柔性优化的轧制批量生产计划模型[J]. 计算机集成制造系统, 2014, 20(8): 1834-1842.

[28] 苗亮亮, 陈先中. 共轨多无人行车协同作业优化策略[J]. 冶金自动化, 2017, 41(6): 1-5, 21.

[29] 高昊江. 板料加工车间物流智能控制及仓储管理系统研究[D]. 武汉: 华中科技大学, 2007.

[30] 殷瑞钰. 从开放系统、耗散结构到钢厂的能量流网络化集成[J]. 中国冶金, 2010, 20(8): 1-14.

[31] 孙彦广. 基于物质流能量流协同的钢铁企业能源系统管控技术[C]. 第十届中国钢铁年会暨第六届宝钢学术年会论文集Ⅲ, 上海, 2015-10-22.

[32] 张雅. 钢铁企业生产物流优化解析[J]. 钢铁技术, 2019, 210(1): 17-19.

[33] 王柏村, 臧冀原, 屈贤明, 等. 基于人-信息-物理系统(HCPS)的新一代智能制造研究[J]. 中国工程科学, 2018, 20(4): 1-126.

[34] 欧阳劲松, 刘丹, 杜晓辉. 制造的数字化网络化智能化的思考与建议[J]. 中国仪器仪表, 2018, (4): 28-36.

[35] Chuang S H. A resource-based perspective on knowledge management capability and competitive advantage: An empirical investigation[J]. Expert Systems with Applications, 2004, 27(3): 459-465.

[36] Tanriverdi H. Information technology relatedness, knowledge management capability and performance of multibusiness firms[J]. MTS Quarterly, 2005, 29(2): 311-334.

[37] 殷瑞钰. 钢铁制造流程的本质、功能与钢厂未来发展模式[J]. 中国科学: 技术科学, 2008, 38(9): 1365-1377.

[38] 王春梅, 周东东, 徐科, 等. 综述钢铁行业智能制造的相关技术[J]. 中国冶金, 2018, 028(7): 1-7.

[39] 毛帅, 王冰, 唐漾, 等. 人工智能在过程工业绿色制造中的机遇与挑战[J]. Engineering, 2019, 5(06):37-53.

[40] 牟宁, 龚舒蕾, 林兴, 等. 5G边缘计算在智能制造中的探索和实践[J]. 通信世界, 2020, 839(11): 41-43.

[41] 宋纯贺, 曾鹏, 于海斌. 工业互联网智能制造边缘计算:现状与挑战[J]. 中兴通讯技术, 2019, 25(3): 50-57.

[42] 《智慧工厂》编辑部(译). 工业 4.0 时代——边缘计算助力智能制造[J]. 智慧工厂, 2020, (6):29-30.
[43] 李栋. 边缘计算在智能制造中的解决方案[J]. 自动化博览, 2017, 1:74-77.
[44] 宋纯贺, 武婷婷, 徐文想, 等. 工业互联网智能制造边缘计算模型与验证方法[J]. 自动化博览, 2020, 37(1):48-51.
[45] 杨健. 基于边缘计算信息安全防护技术的研究[J]. 自动化与仪表, 2020, 35(9): 101-104.
[46] 肖红, 程良伦, 张荣跃, 等. 智能制造信息物理系统安全研究[J]. 信息安全研究, 2017, (8): 727-735.